浙江省哲学社会科学规划基金项目:当代文化贸易发展研究(14NDJC148YB)

浙江省教育厅科研项目:中苏文化贸易史研究(1949—1966)(Y201432407)

《国家文化贸易发展研究》系浙江省重点培育智库 浙江工商大学 浙江省文化产业创新发展研究院成果

U0743937

国家文化贸易发展研究

冯 洁 著

浙江工商大學出版社 | 杭州
ZHEJIANG GONGSHANG UNIVERSITY PRESS

图书在版编目(CIP)数据

国家文化贸易发展研究 / 冯洁著. — 杭州：浙江
工商大学出版社，2019.4

ISBN 978-7-5178-3113-6

Ⅰ. ①国… Ⅱ. ①冯… Ⅲ. ①文化产业－国际贸易－
研究 Ⅳ. ①G114

中国版本图书馆 CIP 数据核字(2018)第 297657 号

国家文化贸易发展研究
GUOJIA WENHUA MAOYI FAZHAN YANJIU

冯 洁 著

责任编辑	王 耀 白小平	
封面设计	林朦朦	
责任印制	包建辉	
出版发行	浙江工商大学出版社	
	（杭州市教工路 198 号 邮政编码 310012）	
	（E-mail:zjgsupress@163.com）	
	（网址:http://www.zjgsupress.com）	
	电话:0571－88904980,88831806（传真）	
排 版	杭州朝曦图文设计有限公司	
印 刷	杭州高腾印务有限公司	
开 本	710mm×1000mm 1/16	
印 张	16.5	
字 数	270 千	
版 印 次	2019 年 4 月第 1 版 2019 年 4 月第 1 次印刷	
书 号	ISBN 978-7-5178-3113-6	
定 价	65.00 元	

目 录

第一章　绪　论

第一节　研究意义

国际文化贸易是文化产业的一种重要形态,它随着国际文化产业的发展而发展,在构建国家形象、提升一国的综合竞争力、增加社会财富、维护国家文化安全等方面有着重要作用。也就是说,国际文化贸易在人类社会发展进程中产生,同时对社会变革产生了重要影响。

20世纪80年代,一些发达国家的文化产业初具规模,国际文化贸易日益频繁。此后,有关文化产业及文化贸易的研究变得活跃起来。西方文化产业的理论发展经历了由法兰克福学派对大众文化的激烈批判到伯明翰学派辩证地看待并支持文化产业,再到知识经济时代学术界开始对文化产业普遍的理解与认同的发展过程。中国文化产业学术框架的构建则是在西方理论体系框架下的引进与本土化中发展完善的。在世界市场对文化产品和服务的需求相对较少阶段,西方学者对文化贸易的研究从内涵和适用理论展开。随着世界经济进入持续发展阶段,国际贸易秩序日趋合理,国外学者对文化贸易驱动因素及效用进行了大量研究。当前,美国、日本、德国等主要文化贸易国家的文化产品和服务出口在国际市场占据主导地位,对其他国家和地区产生了诸多不利影响。国外学者在注重文化驱动因素实证研究的同时,更加强调文化贸易保护政策研究。进入21世纪,中国学者对文化贸易开始进行大规模研究,无论是将文化产业解读为工业技术力量对文化的渗透、控制,将文化产业视为在工业社会遭遇瓶颈时助推社会经济转型的重要手段的研究,还是对文化贸易驱动因素和保护政策的研究,有一点是毋庸置疑的,那就是文化产业及其文化贸易的发展深深嵌入在现代社会的发展进程中,对社会变革产生了深远的影响。

后工业化社会文化产业政策在许多国家的政策层面受到前所未有的重视,美国、英国、日本、韩国、澳大利亚等国相继提出扶持文化创意产业发展的政策。美国的文化政策不是独立的、以单独法律或法规条文的形式存在,而是渗透于国家战略和政治、外交、军事、贸易政策之中,对内采取放松管制的方式,促进国内文化产业竞争与多元文化发展;对外极力向世界输出价值观念、生活方式,为美国霸权服务。依托充分的市场竞争与强大的社会力量支撑,美国形成了高效独特、有竞争性的文化运作体系。英国政府采取的是"扶植文化产业"发展战略,采取了许多具体措施。20 世纪 90 年代末,英国政府成立了以文化大臣为主的文化产业行动小组。加拿大政府提出"向外输出"发展战略,政府制定了非常完备的优惠政策来鼓励本国文化企业走向国际市场,由此促进了加拿大的文化出口迅速发展。同处国际文化贸易强势地位的日、韩秉持"文化例外"国际惯例,实施赶超型文化贸易政策,以文化产业实力保持国际文化贸易竞争优势。2009 年,日本政府发布《日本品牌战略——让"软实力"成为经济增长动力》,把动漫产业等定位"软实力产业",全面实施产业振兴,以"老少咸宜"的品质,积极拓展海外市场。日本的文化贸易以"哆啦A 梦"等一系列动漫形象、"酷日本"的文化理念俘获了各国消费者,在提升日本国际形象的同时也促进了日本文化产业发展。韩国不仅提出"文化立国"战略,还通过创办文化产业振兴研究院等机构,实施积极的文化贸易政策,成就了"韩流"的世界影响力。韩剧等文化产品在被国外民众接受的同时,其他产品也畅销一时。

我国的文化贸易研究一直与国家战略需求密切相关,学者对于文化走出去战略的研究成果是比较多的。我国文化走出去战略最早由胡惠林提出,中国的文化产业要"走出去",必须在全球化的背景下重新考虑中国文化产业的发展道路和发展模式,重建我国文化外贸的政策系统和法律系统,改革我国的文化贸易体制。[①] 花键认为"大力发展对外文化贸易,已成为中国增强文化实力和国际竞争力的一个战略突破口"[②],再次肯定了文化产业"走出去"战略

---

① 胡惠林:《论中国文化产业发展的"走出去"战略》,《思想战线》2004 年第 3 期,第 89 页。
② 花键:《"走出去":中国文化产业的必经之路》,社会观点学 2005 年第 4 期,第 10 页。

的重要性。胡惠林指出"低碳"是当今国际社会正在积极建构的物质发展原则,把这一原则应用和运用于文化建设尤其是在文化产业发展战略中,应该成为我们实现文化"走出去"战略"国际化"转型的文明起点。① 此后,有关文化贸易的研究在深化文化体制改革及国家经济发展方式转型的大语境下展开。国家文化安全的保护,文化软实力的提升,供给侧结构性改革背景下的文化贸易转型路径,国际贸易体制的新变革与中国对外文化贸易的应对策略,我国自由贸易试验区文化贸易制度创新的研究等都是这段时期有关文化贸易的研究内容。近几年在"一带一路"倡议背景下文化贸易成为中国文化走出去的实践途径,有关中国与"一带一路"沿线国家开展国际文化贸易的研究及我国各省、自治区、直辖市开展文化贸易的发展研究成为新的热点。毫无疑问,文化贸易研究具有重要的当代意义。

中国社会主义文化的发展有一个历史过程,对当下文化贸易的研究不得不追溯到新中国成立初期我国开展对外文化贸易的整体状况。新中国成立初期的对外文化贸易从实质上来说就是中国与苏联的文化贸易。20世纪五六十年代苏联对中国产生了全方位的影响,这种影响是从"一边倒"政策开始的。早在1949年6月,毛泽东发表了《论人民民主专政》一文,公开宣布"一边倒"。1950年2月,两国签订了《中苏友好同盟互助条约》,中苏同盟关系以法律的形式正式确定下来,"一边倒"方针最终得以实施。实行这一政策有着复杂而深刻的历史原因和现实原因,国内外形势、共同的社会主义理想、国家利益促使中华人民共和国在社会发展方向上倒向苏联,苏联模式也自然成为中国效仿的模式。从理论到实践,从政治体制、军事武装到经济、文化建设都学习苏联,这种影响是全方位的,而文化在这种巨大的集体认同感的形成过程中起了重要的作用。在国际史研究的范畴中,经济、文化、社会已被纳入观察视野,中国学者对"经济冷战"的研究在中苏关系中有一些成果,对于"文化冷战"的研究相对比较落后,本书关于中苏文化贸易的研究成为研究中苏关系的一个新视野。

在一个开天辟地的时代,新中国成立初期的对外文化贸易对新中国文化建设与社会转型做出了不可磨灭的重要贡献。作为一种崭新的社会文化形

---

① 　胡惠林:《文化"走出去"的战略转型》,《人民日报》2010年9月21日,第24版。

态,新中国社会主义文化贸易自然与近代中国的对外文化贸易有着根本的不同,同时与西方资本主义的文化贸易也有着本质的区别,它有着冷战国际背景下意识形态的特殊性。中华人民共和国成立十七年时期的对外文化贸易体制、机制、组织结构、制度建设等对今天的文化贸易产生了深刻的影响。在"一带一路"倡议宏观背景下开展文化"走出去"的工程建设,需要对社会主义文化贸易做一个整体的、历史的剖析。1949—1966年恰好是文化生产方式变革与当代中国社会变迁的最初阶段,研究两者之间的互动关系,不但有助于理解文化生产的社会历史建构作用,而且也为分析当代中国文化生产方式的转型和社会变革提供了历史依据。

第二节 研究综述

国内对中国文化贸易的相关研究丰富而又贫乏。关于中苏国家关系的研究角度主要有政治、经济、军事,而对冷战文化史的研究是个薄弱环节。不同门类的研究呈现出参差不齐的状况,无论是研究内容还是研究质量,对新中国成立初期出版和电影的研究都优于其他门类。这些研究主要从行业发展史的角度去梳理历史脉络。在新的研究趋向中,基于社会史研究的视角仍大于产业视角,聚焦文化贸易的体制机制、组织结构、管理方式、市场运营、制度建构的研究非常少;派遣留苏学生与聘请苏联专家的历史过程描摹得相对比较充分,而从教育服务贸易的视角展开论述则没有。对史实的梳理为本文的机制分析提供了扎实的依据。国外相关的文化传播研究和文化贸易基础理论研究十分丰富,这为本书中对文化贸易的研究奠定了理论基础。总体而言,相关研究可大致分为文化贸易之中苏国家关系研究、生产主体研究、组织研究、生产活动研究、国际文化贸易的相关研究。

一、国家关系中的文化贸易主体研究

新中国文化贸易主要是在中国与苏联两个国家之间展开,中苏国家关系的变迁对新中国成立初期我国开展文化贸易产生了深刻的影响。对冷战时期中苏关系的研究重心一直都围绕着中苏分裂的起源及其性质:意识形态分歧、文化差异、国家利益的冲突。冷战结束后,随着中苏双方相关文件和档案

的逐步解密,学者对中苏关系的研究取得了比较大的突破。在西方出版的论著中,德国学者海因茨希在《中苏走向同盟的艰难历程》(2001)中对中苏同盟建立的过程进行了详尽讨论。比较近的两项研究成果将中苏分裂的研究推向新的层次。在广泛利用中国、俄罗斯、美欧档案的基础上,吕德量于2008年出版了《中苏分裂:共产主义世界的冷战》一书,将中苏的主要分裂定位在马列主义意识形态的分歧上。谢尔盖·拉琴科的《两个太阳:中苏争夺领导权的斗争,1962—1967》考察了20世纪60年代特别是1962到1967年间中苏关系恶化的过程。谢尔盖利用了苏联和蒙古的原始档案及大量二手资料,探究了苏联领导人对中苏分歧的态度和决策。詹姆斯·赫什伯格、谢尔盖·拉琴科、王俊逸、王大卫:《对华国际真相:揭开中苏关系最后阶段的史诗》(2011)是研究冷战后半期中苏关系的文章,文章揭示了一个由克里姆林宫设立的组织"对华国际"的产生,以及其职责的拓展、消亡的情况,让人们对这个冷战后半期中苏关系和苏联对华政策中的关键环节有所了解。此外,旅美华人学者张曙光,美国学者陈兼、魏丽莎也分别从不同的角度对中苏关系做了研究。在苏联,综合性专著的作者大体上都是负责对华事务的职业外交官或党内干部,主要为斯大林政策进行辩护,虽然论述的意识形态浓厚,但具有史料价值。70年代初,苏联思想出版社出版了鲍里索夫和特罗斯科夫合著的《苏中关系》,利用了苏联官方保存的档案资料,反映了苏联当局的基本观点。

中国学者对中苏关系的研究已经走在了世界前列,特别是沈志华、杨奎松、牛军、李丹慧等人的研究引起了国际学界的重视。沈志华以他大量的研究成果在很大程度上改写了中国乃至国际史学界对中苏关系、朝鲜战争等重大历史事件的叙述。2012年12月,九州出版社出版的《沈志华:冷战五书》收录了沈志华1994年以来发表的部分研究成果,对中苏关系做了详尽的分析。其中,《中苏结盟:冷战的转型》对中苏高层之间在建立同盟问题上的博弈做了重点阐述,对中苏合作过程中的经济、军事等问题也有所涉及;《脆弱的联盟:冷战中的盟友》讲述了社会主义阵营内部国家关系的发展和演变,分析了冷战在亚洲的形成;《中苏分裂:冷战的再转型》围绕着国家间的利益矛盾和冲突,分析了中苏同盟最终走向分裂,冷战在全球也出现复杂化的倾向。牛军的学术研究工作主要集中在冷战与中国外交关系的历史,《冷战与中国外交决策》一书是其二十年研究最有价值的论文汇集。有关中苏关系的内容涉及中苏同盟的起源、毛泽东的"危机意识"与中苏同盟破裂的缘起(1957—1959)、1969 年中苏边界冲突与中国外交战略的调整、1980 年中苏关系研究。杨奎松对毛泽东与莫斯科关系的历史做了全新的不同于过去的解释。《毛泽东与莫斯科的恩恩怨怨》(1999)根据大量有关中苏档案和亲历者的回忆,按历史发展的顺序,对涉及毛泽东与莫斯科关系的历次重大事件,以及毛泽东的性格和处事特点做了描述。李丹慧主编的《北京与莫斯科:从联盟走向对抗》对冷战的起源、美苏冲突的演变过程、中苏结盟和走向分裂的原因、中美苏三角关系的内部结构等做了详细的介绍。胡惠林的论文《论文化冷战与大国文化战略博弈》则指出了 20 世纪东西半球冷战的实质是对意识形态的争夺,在这场美苏争霸中,中国运用文化外交手段有效地破解了苏联对中国构成的巨大国家安全压力。[①] 中苏关系的研究为十七年时期中苏文化服务贸易研究铺展了一个宏观背景。

二、国家关系中的文化贸易生产主体研究

有关新中国出版活动主体的研究内容非常丰富,涉及的相关人物众多,但是对与对外出版贸易相联系的主体的专门性研究匮乏。罗智国的《胡愈之与新中国出版体制的建立》表明中华人民共和国成立后,出版总署署长胡愈之在学习苏联模式基础上实行编辑、印刷、发行三家分立的出版体制,是一种富有新中国特色的社会主义出版体制。[②] 吉少甫的《新中国出版事业的开拓者:建国初期胡愈之在出版署的活动纪要》记录了新中国成立初期胡愈之在出版总署的有关活动。[③] 舒新的《新中国派遣第一批学习出版业务的留学生》记载了 1952—1956 年新中国派遣第一批学习出版业务的留学生的留学情况,共有 13 人。[④]

与电影贸易主体的相关研究主要有两个方面:一是对电影体制机制、电影引进输出相关的人物和事件有所记录。比如"中国电影人口述历史"对 207

① 胡惠林:《论文化冷战与大国文化战略博弈》,《毛泽东邓小平理论研究》2007 年第 3 期,第 34 页。
② 罗智国:《胡愈之与新中国出版体制的建立》,《现代出版》2013 年第 5 期,第 71 页。
③ 吉少甫:《新中国出版事业的开拓者:建国初期胡愈之在出版署的活动纪要》,《编辑学刊》1996 年第 4 期,第 10 页。
④ 舒新:《新中国派遣第一批学习出版业务的留学生》,《出版史料》2004 年第 2 期,第 20 页。

个电影界老人进行了近 2000 个小时访谈,分为《海上影踪:上海卷》《长春影事:东北卷》《影业春秋:事业卷》和《银海浮槎:学人卷》四卷(2011),力图打破主流电影史的框架,涵盖中国电影史上具有相当影响力的各种人和事。《胡健访谈录》中老电影人胡健讲述了有关中影公司的经历。二是译制和配音,特别是有关配音的回忆比较多。袁乃晨被称为新中国译制片之父,孙渝烽的《那年月我们用声音造梦:记译制片配音的人和事儿》,徐燕、陈泹主编的《银幕传情:与中国当代译制片配音演员对话》,曹雷的《远去的回响:六十部译制片配音笔记》,潘争的《棚内棚外:上海电影译制厂辉煌与悲怆》,孟雄等的《成绩卓著各有千秋——简介上影译制厂几位配音演员的配音特色》,李东东的《东影译制片:母亲成就理想的地方》《张玉昆:新中国译制片配音第一人》等生动地讲述了一大批译制配音工作者的台前幕后故事,保存了有关配音事业的大量材料。

在文化贸易研究中,对苏联专家与留学生这两类群体的记录是比较多的,但是专门性研究活动在国际学界尚未得到很好的开展。苏联专家的著作以 50 年代居多,主要内容是苏联专家的谈话、报告、工作建议及指导、讲课,苏联专家在全国各地的工作生活以及与中国人民的友谊。比较近的著作只有三本,沈志华的《苏联专家在中国》可能是唯一一本研究苏联专家的专著,罗时叙的《由蜜月到反目——苏联专家在中国》、刘人伟的《永恒的记忆:苏联专家基列夫的中国情结》是纪实文学作品。在期刊论文中,比较突出的研究集中在教育领域,苏联专家与我国高等院校的建立、发展有深刻的联系,哈尔滨工业大学、中国人民大学、中国科学院、北京师范大学、清华大学、中央音乐学院、北京钢铁学院对此都有专门性的研究。高等院校聘请苏联专家的历程、特点及其影响,苏联专家对高校实验室建设、高校政治理论课程的建立、中国教育学术转型以及对中国空军教育的影响等均有涉及。论文对援华苏联军事专家、苏联法学专家也进行了群体考察。

对新中国成立初期留苏运动的介绍主要散见于一些当事人的回忆文章和一些纪实性书籍之中,主要有由中华人民共和国人事部主编的《新中国留学归国学人大词典》(1993),宋健的《百年接力留学潮》(2003),朱训的《希望寄托在你们身上——忆留苏岁月》(1997),单刚、王英辉的《岁月无痕——中国留苏群体纪实》(2007),邓守强的《留苏岁月》(2007),欧美同学会留苏联与独联体分会主编的《学子之路:新中国留苏学生奋斗足迹》(2000),以及留苏学子戴中羽、王殿儒、李兴耕的回忆录。这些著作回顾历史,客观地反映了留苏学子在苏联、东欧国家学习的概况,虽然不是学术著作,但书中提供的资料对研究留苏运动仍具有借鉴意义。史类书籍如赵峰等编著的《新中国六十年留学大事概览:1949—2009》对60年里我国留学工作进行了客观记述,向世人呈现了1949年以来我国留学工作的发展历史、我国留学政策变迁的基本脉络和变革要点,以及中国政府和中国领导人的战略决策与意图;李喜所编著的《中国留学通史(新中国卷)》系统全面地介绍了新中国成立后我国留学生教育史,折射出中国政治和社会的走向,也从一个侧面展示了中国现代化的演进历程;李涛的《借鉴与发展——中苏教育关系研究(1949—1976)》从教育学的角度对教育交流史进行了回顾,客观地反映了留苏学子在苏联、东欧国家学习的概况;张柏春等著的《苏联技术向中国的转移(1949—1966)》[①]从技术史的角度进行研究,把向苏联派遣留学生看作一种"高等教育中的技术转移";还有郝世昌等的《留苏教育史稿》也是属于这一类的研究。对档案材料的大量挖掘使用是这两部著作的一个特点,教育部、外交部、北京外国语大学、上海市档案馆提供了丰富的第一手材料。李鹏的《留学与建设——新中国成立初期留苏教育研究》在系统梳理前任研究成果的基础上,利用原始档案材料,全景式地展示了新中国成立初期留学苏联的历史进程和深远意义。周尚文等的《新中国初期"留苏潮"实录与思考》[②]采用两方面的实证调查,一是查阅半世纪前所存相关档案;二是用对当年留苏学生进行个别访问、问卷调查、开座谈会等形式,力求全面地还原新中国成立初期留苏运动的全貌,并尽可能对其产生的作用和影响做出客观的评价。左玲的《新中国建立初期归国留学生群体政治认同的模式与特点》[③]系统分析了从新中国成立初期归国留学生这一群体政治认同的主客体关系、作用机理、生成过程和社会基础四个方面来看,这一认同模式具有统一性与动态性的交错融合、原生性与工具性的有机统一、主动性与被动性的复杂嬗变、历史记忆与目标理想的契合共

---

① 张柏春:《苏联技术向中国的转移(1949—1966)》,山东教育出版社2004年版。
② 周尚文、李鹏、郝宇青:《新中国初期"留苏潮"实录与思考》,华东师范大学出版社2012年版。
③ 左玲:《新中国建立初期归国留学生群体政治认同的模式与特点》,《郑州大学学报》2016年第4期。

生等特点。马薏莉、刘文楠的《两个革命之间:在苏联的中国留学生(1948—1966)》阐述了 20 世纪 50 年代和 19 世纪 60 年代留学苏联的中国学生作为中华人民共和国的显赫代表,与"苏联社会主义"中的普通人、各级机构与环境格局进行着直接互动,论文对这段历史做了多纬度的阐述。[1]

综观各具体门类的文化贸易主体研究,在出版和电影领域比较关注的是人物的生平事迹与其在相关领域的活动,而直接涉及文化贸易生产活动的研究极度匮乏。有关派遣留学生和聘请苏联专家整体活动的研究相对充分一些,但对从高等教育服务贸易视角去考察和定位新中国成立初期境外消费与自然人流动群体的研究却不多见。

三、国家关系中的文化贸易生产组织研究

对新中国成立初期文化贸易组织的研究围绕顶层管理组织与生产机构的创建发展、核心人物、主要作品、社会影响展开,而对具体开展文化贸易的组织机构——中国国际图书贸易总公司(国际书店)、中影公司、北京演出经理公司——的组织形态、经营方式的专门性研究严重匮乏。

新中国成立初期开展对外出版贸易的组织主要是顶层管理机构出版总署,执行机构是国际书店(后改名中国国际图书贸易总公司)和外文书店。1952 年国际书店成为实际上垄断书刊进出口的贸易机构,1964 年 1 月国际书店进出口正式分开,中国外文书店负责书刊进口业务,国际书店则专营书刊对外发行业务。冯建辉在《新中国成立初期出版总署沿革的历史考察》中介绍了出版总署的发展历史,表明出版总署的设置和新中国成立前后的宏大历史紧密相连。从中宣部出版委员会到出版总署再到文化部出版事业管理局,机构更替的背后潜藏着"统一—认同—优化"的现实逻辑。[2] 符紫如的《外文图书发行面面观》部分内容阐述了外文书店的历史沿革。于淼的《北京国际书店正式开业》、佚名的《苏联为中国大学生出版的俄语教科书在我国外文书店新华书店开始发行》从资料的角度记录了对外出版贸易组织的状况。

关于出版贸易产品生产机构的研究比较多的集中在对输出书刊的翻译

---

① 马薏莉,刘文楠:《两个革命之间:在苏联的中国留学生》,《冷战国际史研究》2010 年第 2 期,第 50—78 页。

② 冯建辉:《新中国成立初期出版总署沿革的历史考察》,《出版发行研究》2014 年第 7 期,第 96 页。

上,新中国成立十七年时期承担外宣书刊翻译任务的出版社主要是外文局(1949年10月1日成立国际新闻局,1952年该局改组为外文出版社,1963年9月外文出版社改组为外文出版发行事业局即外文局)和中央编译局。新星出版社1999年出版的《中国外文局五十年》丛书,包括《中国外文局五十年回忆录》《中国外文局五十年史料选编》《中国外文局五十年大事记》《书刊对外宣传的理论与实践》,对外文局的历史发展做了详尽的梳理,提供了大量的第一手资料。类似的还有汪祖棠的《外文出版社五十年历程:1952—2002》(2002)。新中国成立十七年时期的中国文学外译开创了以国家机构为主导的对外文学翻译模式,倪秀华的论文《建国十七年外文出版社英译中国文学作品考察》采用量化统计的方法,再现这一时期中国文学英译的整体状况与变化过程,揭示这一翻译现象与社会政治语境之间的密切关联。① 倪秀华的《"传统"的发明:建国"十七年"中国古典文学英译研究》阐述了外文出版社组织翻译的一批中国古典文学作品,意图借此对外再现作为新中国之遗产的古典文学形象,证明新生的民族国家的历史合法性。翻译古典文学作品由此成为重构或者"发明"新中国"传统"的手段。② 滕梅、曹培会的《意识形态与赞助人合力作用下的对外翻译——外文局与20世纪后半叶中国对外翻译活动》以外文局的翻译活动为例,对新中国成立以来至20世纪末的对外翻译活动做了梳理,旨在重新审视国家意识形态及赞助机构对翻译活动的影响与制约。③ 张西平、胡文婷的《中国外文:新中国传播中国传统文化的重镇——一个简短的历史回顾》从历史的角度,对中国外文局古代作品翻译出版史做了一个简略的回顾。对中央编译局历史进行回顾的著作主要有《中央编译局五十年:1953—2003》《传播真理,奋斗不息:中共中央编译局成立50周年纪念文集:1953—2003》及俞可平主编的《马列经典在中国六十年:中央编译局纪念新中国成立60周年文集》。论文主要有滕梅、吴菲菲的《翻译政策作用下的国家翻译机构——以中央编译局为例》,以新中国成立后的翻译政策为基础,用

① 倪秀华:《建国十七年外文出版社英译中国文学作品考察》,《中国翻译》2012年第5期,第25页。

② 倪秀华:《"传统"的发明:建国"十七年"中国古典文学英译研究》,《广州大学学报》2013年第9期,第79页。

③ 滕梅,曹培会:《意识形态与赞助人合力作用下的对外翻译——外文局与20世纪后半叶中国对外翻译活动》,《解放军外国语学院学报》2013年第3期,第75页。

描述性方法系统研究中央编译局对翻译活动的组织与管理,研究表明国家翻译机构的各项活动均受到翻译政策的影响和规约。① 他们的另一篇论文《国家翻译机构对翻译活动的规范——以中央编译局马列著作及"毛著"翻译为例》系统研究了中央编译局对著作及"毛著"翻译活动的组织与管理。研究发现,国家翻译机构的翻译活动受读者需求、目标语文化政治环境、社会背景及文本类型等因素的规约和影响。②

1953—1954 年,中宣部对苏联文艺、科技书籍的翻译出版也有过分工,但这方面的专门研究显然不多。人民文学出版社是新中国成立初期翻译苏联文学书籍的最重要的出版机构,王迎胜的《50 年代初我国翻译出版苏联作家作品概述》、温哲仙的《我们非常重视俄罗斯文学的译介——人民文学出版社俄苏文学出版概略》对此做了阐述。其他研究还有叶至善的《尽快翻译出版新版本的〈绞刑架下的报告〉——给中国青年出版社的一封信》。

与出版贸易组织的研究状况相似,电影贸易的组织研究也集中在译制片的生产上。顶层管理机构国家电影事业管理局负责进出口电影的审查与管理,外国影片由中影公司统一输入发行,上影和长影是中国电影译制片创作的两大重镇。沈芸的《国家电影事业管理局的筹建》阐述了国家电影事业管理局的筹建过程、机构设置、人员编制、管理范围及拟定 5 项电影管理暂行办法,电影局的建立在中国电影产业的发展历史上是一个分水岭,它预示着电影作为一个行业将告别以往行走江湖的个体生存状态,而进入了主流政治话语和国家行政规划。③ 童刚主编的《中影 50 年》记录了中影公司 50 年的奋斗与辉煌历程,留下了中影人感怀的足迹。有关上影和长影的研究比较多,张锦主编的《长春大业(东北电影人口述历史)》全面展现了东北电影从"东北电影制片厂"到长春电影制片厂的发展过程,包含了电影厂的建设、人事更迭及制度、电影制作生产,以及电影制片厂的改革,再现了"长影"的历史和新中国电影业建设起步阶段的状况。胡昶的《新中国电影的摇篮:1949—1985》详细

① 滕梅、吴菲菲:《翻译政策作用下的国家翻译机构:以中央编译局为例》,《外语教学》2015 年第 4 期,第 110 页。
② 滕梅、吴菲菲:《国家翻译机构对翻译活动的规范——以中央编译局马列著作及"毛著"翻译为例》,《中译外研究》2014 年第 1 期,第 14 页。
③ 沈芸:《国家电影事业管理局的筹建》,《中国电影报》2005 年 12 月 29 日,第 18 版。

记录了长影厂 40 余年的历史发展轨迹。类似的还有长春市地方志编纂委员会编的《长春市志·电影志》。吴贻弓主编的《上海电影志》对中国电影业在上海的发展作了梳理。新中国成立后,上海成为一个片种齐全、功能完备的电影基地,也建立了一套与之相匹配的电影机构。

新中国成立后,我国以中华人民共和国政府的名义派遣文艺团体出国访问演出,国外来华的艺术团也非常多,但主要限于文化交流。1955 年 10 月,经周恩来总理批准,国务院颁发了《关于访华艺术团体演出一律售票的通知》,演出才开始具有经济性质。1957 年 6 月,北京演出经理公司正式成立,开始具体承办对外表演艺术交流的任务,但对相关演出组织的研究几乎没有。

总而言之,纯粹关于文化贸易组织的研究几乎没有。

四、国家关系中的文化贸易生产活动研究

文化贸易兼具经济和文化的双重属性,新中国成立初期对外文化贸易与文化交流对新中国经济建设做出了重大贡献,同时也肩负着重新定义作为民族国家的中国身份,以及重塑中国人民的认同感的重要职责。对这段时期文化贸易经济属性的研究主要集中在对我国与社会主义国家(尤其是苏联)开展的大量书刊进出口贸易的研究,以及对电影产品的引进与输出的研究等。文化贸易文化属性的研究要丰富得多,认同、软实力、国家文化安全研究都蕴含其中。演出、美术、音乐领域主要还是文化交流,对外贸易几乎没有开展,研究也相对比较少。

文化贸易经济属性与文化属性在很多研究中交织在一起。在梳理国内当代出版史研究现状的基础上,可以比较清晰地看到新中国成立初期我国出版业经济属性和文化属性的特性。宋应离等编纂的《中国当代出版史料》,宋原放主编、方厚枢先生辑注的《中国出版史料(现代部分)》第三卷(上册),方厚枢所著《中国当代出版史料文丛》,宋应离等编的《20 世纪中国著名编辑出版家研究资料汇编》,对新中国十七年时中国出版业的状况进行了史料的整理与编纂。除了史料类著作之外,还有几部有影响的涉及当代出版史的理论著作,方厚枢、魏玉山著的《中国出版通史》(第 9 卷,中华人民共和国卷),宋应离、刘小敏编的《亲历新中国出版六十年》(2009)、《新中国出版史研究:1949—1965》(2012)对当代出版史进行了纵向勾勒。这些产生重要影响的著

作讲述了新中国最初的出版贸易状况。

卢安的《新中国成立初期的重大译介出版活动》、黄刚的《新中国成立初期马克思主义著作编译出版的中国化特征》、王曙龙与李丹的《建国初期马克思主义经典著作的编译出版及影响》、牛振宇的《从翻译角度看新中国对外出版历程——以西欧北美地区为例》从翻译出版的角度对新中国对外出版贸易做了具体的研究。

从文化贸易经济性角度的研究主要有何明星的专著《新中国书刊海外发行传播 60 年(1949—2009)》,该书以中国国际图书贸易总公司的发展历程为立足点,描绘了一幅中国书刊在海外发行传播的全景图。类似的文章还有王坤宁、姚贞的《国图总公司:60 年累计向全球发行书报刊 13 亿册》,何明星的《法国哲学社会出版社与新中国葡萄牙语图书的翻译与出版》,倪秀华的《建国十七年外文出版社英译中国文学作品考察》以出版机构为出发点谈论了新中国图书对外贸易的引进与输出。

电影史蕴含着电影贸易经济属性的研究。沈芸的《中国电影产业史》完成了对百年电影产业线索的一次梳理,其中第六章"新中国电影事业的创建(1949—1957)"、第七章"计划经济体制下的电影产业(1957—1965)"对十七年时期中国电影产业的发展做了详细的论述。于丽主编的《中国电影专业史研究:电影制片、发行、放映卷》①第二部分从新中国成立到"文革"的结束,从电影的商业发展角度出发,将中国电影制片、发行和放映业发展按照特定历史时期,结合特定时代的特色和社会形势来研究分析,是一部系统地研究电影行业历史、总结电影产业发展状况的著作。关于译制片的生产的研究不少,李国顺、顾育豹对新中国第一部译制片《普通一兵》的诞生做了阐述,其他还有田永源的《新中国电影译制片:从东影到上影》、王正纲的《新中国电影译制片初创事略》、倪骏的《译制片的前世今生》、琥岩的《忆我国早期的译制片生产》。李国顺的《十七年中国电影译制片翻译创作探究》表明从 1949 年到 1966 年的十七年间,伴随着翻译片种的出现,译制片翻译逐步成为一种翻译的特殊译种。也正是因为这种特殊性,决定了它的特殊规律,以及翻译中应该遵循忠于原著、彰显人物性格,更要符合汉语规范、兼顾电影特性等译制片

---

① 于丽:《中国电影专业史研究:电影制片、发行、放映卷》,中国电影出版社 2006 年版。

语言翻译的基本原则和规律①。

　　对新中国译制片文化属性的研究十分丰富。柳迪善的《新中国译制片史：1949—1966》是一部比较完整的研究新中国成立初期译制片的专著，分上下两篇对"十七年"的译制片进行了详细地整理、阐述与分析。从专著中析出的论文分析了"十七年"时期译制片中领袖肖像的政治意义、苏联电影放映实录、外国电影禁映问题、译制片的删剪问题、译制片传播中的城乡之别。柳迪善的《"十七年"时期（1949—1966）译制片海报一瞥》表明"十七年"时期围绕"外国进步影片"的各种宣传其实从来没有摆脱"性"与"暴力"的干系②；《"十七年"时期苏联译制片对同期国产动画片的文化渗透》从"十七年"时期苏联译制片对国产动画片的文化渗透入手，分别从子辈神话化、暴力合法化、人欲妖魔化三方面展开讨论，尝试剥离出"十七年"时期国产动画片普遍蕴含的意识形态内核③；《封面中的政治——〈大众电影〉封面的苏联影像分析》通过对新中国"十七年"时期《大众电影》封面照片进行的数字统计，力图理清这一时段苏联电影在中国发展的宏观图谱，苏片剧照在《大众电影》封面上的枯荣变迁说明了驿动的中苏关系落实到文化产品上的实效性影响④。李国顺对"十七年"中国电影译制片创作历史做了理性分析，《"十七年"中国电影译制片创作历史初探》从电影译制片的内涵界定，译制片的文化属性、传播属性及政治属性等方面就"十七年"时期中国电影译制片存在的意义和价值进行研究和探讨⑤；《十七年中国电影译制片创作历史研究再思考》从历史研究的缺失、理论探索的传承、译制事业的展望等方面重新考量新中国"十七年"时期中国电影译制片的创作历史，还原译制片历史的真实⑥。袁庆丰的《1949年后外国译制片在中国大陆的传播》、柳迪善的《苏联电影在中国——五十年代的考察》与《历史三调——建国初期苏联电影登陆中国的历史回顾》考察了外国译制

　　① 李国顺：《十七年中国电影译制片翻译创作探究》，《电影评介》2011年第20期，第53页。
　　② 柳迪善：《"十七年"时期（1949—1966）译制片海报一瞥》，《电影评介》2016年第8期，第14—19页。
　　③ 柳迪善：《"十七年"时期苏联译制片对同期国产动画片的文化渗透》，《当代电影》2016年第2期，第113页。
　　④ 柳迪善：《封面中的政治——〈大众电影〉封面的苏联影像分析》，《当代电影》2009年第3期，第77页。
　　⑤ 李国顺：《"十七年"中国电影译制片创作历史初探》，《电影文学》2011年第22期，第4页。
　　⑥ 李国顺：《十七年中国电影译制片创作历史研究再思考》，《艺术百家》2010年第A1版，第259—262页。

片尤其苏联电影在中国大陆的传播历史以及对历史真相的搜寻。

中华人民共和国对外文化交流活动十分活跃,学者纷纷对音乐、美术、戏剧等表演艺术的中外交流做了历史的梳理,比如宋天仪的《中外表演艺术交流史略:1949—1992》、李强的《中西戏剧文化交流史》、王镛的《中外美术交流史》、冯文慈的《中外音乐交流史》。

五、国家关系中的文化贸易生产制度研究

出版领域的制度研究主要集中在版权保护和稿酬制度上。邢丹丹在梳理我国现代版权保护制度的完善发展中指出中华人民共和国版权制度的正式约束是与市场经济体制的强弱同向发展的,是与计划经济体制的强弱反向发展的。中华人民共和国成立后版权保护的第一个阶段是以行政规章保护版权阶段。1955 年,在汲取东欧、苏联等版权法经验的基础上,我国草拟了《出版物的著作权保护条例》,后因为形势的变化,没能颁布出台。1958 年公私合营后,所有的宣传媒体、传播媒介都掌握在政府手中,为此,国家制定了统一的文学和社会科学书籍稿酬办法,并对剧本上演也规定了统一的付酬办法。1958 年至"文化大革命",这一阶段著作权保护基本上是中断的。[①] 武斌指出中华人民共和国成立初期,党和政府非常重视保护作者的著作权,本着"按劳取酬"的原则制订了稿酬的"暂行办法"。但当时的稿酬办法主要是学习苏联的做法,有一些规定脱离了中国国情,在修订稿酬办法过程中,王仿子先生创造性地提出了"按基本稿酬和印数稿酬相结合"的计酬方法,体现了稿酬制度鲜明的中国特色。[②] 李海文对中华人民共和国 60 年的著作稿酬与币值问题进行了探讨,指出 1949—1955 年的初创阶段我国实行折实单位制和印数定额制。1956—1966 年的波折阶段实行基本稿酬加印数稿酬制,稿酬规定多有变化,付酬的标准一降再降,到"文革"前夕,稿酬已成为一种鼓励性的象征。[③] 周林从稿酬制度变化及作者稿酬所得个案角度,探讨 1949 年以后作者地位的变化,从而进一步认识以保护作者合法权益及促进作品繁荣为宗旨的

---

① 邢丹丹:《中国版权制度变迁的历史考察》,《法制博览(中旬刊)》2014 年第 9 期,第 205 页。
② 武斌:《新中国成立初期稿酬制度的制定与修改》,《出版发行研究》2014 年第 4 期,第 96 页。
③ 李海文:《新中国 60 年的著作稿酬与币值》,《中国出版》2009 年第 9 期,第 60—62 页。

中国版权制度。① 有一些著作从史的角度对版权的发展进行了梳理分析,比如周林、李明山主编的《中国版权史研究文献》、姚怡昕的《中国版权制度变迁研究》、李雨峰的《枪口下的法律:中国版权史研究》,以及李明山、常青等著的《中国当代版权史》。另外,使用解密历史档案编成的《中华人民共和国出版史料》(1995—2013 年)披露了大量的政府规制文件,所收史料始于 1948 年 12 月,止于 1978 年 12 月。其所收史料的范围,包括中央各领导机关发布的有关出版工作的指示文件、法律法规,毛泽东、周恩来等党和国家领导人有关出版工作的指示、批示、题词,出版重要会议资料、各种统计资料等,系统披露了出版领域珍贵的权威的史料。

电影领域的规制研究主要围绕中华人民共和国成立十七年时期的电影政策和电影审查展开。刘阳的《政治至上:十七年电影政策解析》试图从强烈的政治性、高度的计划性和不稳定性等三方面解析中华人民共和国成立十七年电影政策的特点,并从具体的历史情境中还原这一时期电影政策的内在逻辑。② 对这段时期电影政策的分析文章还有胡菊彬、姚晓濛的《新中国电影政策及其表述(上)》、田川流的《新中国初期电影政策的历史启示》。关于电影审查,张硕果的《建国初期中国大陆电影审查考略》显示中华人民共和国成立初期中国大陆对于国营制片机构,电影管理部门建立并执行了严格的审查制度;对于私营制片机构新摄制的影片,则几乎完全放弃了事前审查。③ 吴迪的《审查与监督:十七年中国电影》在分析制度性审查和运动性审查特点的基础上,全面客观地评价中华人民共和国成立十七年电影审查与监督,探讨它在电影创作中的地位和作用。④

在 1949—1966 年间,中华人民共和国的出版业和电影业在各文化艺术门类中不但是发展最成熟的行业,而且它与当时的政治格局变化也最密切相关,所以当权政府非常重视对出版、电影的规制,相关的法律法令也最为系统。但显然,有关出版、电影政府规制的专门性研究还是非常欠缺的,今天中华人民共和国文化贸易生产规制的研究聚焦于此就顺理成章了。

---

① 周林:《新中国稿酬制度演变与作者地位的变化》,《韶关学院学报》2002 年第 8 期,第 122 页。
② 刘阳:《政治至上:十七年电影政策解析》,《电影文学》2009 年第 14 期,第 8 页。
③ 张硕果:《建国初期中国大陆电影审查考略》,《新闻大学》2011 年第 2 期,第 113 页。
④ 吴迪:《审查与监督:十七年中国电影》,《电影艺术》2005 年第 6 期,第 122—127 页。

六、国家关系中的文化贸易社会影响研究

文化贸易社会影响的研究主要从苏联模式对高等教育、文化体制的影响，苏联文化对电影、出版等领域的影响方面展开。

文化贸易社会影响的研究中备受关注的是苏联模式在我国文化教育领域的影响。作为社会主义的一种发展类型，苏联模式涉及政治、经济、思想文化、外交等内容，具有高度集权性、行政命令性、极端计划性的典型特征，由于苏联在特定历史时期的特定历史地位，文化领域中的苏联模式对世界上社会主义国家产生了深刻的影响。我国教育领域，尤其是高等教育深受苏联模式影响，相关研究成果众多，如谢雪峰的专著《从全面学苏到自主选择，中国高等教育与苏联模式》、陈兴明的专著《中国大学"苏联模式"课程体系的形成与变革》、焦德杰的《拿来主义的狂欢与落寞——对中国教育苏联模式的追忆与反思》、陆道坤的《短暂的体制与长存的精神——中国高等师范教育"苏联模式"的历史解读与反思》等。文化体制研究中，郝富强的《新中国文学出版制度研究(1949—1957)》分析了1949年到1957年，中华人民共和国文学出版制度建立所表现的两种模式：苏联模式与五四模式。[①] 刘阳的《十七年电影管理体制研究述略》从所有制改造、制片管理制度、审查制度、发行放映制度、人才培养模式等五个方面考察了中华人民共和国成立十七年时期电影管理体制，分析这种参照、模仿苏联模式的一体化管理体制的优缺点。[②] 冯洁的《苏联模式与"十七年"时期我国对外电影贸易机制的建构》对中华人民共和国成立初期我国电影对外贸易机制苏联模式的深刻模仿进行了分析。[③]

中华人民共和国成立十七年时期苏联对我国电影的创建、创作、理论和体制等方面产生了全方位的重要影响。在电影创建上的影响，如杨远婴、丁宁的《访问影坛前辈，谈苏联对新中国电影创建的影响》采访摄影系郑国恩教授，具体谈论了苏联专家对中华人民共和国电影事业的创建、电影教育体系

---

① 郝富强：《新中国文学出版制度研究(1949～1957)》，《社会科学战线》2007年第5期，第89页。

② 刘阳：《十七年电影管理体制研究述略》，《电影文学》2009年第13期，第7页。

③ 冯洁：《苏联模式与"十七年"时期我国对外电影贸易机制的建构》，《当代电影》2013年第11期，第65页。

的影响。[①] 丁宁的《苏联与北京电影制片厂的初建》讲述了北京电影制片厂取经苏联的道路成为中华人民共和国电影制片厂的典范。[②] 在电影创作方面的影响,如洪宏的专著《苏联影响与中国"十七年"电影》从中苏比较视野下对中国"十七年"电影做了详尽的研究。具体的论文有《论"十七年"中苏电影关系,"日丹诺夫主义"与"解冻"思潮对中国电影的影响》《苏联电影与"十七年"电影的风格差异》《论"十七年""革命历史题材"电影及其所受苏联影响》《"人民电影":"十七年"电影与苏联电影"同质"论》。其他学者的研究也很多,如柳迪善的《"十七年"时期苏联译制片对同期国产动画片的文化渗透》、李蓓蓓的《苏联电影"社会主义现实主义"及对中国"十七年"电影的影响》、袁庆丰的《从〈夏伯阳〉看苏联早期电影对中国电影的影响》、张琳琳的《苏联电影音乐对中国电影产生的影响》、闫丽娜的《对中国电影产生影响的苏联电影音乐》、邵铁夫的《五六十年代苏联电影音乐对中国电影的影响》。在电影理论方面的影响,如吴甜的《浅析苏联"社会主义现实主义"电影理论对中国电影的影响——从影片〈伊万的童年〉到〈小兵张嘎〉》、刘瑞的《试论苏联电影理论对"左翼电影"的影响》。

苏联对我国文学出版产生影响的研究也是比较多的,如金永兵、马前的《文学理论"苏联模式"及其在新时期的价值变迁》、吴秀明的《"一边倒"文化政策与当代文学中的"苏联模式"》、温儒敏的《"苏联模式"与1950年代的现代文学史写作》、李小汾的《"苏联模式"与1950年代的中国美术通史写作》、杨利景的《苏联文学对中国20世纪50年代文学思潮的影响》等。

苏联模式对当代中国的影响是全方位的,但带有苏联模式深刻烙印的中华人民共和国文化贸易如何与当代社会变迁进行同构依然不明,这段历史时期文化贸易的动态研究极度匮乏。

七、国家关系中的文化贸易相关研究

国际文化与教育服务贸易的相关研究主要有两个部分,一个是以萨谬尔·亨廷顿、约瑟夫·奈、弗朗西斯·福山为代表,从文化传播的角度讨论文化服务贸易

① 杨远婴,丁宁:《访问影坛前辈,谈苏联对新中国电影创建的影响》,《北京电影学院学报》2008年第3期,第93—100页。

② 丁宁:《苏联与北京电影制片厂的初建》,《电影新作》,2013年第6期,第4页。

的重要性；另一个是国际文化与教育服务贸易理论基础的一个重要来源——国际贸易理论。

二战结束以后，国际关系的研究主要是军事、政治，此外，经济维度日益凸显。虽然学者们也使用"道德""理想""人性""意识形态"等富含文化因素的术语，但是它们是边缘词汇，从属于权力和利益，无足轻重。在 20 世纪 80 年代，对于国际关系中的文化的作用出现了再思考的趋势，至 20 世纪 90 年代后更加兴盛，渐成显学。美国的成果最富冲击力，亨廷顿的"文明冲突论"、约瑟夫·奈的"软实力"理论和温特等的建构主义论风靡全球，欧洲的成果展示了深厚的底蕴和批判的力量，发展中国家也做了大量的探索。

亨廷顿在《文明的冲突与世界秩序的重建》一书中揭示了问题的实质，首先，他认为冷战后全球政治在历史上第一次成为多极的和多文化的。人民之间最重要的区别不是意识形态的、政治的或经济的，而是文化的区别。因为建立全球帝国是不可能的，维护世界安全需要接受文化的多样性。其次，民族国家现在是而且仍将是世界事务中最重要的因素，但他们的利益、联合和冲突日益受到文化和文明因素的影响。

约瑟夫·奈的"软实力"理论炙手可热。首先，奈首次将国家的综合实力划分为"硬实力"与"软实力"两个方面，与硬实力——命令或收买其他国家按照其意志行动的能力——不同，软实力是指"一国文化和意识形态的吸引力，是通过吸引而非强制的方式达到期望的结果的能力"。[①] 其次，一个国家的软实力主要来自三种资源：文化、政治价值观及外交政策。最后，硬实力和软实力是相关的，在某种程度上也是可以转化的。

建构主义的产生是西方国际关系理论最重要的发展，其中的扛鼎之作是亚历山大·温特的《国际政治的社会理论》。首先，他承认，国家和国家体系这类社会结构是客观存在的事务，是集合性社会现象，对于个人来说，不能转化为主观观念。但是，社会和世界是人们经过实践构建起来的。其次，社会共同观念建构了国际体系的结构并使结构具有动力。再次，新现实主义认为世界的无政府状态具有单一的逻辑，即国家内自助而国家间充满竞争。温特却提出不同的观念和文化，就会构建出不同的无政府状态。最后，虽然共同

---

① Nye J. S.，"The challenge of soft power"，*Time*，No. 2，1999，p21．

观念的改变可以造成不同的 国际关系,但是并不是说改变可以轻易进行,因为任何国家都很难改变体系文化。所以国家决策者责任重大,既有选择可能,也有道义责任。大国有实力,较少受到现有规范环境的制约,所以更具创新文化的能力。[①]

这三种学说虽然各有缺陷,但在不同程度上都谈到了文化的重要意义。"文明冲突论"认为文明的差异是今后国际冲突的根源;"软实力"理论提出文明和意识形态的无形吸引力胜于军事强制力;"建构主义"则认为,信仰、规范、观念等文化内容,建构了国际政治的基本结构。文化已然成为整个国际关系理论建构的基础。

国际贸易理论发展大致可以划分为两个阶段:第一阶段是从亚当·斯密首次系统提出国际分工与贸易理论开始一直到第二次世界大战前,称之为传统国际贸易理论。它以完全竞争市场为假设前提,主要分析产业间贸易,属于静态或比较静态的国际贸易理论。第二阶段从二战后至今,称之为现代国际贸易理论,它以不完全竞争市场为前提,并对国际贸易进行动态分析。

传统国际贸易理论以亚当·斯密的绝对优势理论、李嘉图的比较优势理论和赫克歇尔-俄林的要素禀赋理论以及保护幼稚工业论为代表。亚当·斯密,1776 年在《国民财富的性质和原因的研究》(简称《国富论》)中表达了劳动分工、专业化经济提高生产效率、创造社会财富的基本思想。在国际贸易中,亚当·斯密认为国与国之间进行劳动分工,发挥经济专业化的长处,通过自由放任的交换和国际贸易,可以创造和增加各国的财富。他的理论又被称为绝对优势贸易模型。比较优势理论在 20 世纪 70 年代以前一直被认为是西方国际贸易理论的基础。该理论在西方国际贸易理论中地位的获得首先应归功于大卫· 李嘉图,李嘉图的模型是对亚当·斯密的绝对优势理论的重要补充。1817 年大卫·李嘉图在《政治经济学及赋税原理》中提出比较成本论,又称比较优势论。比较优势贸易理论的假设条件与绝对优势模型基本一样,唯一不同的是强调两国的相对劳动生产率,也就是说国家应当进行那些自己具有最大相对优势的产品生产。比较优势学说的问世,标志着国际贸易理论体系的建立。19 世纪末到 20 世纪初,以瓦尔拉斯和马歇尔等为代表的新古典

---

① 入江昭:《文化国际主义与世界秩序》,约翰·霍普金斯大学出版社 1997 年版,第 182—185 页。

经济学逐渐形成,在新古典经济学框架下对国际贸易进行分析的新古典贸易理论也随之产生。其代表人物是瑞典经济学家埃利·赫克歇尔、伯尔蒂尔·俄林。基于新古典经济学对如何优化生产要素配置的理论基础,赫克歇尔—俄林模型认为,国际贸易的参与国将会按照要素禀赋的密集程度来生产,以最大限度发挥本国生产要素的比较优势,生产出最有价格竞争力的产品参与国际贸易。1841 年,德国经济学家李斯特出版了《政治经济学的国民体系》一书,比较系统地阐述了贸易保护的思想,提出保护幼稚工业论。它以生产力理论为基础,以保护关税制度为核心,主张以保护贸易为过渡,扶持有前途的幼稚工业,促进社会生产力发展,最终实现自由贸易。他主张在特定阶段国家应干预经济生活,保护面临强有力竞争的幼稚工业,以 30 年为最高保护期限,保护手段是通过禁止输入与征收高额关税来限制幼稚工业的进口品,以免税或少量进口税来鼓励复杂机器进口。

　　战后国际贸易中出现了一些新现象,新贸易理论、新兴古典贸易理论、国际贸易产品的生命周期理论、竞争优势理论等现代国际贸易理论也在解释新出现的现实问题中不断完善和发展。新贸易理论与新-新贸易理论主要有三个观点:不完全竞争与国际贸易、外部规模经济与国际贸易、内部规模经济与国际贸易,以詹姆斯·布兰德和保罗·克鲁格曼、经济学家莫瑞·坎姆为代表。在 20 世纪 80 年代初期,以罗森、贝克尔、博兰、杨小凯、黄有光等为代表的一批经济学家,回归斯密的研究视角,借助现代数学工具,将有关分工与专业化的思想演绎成了决策和均衡模型,此之谓"新兴古典经济学"。[①] 在此框架之下,很多发展和贸易现象都可以解释为社会分工演进的不同侧面,新兴古典经济学与新古典经济学相比最显著的差异就是"超边际分析方法"的提出。新兴古典贸易理论的代表性理论是内生性贸易理论。杨小凯将个人分工、专业化水平及市场一体化全部设为内生变量,发展了新兴的内生贸易理论(斯迈思,1999),解释了国内贸易向国际贸易的演变。麦克尔·波特提出了国家竞争优势理论,其中心思想是一国兴衰的根本在于国际竞争中是否赢得优势,它强调不仅一国的所有行业和产品参与国际竞争,并且要形成国家整体的竞争优势。这个竞争力由四个基本因素和两个辅助因素构成。美国

---

① 李颐:《基于新兴古典经济学的分工理论述评》,《兰州学刊》2010 年第 3 期,第 68 页。

经济学家雷蒙得·弗农分析了产品技术的变化及其对贸易格局的影响,提出了"产品周期"学说。其余还有波斯纳和哈弗鲍尔的技术差距论、林德提出的需求决定的贸易理论、罗默(1986)提出的"干中学"与克鲁格曼的"技术外溢"等都对国际文化贸易产生了很大影响。

国际贸易理论在文化贸易中具有广泛的适用性,比如克鲁格曼把不完全竞争与规模经济理论应用于国际贸易分析中。克鲁格曼认为即使在不存在比较优势的情况下,规模经济也可以是产生贸易的原因。Wildma、Siweck(1988)及 Frank(1993)认为文化产品的生产中存在外部规模经济。Scott(1997)在此基础上阐述了文化产品生产中存在内部规模经济。Wildma 和 Siweck 分析了在电影生产的比较优势中市场规模的作用,他们得出了一个国家电影产业的市场规模可以有效地促进电影生产质量和数量提高的结论,这之后他们又以音像制品实际贸易额为研究对象,认为在促进本国电影和音像的生产和出口方面,政府适当的干预是必要而且有效的。Frank(1993)在 Wildma 和 Siweck 研究成果基础上,将规模经济理论运用到文化经济领域,提出了文化产品的生产中存在外部规模经济,表现在文化产品生产者在地理位置上的聚集,不仅是国际化的也是本土化的。Scott(1997)阐述了文化产品的生产中存在内部规模经济。他以电影生产为例,指出电影生产的成本非常高,复制成本却很低,因而大公司可以取得成本优势,从而把小电影公司挤出市场,这个理论对于文化产品同样适用。[①] GSchulze(1999)也论证了规模经济理论的适用性,不同的是他开创性地把文化艺术品分为三类:现场表演艺术(音乐会、戏剧、歌剧、芭蕾舞表演等),特殊的不可复制文化艺术品(绘画、雕塑等)和可复制文化艺术品(图书、音乐唱片、电影等),并就三类文化艺术品的贸易理论适用性分别做了论述。[②] 从这些研究可以看出,可大量复制的文化创意产品的贸易,具有规模收益递增的特点,外部规模经济理论和内部规模经济理论都可用来分析国际文化贸易。美国的文化产业,无论电视、MTV、流行音乐、软件、出版、美术等行业,最大的优势就是其规模经济。传统的国际贸易理论是建立在货物贸易基础之上的,但随着国际贸易的形式、范

---

① Wildman. S. ,Siwek. S. , *International trade in films and television programs* , Washington D. C:American Enterprise Institute for Public Policy Research,1988,pp167—170.

② 同上。

围和类别的不断丰富,贸易理论也在不断丰富和发展。由于服务本身特点及服务贸易的复杂多样性,目前对国际服务贸易理论的研究仍然不够系统和完善。新制度经济学的相关理论对教育服务贸易具有一定的解释力,廖万红就认为交易成本在一定程度上决定了教育机构的边界;国家教育机构之间的竞争实质上体现着国家之间的利益;制度变迁和制度创新是国际教育服务贸易竞争的重要领域;产权理论则非常重视和强调教育机构在参与国际贸易时要进行产权制度创新。①

以上的研究虽然所属学科范围不同,研究的对象也不同,但它们却从国际关系与文化贸易的路径的选择、文化贸易生产主体生产活动与社会互动、文化贸易生成机制规制与社会变革、文化传播之于文化贸易的重要意义、国际贸易或静态或动态的理论对文化贸易广泛的适用性的角度为本文提供了从宏观分析到微观考察的示范。这些研究为笔者准备了当代新中国文化贸易与当代社会变革关系的工具,本文的研究与当代文化研究最大的不同是从新中国对外文化贸易入手去分析社会主义初始阶段新中国社会变革的内在机制、基本问题与历史逻辑,而这种基本研究对我们今天在"一带一路"倡议下开展国际文化贸易与交流,与全世界人民一同构建人类命运共同体伟大目标是有现实意义的。

第三节　研究思路

本书要呈现的是社会主义新中国文化贸易的基础性、整体性研究,所以期望对以下问题做出回应:

文化贸易的本质是什么?国际文化贸易、国际服务贸易、教育服务贸易之间有何联系与区别?

什么是社会主义新中国的文化贸易?有何独特性?即与传统的文化贸易有何区别?与当代社会主义国家与资本主义国家的文化贸易方式有哪些"同"与"不同"?

---

① 可参考廖万红:《服务贸易自由化趋势下中国教育服务贸易的开放与发展》,广西大学硕士学位论文 2006 年。

社会主义新中国文化贸易在什么背景下展开？为什么要有这样一种文化贸易的选择？选择的战略意义和实际效果如何？

社会主义新中国文化贸易的生产活动是怎样的？它是如何与当代中国的现代化进程互动同构的？

社会主义新中国文化贸易的具体形态如何？

作为新中国文化贸易的特殊形态,其人力资本国际流动状况如何？它是如何与新中国成立初期的国家政治、经济、文化等领域的社会生态环境发生互动同构的？

冷战背景下的国家文化贸易又给我们带来了怎样的启示？

全书在篇章安排上也据此逐一展开。(见图 1-1)

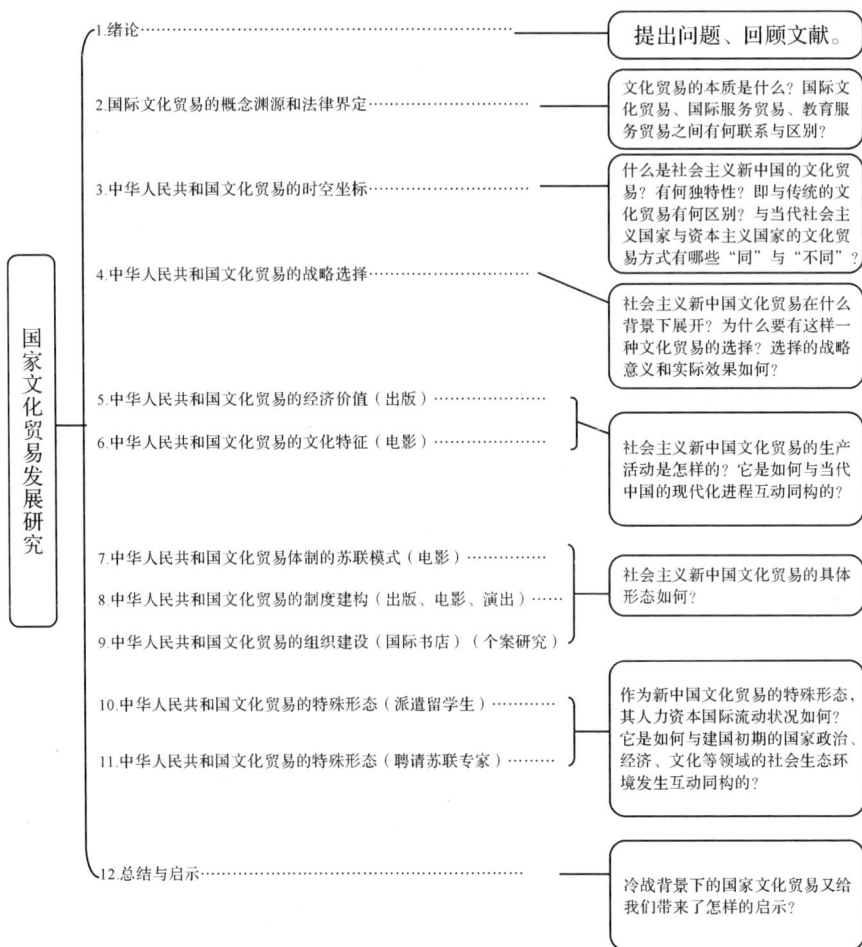

图 1-1　篇章结构图

本书第一章为绪论,旨在提出问题、回顾文献并梳理思路。

第二章先通过梳理"文化""贸易"的概念渊源来把握文化贸易的本质特征。马克思主义对文化概念的界定限制在狭义的意识形态文化上,文化是物质和精神的有机统一,文化是一种社会的存在,同时对经济、政治又具有反作用。贸易的本质在于交换。从国际文化贸易、国际服务贸易、教育服务贸易的概念界定和法律关系的分析可以得知国际文化贸易(国际文化产品贸易)包括了国际文化商品贸易和国际文化服务贸易两个大的方面。国际文化服务贸易是国际服务贸易的一部分,由此可见,国际文化产品贸易与国际服务贸易在国际文化服务贸易领域发生了重叠。教育服务贸易是国际服务贸易中的一个重要组成部分,同时,教育服务也是与文化产业直接相关的服务贸易。本书文化贸易的概念可以涵盖所论及的相关文化产业领域,国际文化贸易内涵和分类为建构"新中国国际文化贸易"具体形态的分析框架奠定基础。

第三章在时空坐标中对社会主义新中国的国际文化贸易进行具体定位。所谓时间坐标,是参照传统的文化交流,尤其是近代旧中国的文化贸易来观察当代"新中国""社会主义"文化贸易,而空间坐标有两个参照维度,一个是苏联及东欧社会主义国家开展的国际文化贸易,一个是西方资本主义国家的国际文化贸易。与近代文化贸易相比,当代社会主义新中国文化贸易一个根本性的不同是在国家独立、主权完整的政治空间下进行的,由政府主导开展的新中国对外文化贸易无论是促进国家经济建设还是构建国民的社会认同都取得了巨大的成功。苏联模式广泛渗透于社会各个领域,对外文化贸易的体制、组织结构、制度建构具有高度集权性和垄断性特征,这种社会主义初级阶段的生产关系与当时的社会生产力相匹配,在满足广大劳动人民精神文化需求、保障国家对外传播与维护国家文化安全上是近代中国对外文化贸易根本无法企及的。与近代留学相比,新中国教育服务贸易最大的不同点在于它是一种自上而下的"国家行为",在当时派遣留学生去苏联、聘请苏联专家都是举全国之力,具有规模大、效益好、意义非凡的特点。由于苏联在社会主义联盟中特殊的领导地位,苏联模式影响下的文化贸易体制在社会主义国家具有普遍性。与西方资本主义国家已经形成的文化产业相比,50年代我国的文化产业尚未形成,文化产业与文化事业具有同构互建性质,呈现的文化关系与社会主义初级阶段的文化制度、与广大工人农民的基本收入相匹配。如此展开,在与传统和西方文化贸易生产方式的对照中,当代"社会主义""新中国"文化贸易的"新"与"独特"就具体和明晰地呈现出来。

第四章通过描述20世纪中叶中国面临的国际国内环境来观察当代中国社会主义对外文化贸易转型的历史背景。冷战时期,美国在全球实行文化扩张与渗透战略,马歇尔援助计划在支持欧洲经济复苏的同时也引发了反对美国文化霸权的浪潮。以苏联为首的社会主义国家更是开展了积极的反美宣传,两大阵营意识形态的激烈对抗如火如荼。在中苏结盟以及"一边倒"国家政策背景下,中国成为社会主义阵营中一支重要的文化力量,中苏文化合作协定及执行计划为我们研究这段历史提供了文化样本。如此,社会主义新中国文化贸易的战略选择得以展开。

第五章至第六章具体阐述了冷战背景下新中国文化贸易的经济价值与文化特征。以出版、电影为例,揭示了国家关系与文化贸易的互相影响以及如何与当代中国现代化进程互动同构。

第五章阐述了冷战背景下新中国对外出版贸易的经济价值。国际文化贸易的一个根本性目的就是满足国家建设的需要,而国家关系对新中国对外出版贸易影响巨大,本章主要关注的是中苏国家关系与新中国对外出版贸易之间的有机联系,以及中苏文化关系下新中国与资本主义国家的出版贸易情况。

第六章通过电影输入阐述了冷战背景下新中国文化贸易文化特征中的一个重要方面——社会认同与国家文化安全问题。通过分析新中国对外电影贸易的市场格局、长影与上影的译制片、举办"电影周"和国际电影节上获奖审视了中苏电影贸易对新中国公民社会认同的构建。同时,中苏电影贸易的严重逆差也对新中国文化安全构成了潜在的威胁。

第七章、第八章、第十一章着力描述了社会主义新中国文化贸易的具体形态。

第七章以电影事业为例分析了在苏联模式影响下新中国对外文化贸易体制。在对苏联模式特征形成的历史梳理中了解苏联电影事业所表现的高度集权性与计划性。我国的电影事业是高度模仿苏联的,在"一边倒"国家战略思想下,新中国对外电影贸易体制比如电影进出口的审查与管理、国营片场的生产、电影发行管理等无不呈现出深刻的苏联模式烙印。

　　第八章从商业机制和政府规制两个方面来考察新中国对外文化贸易的制度建构。这种制度的建构分为两个层面,一是确保社会主义性质的文化贸易顺利运行而进行的制度建构,《保障出版物著作权暂行规定》与稿酬制度成为驱动对外出版贸易的商业机制;二是为了控制对外文化贸易对新成立的社会制度的冲击而建立的规制手段。规范对外出版贸易的政府规制主要是各类行政命令,比如指示、通知、请示报告、批示、通报等,这些规章制度层级不高,具有一定的临时性,但却是社会主义初级阶段不可避免的现象。对外电影贸易的商业机制和政府规制主要针对好莱坞电影,为此上海市政府实施了一系列措施,国家也颁布了重要的法令,主要是《电影业登记暂行办法》《国产影片输出暂行办法》《国产影片输入暂行办法》。相对于出版电影比较充分的制度建构,我国对外演出主要还是文化交流,少量的关于贸易演出的价格规制、准入规制显示对外演出贸易制度性建构还没有生成。总之,新中国对外文化贸易的制度建构是为了通过规则制定而降低对外文化贸易运行的社会成本,归根结底也是服务于文化社会化大生产的实现。值得注意的是,新中国成立初期在国家政治治理的初级阶段政府往往采取"堵"和"压服"的方式来追求一种静态的稳定与安全的文化空间,文化表达的制度性控制比较严格,促进文化贸易生产的商业机制相对比较弱。

　　第十一章聚焦于微观的企业组织层面,通过对国际书店的考察来剖析社会主义新中国的文化贸易组织建设。国际书店作为国家垄断的书刊进出口贸易机构,其经营管理、运营方式、组织架构深深打上了苏联模式的烙印,同时国内外政治环境的变化对国际书店也产生了深刻的影响。

　　第九章至第十章具体描摹了社会主义新中国文化贸易的特殊形态:派遣留苏学生和聘请苏联专家,具体分析了这两种后来在教育服务贸易中有具体规定的形态是如何与国家政治、经济、文化等领域的社会生态环境发生互动同构的。

　　第九章关于派遣留苏学生,重点考察派遣和管理留学生的政府规制和机构建制;境外消费的种类、规模、费用;关注国家关系对留学生专业学习的影响,在单向度的留学方向中在我国的苏联留学生情况;分析人力资本国际流动的收益情况。

　　第十章关于聘请苏联专家,重点考察聘请苏联专家的政府规制和机构建制;苏联专家的种类、规模、费用;关注社会主义阵营内部的国家关系在专家待遇方面的表现;分析人力资本国际流动的收益情况。本章对所收集的大量史料、档案材料进行梳理、考证,从教育服务角度对苏联专家的一些相关问题进行了研究。

第十二章对前文做出总结和回顾,并由此探讨冷战背景下国家文化贸易给我们的启示。主要内容为历史上"中苏关系"对构建当今"中俄关系"等国际关系的影响;规范与社会认同、国家文化安全;国际文化贸易与文化认同、国家文化安全;教育服务贸易之顶层设计与产业属性。

第四节　研究方法

本书借鉴社会学、历史学、国际关系学、传播学、档案学的研究方法来观察当代社会主义新中国文化贸易的生产,期望在历史大背景下解释当代中国文化贸易生产方式转型的发生、描述社会主义新中国文化贸易的具体形态并探索其影响中国社会变革的内在机制。在具体研究方法上将以文献研究与历史-比较研究为主,而在文献研究方法中又将综合文本分析、二次分析、档案分析、统计资料分析的手段。如下表所示:

表 1-1　研究方法

研究内容	研究视角	研究类型	研究方法
概念界定	社会学、历史学	解释性研究	文献研究(文本分析、二次分析)、历史-比较研究
为何产生	历史学、国际关系学、档案学	解释性研究＋探索性研究	文献研究(文本分析、二次分析、档案分析、统计资料分析)
贸易活动、社会影响	历史学、社会学、传播学	描述性研究＋探索性研究	文献研究(文本分析、二次分析、统计资料分析)
具体形态	历史学、媒介环境学	描述性研究＋解释性研究	文献研究(文本分析、二次分析、档案分析)、历史-比较研究
贸易活动、社会影响	历史学、社会学、国际关系学、档案学	描述性研究＋探索性研究	文献研究(文本分析、二次分析、统计资料分析)

第二章　国际文化贸易的概念渊源和法律界定

　　"文化"与"贸易"是十分古老的词汇,在历史长河的演绎中内涵变得越来越丰富。20 世纪 80 年代,伴随着西方文化产业的初具规模,国际文化贸易也获得了蓬勃的生机。在对当代社会主义新中国文化贸易进行探讨之前,有两个问题必须搞清楚:文化贸易的本质是什么? 国际文化贸易、国际服务贸易、教育服务贸易之间有何联系与区别? 第一个问题我们试图通过对"文化""贸易"的概念渊源进行简单的梳理来了解文化贸易的本质特征。第二个问题,本章通过界定文化贸易相关的基本概念和法律关系来明确国际文化贸易的内涵和分类,为建构"新中国国际文化贸易"具体形态的分析框架奠定基础。从更深层的意义而言,国际文化贸易直接或者间接作用并生成社会变革,对国际文化贸易进行概念渊源和法律界定的探讨为把新中国文化贸易置于社会变革语境下进行分析奠定了基础。

第一节　文化与贸易

一、文化

　　按照社会学家们的观点,"文化"一词在西方有一个演变过程。"文化"一词源自拉丁语,是动词"colere"的派生词,其原意是指人在改造外部自然界使之适应于满足食住等需要的过程中,对土壤、土地的耕耘、加工和改良。后来这一术语产生了转义。1871 年,英国文化人类学家爱德华·泰勒出版了《原始文化》一书。在这本著作里,泰勒第一次把文化作为一个中心概念来论述,提出了具有经典意义的"文化"定义,所谓文化或文明乃是包括知识、信仰、艺术、道德、法律、习俗以及包括作为社会成员的个人获得的其他任何能力、习惯在内的一种综合体。这一定义影响了当时和后来的许多社会科学家。后世不少社会学家、人类学家、民族学家、心理学家等给文化重新下过定义,但他们的定义都没有超出泰勒把文化看成是一个复杂的整体的基本概念。泰勒关于文化概念的解说,其不朽的理论价值在于:第一次给文化一个整体的概念,并给后来的思想家们研究文化现象界定了一个基本的范围或理论限域。

然而,就文化概念的规整性而言,20世纪50年代美国社会学家A.克罗伯在前人研究成果的基础上,提出了文化概念的五种含义:其一,文化包括行为的模式和指导行为的模式;其二,模式不论外观或内涵,皆由后天学习而得,学习的方式通过人工构造的"符号"系统;其三,模式物化体现于人工制品中,因而这些制品也属于文化;其四,历史上形成的价值观念乃是文化的核心,不同质的文化,可以依据价值观念的不同进行区别;其五,文化系统既是限制人类活动方式的原因,又是人类活动的产物和结果。[1]

在中国古代思想史上,对文化概念的解说,最早可以追溯到古籍《周礼》。《周礼·正义》中有"观乎人文以化成天下",汉朝刘向的《说苑》中也有"文化不改,然后加诛"的提法。20世纪初叶开始,五四运动前后,许多"前卫"思想家如李大钊、陈独秀、蔡元培等人就曾对什么是文化、如何发展我国的文化等问题展开过广泛的讨论。单就文化概念的界定而言,梁漱溟的解说最具影响,他在1920年出版的《东西文化及其哲学》一书中,把文化定义为"人类生活的样法",并把"样法"分为精神生活、物质生活和社会生活三大内容。这一界定与现在文化社会学家们的结论是十分耦合的。除此之外,还有一些文化思想史论者如梁启超、胡适等,也曾专门论述过文化概念问题。1949年以后的几十年,对"文化"的定义一直沿用广义和狭义两种解释。从广义来说,是指人类社会历史实践过程中所创造的物质财富和精神财富的总和。从狭义来说,是指社会的意识形态,以及与之相适应的制度和组织机构。这种情况一直沿用至20世纪80年代。80年代以后,逐步形成了文化问题研究热。《辞海》上的定义是把文化当作物质财富和精神财富的总和。比较有代表性的观点是我国著名文化社会学家司马云杰的观点,他在1987年出版的《文化社会学》一书中把文化定义为人类创造的不同形态的特质所构成的复合体。

---

[1] 秦在东:《现代企业管理新方略》,华中理工大学出版社1995年版,第28—29页。

马克思、列宁等经典作家对文化概念的解说和文化理论,是建立在辩证唯物主义和历史唯物主义基础之上的。马克思主义关于实践哲学,关于生产力和生产关系、经济基础和上层建筑的相互关系的理论是理解和把握文化概念的基础。马克思主义的文化理论的出发点是物质文化和精神文化的有机统一。马克思主义对文化概念的使用是有严格限制的,是指意识形态上的文化,即狭义的文化概念。这种文化作为意识形态的一个重要组成部分,它是社会存在,即社会政治、经济的反映,受一定社会政治、经济的制约。但文化作为意识形态又具有相对的独立性,对经济、政治具有反作用。

二、贸易

西方贸易概念起源很早,荷马史诗中有反映古希腊与海外通商的内容。柏拉图、亚里士多德、托马斯·阿奎那等人都对商品交换、价值、贸易诸问题有所论述。从理论界定的角度看,论述贸易问题较为系统和深刻的学者当数英国早期资产阶级经济学家托马斯·孟、尼古拉·巴尔本和达德利·诺思。托马斯·孟是英国晚期重商主义的突出代表。他在《贸易论——论英国东印度贸易:答对这项贸易的常见的各种反对意见》一书中把"贸易"定义为一种使国家之间交往具有意义的值得称誉的活动。这种活动"具有意义"的方面就是能够向外国出售英国多余的产品,换回外国的货币和英国所需要的物品。尼古拉·巴尔本是 17 世纪英国著名的资产阶级经济学家。他在自己的《贸易论》中对贸易做了全面的论述,指出贸易是为他人制造和出售一种货物,贸易的主要目标或任务是进行能盈利的交易。达德利·诺思是 17 世纪英国资产阶级最著名的理论经济学家之一,是资产阶级古典政治经济学初期的代表人物。达德利·诺思在《贸易论(三种)》(1982)中不仅把贸易看成是多余物品的交换,而且看成是交易双方各自财产或财富的交换。贸易的任务就是供应别人所需要的东西,换取他们所拥有的、超过他们自己所需的东西。他们三人对贸易的内涵、性质和实质的理解基本一致:贸易是一种出售多余财物的活动;贸易是一种互通有无的交易活动;贸易是一种特殊的专门制造活动。之后直至当代经济学家们对贸易的解释一般都没有从根本上超越他们的结论。马克思对于贸易概念的使用和理解也基本上没有超出上述几种结论。

我国由于"重农轻商"的传统,对于贸易的论述基本上是散见式的或者只言片语式的。系统的贸易理论及其学说的独立形式,大约是在 20 世纪 80 年代才在我国出现。

第二节　国际文化贸易

文化贸易研究与文化产业的研究密不可分。文化产业是伴随着第三次科技革命发展逐渐兴起的新兴产业,国外"文化产业"一词最早出现于 1944 年西奥多·阿多诺与麦克斯·霍克海默[①]合写的《文化工业:作为大众欺骗的启蒙》一文中,1947 年两人在合著的《启蒙辩证法》一书中对"文化产业"展开了论述,但未对文化产业进行明确界定。20 世纪 80 年代,一些发达国家的文化产业已粗具规模,国际文化贸易日益频繁,对文化贸易的研究引起了学者关注。此后,文化产业及文化贸易研究变得活跃起来,1987 年弗雷[②]率先提出了文化贸易的概念。

国际文化贸易是国际文化产品贸易的简称,普遍认为,国际文化产品贸易包括了国际文化商品贸易和国际文化服务贸易两个大的方面。国际服务贸易、国际文化贸易、教育服务贸易之间存在着有机联系,我们首先对这些法律概念与关系做一个基本阐述。

一、国际文化贸易的概念

文化产品贸易的概念,国内外的文化学者、经济学者、政府官员及业内人士众说纷纭,到目前为止,仍没有一个一致性的描述。周成名(2006)认为文化贸易属于国际贸易中的一种特殊的服务贸易,它是与知识产权有关的文化产品和文化服务的贸易活动。文化产品不仅具有商品属性,同时也具有精神和意识形态属性。高洁(2005)认为文化贸易主要是指与知识产权有关的文化产品(cultural goods) 和文化服务(cultural services) 的贸易活动。李怀亮、

---

① Theodor Adorno, Max Horkheimer, "The Culture Industry: Enlightenment as Mass Deception", *Dialektik der Aufklarung* , No. 1,1946,pp71－101.

② Frey Bruno S., Werner W. Pommerehne, "International Trade in Arts: Attitude and Behavior", *Artists and Cultural Consumers* ,No. 3,1987,pp28－42.

闫玉刚认为：国际文化贸易是指世界各国（各地区）之间进行的以货币为媒介的文化交换活动。它既包括有形商品的一部分，例如音像制品、纸制出版物等，也包括无形商品，例如版权、关税等。① Van Grasstek 指出从概念上讲，可交易的文化实体可被定义为能生产或分配物质资源的产品和服务，这些产品和服务能通过音乐、文学、戏剧、喜剧、文档、舞蹈、绘画、摄像和雕塑等艺术形式娱乐大众或激发人们思考。这些艺术形式，有的能以现场表演的方式（如音乐厅和舞台剧）展示给大众，有的却是先被存储记录下来（如在压缩光盘里）再卖给大众。这里面同样还包括储存和分配文化产品的机构。它们有的以公共服务的形式存在（如图书馆和博物馆），有的以商业的形式存在（如电视台和美术馆），有的则两者兼而有之。②

联合国教科文组织对文化产品和文化服务这两个概念做了如下定义：文化产品，一般是指传播思想、符号和生活方式的消费品。它能够提供信息和娱乐，进而形成群体特性并影响文化行为。基于个人和集体创作成果的文化产品在产业化和世界范围内销售的过程中，被不断复制并附加了新的价值。图书、杂志、多媒体产品、软件、录音带、电影、录像带、视听节目、手工艺品和时装设计组成了多种多样的文化商品。传统意义上讲，文化服务是指满足人们文化兴趣和需要的行为。这种行为通常不以货物的形式出现，而是主要包含政府、私人机构和半公共机构为社会文化实践提供的各种各样的文化支持，这种文化支持包括举行各种演出、组织文化活动、推广文化信息以及文化产品的收藏（如图书馆、文献资料中心和博物馆）等。文化服务可以是免费的，也可以有商业目的。当然，在贸易中出现的文化服务，一定是有商业目的的。③

综合上述观点，我们认为文化贸易从内涵来说是文化产品（cultural products）贸易的简称，一般来讲，文化产品包括有形的"文化商品"（cultural goods）和无形的"文化服务"（cultural services）。国际文化产品贸

①　李怀亮，闫玉刚：《国际文化贸易教程》，中国人民大学出版社 2007 年版，第 38 页。
②　Van Grasstek, *Treatment of Cultural Goods and Services In International Trade Agreements*, London：Oxford University，2005，p8.
③　UNESCO, *culture, Trade and Globleization：Questions and Answers*. Paris：UNESCO Publishing，2000，pp13－14.

易是国际文化商品与服务的输入和输出的贸易方式，是国际贸易中的重要组成部分。贸易一方向另一方提供文化商品和服务并获得收入的过程称为文化商品和服务出口或文化商品和服务输出，购买外方文化商品和服务的过程称为文化商品和服务进口或文化商品和服务输入。国际文化商品和服务是跨境产物，是文化产业国际化经营的必然。"文化商品"属于有形物范畴，"文化服务"属于服务范畴。^① 从外延来讲，文化商品和文化服务包含很多行业门类，不同国家和国际组织对于这些行业门类的划分各有不同。

二、国际文化贸易的分类

(一)以文化商品和文化服务为划分标准

按照日内瓦 WTO 统计和信息系统(SISD) 中的《服务贸易总协议》(GNS/ W/ 120)，服务部门可以分为 11 个大类 142 个服务项目。其中 3 大类与文化服务有关：第 1 大类商业服务中，有广告服务、摄影服务、印刷、出版服务；第 2 大类" 通信服务"中的 D 类别中的视听服务，如电影与录像带的生产与批发，电影放映、无线电视与电视、录音等；第 10 大类为 娱乐、文化与体育服务，包括娱乐服务(含剧场、乐队与杂技表演等) ；新闻机构；图书馆、档案馆、博物馆及其他文化服务、体育及其他娱乐服务。^② 此外，涌现出的文化会展服务、文化中介服务、文化咨询服务等新型服务以及相关的文化产品，也属于文化服务的范围。

而在国际货币基金组织(IMF) 的国际收支手册中，对国际文化贸易有这样的描述：居民与非居民之间，有关个人、文化和娱乐服务交易。细分为下面两类：一是声像和有关服务，二是其他文化和娱乐服务。第一类包括(影片或录像带形式的) 电影、收音机、(实况或提前录制的) 电视节目和音乐录制品。这里还包括租用费用的支出和收入、演员、导演、制片人等，从作品在国外播放而得到的报酬，卖给传播媒介，在指定地点上映次数有限的播映权费。有关戏剧、音乐作品、体育活动、马戏等活动的演员、制片人收到的费用，以及这些活动(电视、收音机等) 的放映权费用也包括在内。第二类包括

---

① 李小牧，李嘉珊：《国际文化贸易——关于概念的综述和辨析》，《国际贸易》2007 年第 2 期，第 41 页。
② WTO：Services Section Classification List，MTN，GNS/W/120，10 July 1991.

其他、文化和娱乐活动，如：同博物馆、图书馆、档案馆其他文化、体育和娱乐有关的活动。这里还包括国外教师或医生提供的函授课程的费用。[①]

HS(The Harmonized System 海关编码) 系统的分类法中没有一个分类叫"文化产品"，属于这一分类的产品只是散落在这个拥有 99 个分类的分类系统的其中几类。而其中有关文化软件的最重要的分类包括 49 类(书籍、报纸、图画以及其他印刷业产品) 和 97 类(艺术品、收藏品和古董)。文化硬件则能见于 HS 分类系统的各个角落，从 37 类(摄影和录像产品) 到 92 类(乐器)。在海关的统计中，对商品的分类主要取决于其物理性质，而不取决于其产业来源、内容的民族性或其文化价值。

文化服务在联合国中央产品分类(CPC, United Nations Provisional Central Product Classification)中由两大部分组成。作为信息服务的一个分支的视听服务又被分为几个小分类，现场表演被包含在"文化、娱乐和体育服务"分类里。其中一些服务的分类和我们对于文化服务的分类是一致的，如图书馆、文档和博物馆；新闻服务等则没有包含在内；体育服务等还有待商榷。出现在 CPC 分类法中其他服务也可以被定义为文化服务。

国际上通行的文化贸易统计标准是 UNESCO 的文化统计框架(Framework for Cultural Statistics，以下简称 FCS)。FCS 将当前国际流通中的文化商品和服务划分为 10 大类，分别为：文化遗产(编码为 0)；印刷品及文学作品(1)；音乐(2)；表演艺术(3)；视觉艺术(4)；电影和摄影(5)；广播电视(6)；社会文化活动(7)；体育及游戏(8)；环境和自然(9)。UNESCO 有关研究机构发布的文化贸易数据就是在 FCS 的基础上从国家间商品贸易数据库(COMT RADE) 中统计得到的。然而随着国际贸易统计标准的不断修订以及数据可得性的局限，不同时期的文化贸易内涵存在较大差异。

(二)以文化硬件和文化软件为划分标准

国际上一些贸易研究机构和专家，把文化贸易分为硬件贸易和软件贸易。一般来说，文化硬件指用来生产、储存、传播文化内容的器物工具和物态载体，如摄影器材、视听设备、影视器材、舞美设备、游戏和娱乐器材、艺术创造和表达的工具等；文化软件则指包含文化内容的产品和文化服务，包括广

---

① 国际货币基金组织：《国际收支手册》，中国金融出版社 1995 年版，第 2 页。

播电视节目、电影动画片和故事片、印刷品、出版物、视听艺术、表演艺术、载有文化艺术内容的光盘、视盘和多媒体、娱乐、会展等。①

对于这种划分方法，高洁在《从文化贸易看我国文化产业的发展》一书中表示，从定义看，硬件是器物工具或载体，是器材类，属于制造业；唯一特别的地方就是它是用来生产、储存、传播文化内容的。进行实际的贸易情况统计时，在将硬件部分划分类型时会引起混乱，是纳入制造业，还是文化产业？因为，产业贸易的计算是以产品的贸易量为依据的，而不是以其用途为依据划分的。这与人们通常理解的只有软件的文化贸易不同，也就能解释为什么中国长期在图书、报纸期刊、音像制品等核心文化商品贸易中处于严重逆差却仍从 2002 年起被列为世界第四大文化出口国的原因。

（三）我国相关法律文件对文化产品的分类

2004 年国家统计局印发了《文化及相关产业分类》，这是我国首次对文化及相关产业进行分类。2007 年 4 月，我国有关部门发布了《文化产品和服务出口指导目录》。这两个文件可以对界定文化产品提供指导，但不具有决定性。国家统计局的文件中，其编写说明将文化产业分类另分为核心文化产业（如新闻、出版、影视等）、外围文化产业（网络文化和文化休闲娱乐等）和相关文化产业（文化用品、设备等），对我们了解文化产品的范围有重要的指导意义。

如前文所述，对于国际文化产品贸易的概念和分类尚没有一个统一的标准。现在国际上没有一种分类方法将文化贸易单独列出来，几乎所有的分类方法都将文化贸易列为"其他"项或者"额外"项。因此对于文化贸易的统计就很难做到精确。

根据国际文化贸易的内涵和文化产品特点，我们把文化产品分为文化商品（cultural goods）和文化服务（cultural services）两大类。文化产品的提供往往同时含有文化服务的提供，而文化服务的提供往往伴随着文化产品的提供。因此，对文化产品贸易的管理，可能涉及对文化服务的管理，反之亦然。同一措施或行为，可能既涉及货物贸易规则也涉及服务贸易规则。这种分类既考虑到了其他分类的缺陷，又遵循了国际上通行的文化贸易统计标准

---

① 刘江华：《我国文化产品贸易现状及应对》，《对外经贸实务》2005 年第 12 期，第 3 页。

UNESCO 的文化统计框架(Framework for Cultural Statistics,以下简称 FCS),以避免因统计标准不一而造成的误差。文化贸易大都是文化实体或文化人以活劳动的形式来满足另一方文化生产和文化生活的需要的特殊的经济活动,因此,从一般意义上说,文化贸易是一种特殊的服务贸易。

文化商品和文化服务能否成为文化产品,判断标准在于该产品是否具有精神效用。作为文化产品的文化商品,可能会有多种效用(包括物用效用),但精神效用却是文化商品的标志性效用,不具有精神效用或者精神效用不是最主要效用的商品,绝不是文化商品。

三、国际文化贸易与国际服务贸易的联系与区别

服务贸易的概念最早出现在 1972 年经济合作与发展组织的《高级专家对贸易和有关问题的报告》中。1974 年,美国在其《贸易法》中首次使用了"世界服务贸易"的概念。1987 年 10 月,美国、加拿大正式签署的《美加自由贸易协定》(FAT)是世界上第一个在国家贸易协议上正式提出服务贸易的法律文件。根据服务贸易内容及项目的广泛性,对服务贸易进行了描述定义:服务贸易系指由或代表其他缔约方的一个人(A Person),在其境内或进入一缔约方提供所指定的一项服务(A Covered Service)。[①]关税及贸易总协定(GATT)于 1986 年至 1994 年,首次将服务贸易列为谈判的范围,并于 1994 年达成《服务贸易总协定》(GATS),乌拉圭回合服务贸易谈判中达成的《服务贸易总协定》是迄今为止第一个有关服务贸易的具有法律效力的多边规则。

国际文化服务贸易是国际服务贸易的一部分。国际服务贸易的范围要大于国际文化服务贸易。GATS 涉及的服务范围包括商业性服务、通信服务、建筑服务、销售服务、教育服务(包括开展短期培训)、金融服务(不包括保险)、保健服务、旅馆和饭店业服务、保险服务、个人服务、文化娱乐服务(不包括广播电影电视)、动产的销售服务、交通运输及其他服务共十四大类。与文化产业直接相关的服务贸易主要有:第一类,商业性服务中的计算机及其相关服务项下的软件实施服务、数据处理服务;其他商业服务项下的广告服务、

---

① 伯纳德·霍克曼、麦克尔·考斯泰基:《世界贸易体制的政治经济学》,刘平等译,法律出版社 1999 年版,第 123 页。

展览管理服务、摄影服务、印刷、出版服务等。第二类，通信服务中的电信服务项下的增值电信服务；视听服务。第三类，分销服务。第四类，教育服务。第五类，环境服务。第六类，健康与社会服务。第七类，旅游及与旅游相关的服务。第八类，文化、娱乐及体育服务，等等。而且，国际文化服务贸易的方式涵盖了 GATS 所规定的跨境交付、境外消费、商业存在和自然人流动四种方式。

国际文化服务贸易区别于其他服务贸易的重要方面在于它的文化性。文化贸易大都是文化实体或文化人以活劳动的形式来满足另一方文化生产和文化生活的需要的特殊的经济活动，因此，从一般意义上说，文化贸易是一种特殊的服务贸易。

从外延上讲，国际服务贸易包括国际文化产品贸易中的国际文化服务贸易，但国际文化产品贸易还包括国际文化商品贸易，由此可见，国际文化产品贸易与国际服务贸易在国际文化服务贸易领域发生了重叠。在众多的文化服务种类中，核心文化服务由视听及相关服务（包括电影制作、发行服务，广播和唱片服务）、著作权版税和表演艺术构成。相关文化服务包括广告、建筑服务和通讯社服务等。

第三节　国际教育服务贸易

一、教育服务贸易的概念

服务贸易总协定中涉及的教育服务贸易概念专指国际教育服务贸易，所以在本书中提到的教育服务贸易也专指国际教育服务贸易。

教育服务贸易是服务贸易的一个重要组成部分，虽然教育服务贸易的概念是在近几年提出的，但在实践中教育服务贸易的开展在早些年已经存在。教育服务贸易的形成有两个重要的标志。首先，20 世纪 80 年代中期以来，国际经济贸易机构或组织在统计国际服务贸易时，将教育服务贸易当作服务贸易的一个部分来对待，列入统计范围，说明教育服务贸易是国际贸易额的一个重要组成部分；其次，20 世纪 80 年代末，英国、澳大利亚等发达国家相继取消了对海外留学生的学费优惠措施，采取了全成本收费政策。这一政策标志着教育服务国际交流的重点从单纯的援助和合作转向以营利为主要目的的贸易活动,极大地刺激了教育服务贸易的发展。[①]

对教育服务贸易的定义,由于认识基点各异,不同的学者提出了各不相同的定义。如顾永才认为国际贸易以服务的形式在教育领域中的一种反映就是国际教育服务贸易。[②]中国教育服务贸易的发展研究报告提出国际教育服务贸易是世界各国(地区)之间进行的商品交换活动以服务的形式在教育领域中的反映,也可看作是国家之间相互提供的作为教育活动服务的特殊作用价值。[③]熊庆年、王修娥针对某一领域的教育服务下了定义,认为高等教育国际贸易是指国与国之间主要出于经济目的而进行的关于高等教育输入与输出,它属于一种国际服务性贸易。[④]庞守兴、李淑俊认为目前学术界对国际教育服务贸易的定义为这种贸易在实践中表现为以留学生为主要标志的,兼有教育产品或教育物资进口与出口的服务贸易的一种。[⑤] 此定义虽然对教育服务贸易进行了比较好的概括,但也存在着不足之处,此定义对教育服务贸易所包括的内容和范围定义过窄,不能涵盖教育服务贸易的全部。教育服务贸易实际上包括了上述服务贸易的全部四种方式,但该定义仅将境外消费方式发生的教育服务贸易概括在内;虽然教育服务贸易的大部分是以境外消费形式开展的,但其他三种形式的教育服务贸易也是教育服务贸易的重要组成部分。因此,此定义对教育服务贸易的概括存在片面性。

世界贸易组织在 1994 年乌拉圭回合谈判的最后文本中将教育服务纳入服务贸易的范围,据 WTO 服务贸易总协定第 1 条第三款(B)规定,服务包括"任何部门的任何服务,但在行使政府职权时提供的服务除外";第三款(C)规定行使政府职权时提供的服务指"既不依据商业基础提供,也不与一个或多个服务提供者竞争的任何服务"。延伸到教育领域,可以理解为,除了由各国

---

① 靳希斌:《国际教育服务贸易研究规则解读与我国的承诺》,《北京师范大学学报》2004 年第 1 期,第 15 页。

② 顾永才:《论国际教育服务贸易》,《对外经济贸易大学学报》1998 年第 3 期,第 1 页。

③ 中国教育服务贸易的发展研究报告,2005 年 11 月 13 日,http://www.36o21.com。

④ 熊庆年,王修娥:《高等教育国际贸易市场的形成与分割》,《教育发展研究》2001 年第 9 期,第 44 页。

⑤ 庞守兴,李淑俊:《现代国际教育贸易的形成与理论探源》,《教育发展研究》2002 年第 12 期,第 16 页。

政府彻底资助的教学活动之外,凡收取学费、带有商业性质的教学活动均属于教育服务贸易范畴。① 这样的表述也基本属于对教育服务贸易范围的概括。

综合前述关于国际教育服务贸易的定义,结合教育服务贸易的特点,我们认为,国际教育服务贸易可做如下定义:国际教育服务贸易是指发生在国家(地区)与国家(地区)之间的教育服务的交易活动和交易过程。

二、教育服务贸易的分类和提供方式

国际教育服务贸易的标的物是教育服务,关于教育服务,根据 WTO 的统计和信息系统局(SISD)提供的分类,教育服务被分为以下 5 类:(1)初等教育服务;(2)中等教育服务;(3)高等教育服务;(4)成人教育服务;(5)其他教育服务。WTO 分类中只有教育服务的第一个分支部门与联合国《中心产品分类》(CPC)分类略有偏离(WTO 为初等教育,CPC 为基础教育)。在教育服务分支部门中的"其他教育服务",主要包括教育测试服务、学生交流项目服务、留学便利服务,以及因教育部门迅速变革产生的新服务。因此在承诺一览表中,其他教育服务需要在谈判中详细定义。《服务贸易总协定》(GATS)要求每个成员方提出其服务贸易,包括教育服务贸易的具体承诺减让表,并且在减让表中说明市场准入限制、国民待遇及其他任何限制。减让表一般由水平承诺和部门承诺两部分构成。水平承诺通常是对某一种服务提供方式,特别是在消费国的商业存在和自然人流动的限制,它适用减让表中的所有部门,包括教育服务部门。

GATS 第一条规定的"服务"指除政府当局为履行职能所提供的服务之外的所有服务。这里的"政府当局为履行职能所提供的服务"是指非商业性的,不与其他服务提供者相竞争的各类服务。也就是说,凡是承诺开放教育市场的国家,除了政府彻底资助的教育活动外,凡带有商业性质的教育活动或相关行为,所有成员方均有权参与其教育服务竞争。教育服务贸易被定义为以下四种服务提供方式:

跨境交付(cross—border supply),指一成员方在其境内向任何其他成员

---

① 周满生:《国际教育服务贸易的新趋向及若干对策的思考》,《研究动态》2002 年第 9 期,第 20 页。

方境内提供的服务,其特点是服务提供者与服务消费者分别处于不同的国家,如通过网络教育、远程教育等形式提供的教育服务。

境外消费(consumption abroad),指在一成员方境内向任何其他成员方的服务消费者提供的服务,其特点是服务消费者必须进入服务提供国,比如一国人员到他国的学校或科研机构留学、进修与学术访问等。

商业存在(commercial presence),指一成员方的服务提供者通过在其他任何成员方境内建立商业实体提供的服务,其特点是服务者跨越国界,与对外直接投资联系在一起,比如一国企业或学校到他国直接开办独资或合资学校、培训机构等。

自然人流动(movement of natural persons),指一成员方的自然人在任何其他成员方境内提供的服务,其特点是服务提供者以自然人身份进入并暂时居住在服务消费国,比如外籍教师来华任教,中国教师或科研人员到国外学校或科研机构就职等。

第四节　本章小节

通过梳理文化与贸易的概念发展史,笔者比较赞同司马杰关于文化的定义,即人类创造的不同形态的特质所构成的复合体,说明了文化内涵的丰富性和形态的多样性;贸易现象是人类经济文化发展到一定阶段的产物,贸易的本质是交换和交易。从国际文化贸易、国际服务贸易、教育服务贸易的概念界定和法律关系的分析可以得知国际文化贸易(国际文化产品贸易)包括了国际文化商品贸易和国际文化服务贸易两个大的方面。国际文化服务贸易是国际服务贸易的一部分,由此可见,国际文化贸易与国际服务贸易在国际文化服务贸易领域发生了重叠。教育服务贸易是国际服务贸易中的一个重要组成部分,同时,教育服务也是与文化产业直接相关的服务贸易。正是因此,以上关于概念和法律关系的界定为分析文化贸易提供了启示。

第一个启示在于文化与贸易概念的起源与发展、国际文化贸易与国际服务贸易及教育服务贸易概念界定和法律关系的探讨为建构"文化贸易"的具体形态的分析框架奠定了基础。20世纪50年代新中国的对外文化贸易中出版、电影贸易属于国际文化商品贸易,演出交流属于文化服务贸易范畴。教育服务是与文化产业直接相关的服务贸易,境外消费和自然人流动是两种重要的教育服务贸易方式(派遣留苏学生和聘请苏联专家)。研究将从文化贸易的属性、文化贸易体制、文化贸易机制、文化贸易组织、人力资本的国际流动几个方面来分析。

第二个启示在于国际文化贸易生成社会变革的意义,这个意义似乎更为重要。文化产业是第三次科技革命浪潮下兴起的新兴产业,文化贸易伴随着文化产业的兴起而发展。20世纪80年代,随着一些发达国家的文化产业初具规模,国际文化贸易日益频繁起来,国外的学者对其开始关注。迄今为止,国际文化贸易的研究经历了起步、理论形成、政策研究强化阶段,这种研究的意义在于国际文化贸易如何开展,它对贸易双方带来什么影响,如何作用于一个国家和社会。概括地说,其一,国际文化贸易在构建国家形象上有着重要的作用。国际文化贸易是国际贸易的重要组成内容,不仅对国民经济的发展有着至关重要的作用,而且由于文化产品和服务的内在文化内涵的特殊性质,使文化贸易承载贸易双方(或多方)在政治、文化、外交等方面的交流与合作,对贸易输出国构建国家形象,扩大本国文化影响力方面有重要的推进作用;其二,文化贸易有助于加强与其他国家文化交流,丰富本国文化内涵,提高国家综合竞争力。弗朗西斯·福山、马拉蒂、约瑟夫·辛格、雅内巴普遍认为文化及文化贸易作为"软实力"是国家综合竞争力的重要组成部分;其三,文化贸易能够为服务业、制造业、农业等产业提供丰富的文化附加值,增加就业岗位和社会财富;其四,文化贸易对城市内部空间布局及城市结构调整起到重要的作用。罗默和格雷斯曼、弗兰克、甘瑟·司考兹、多米尼克·鲍尔从经济学角度阐述了文化贸易对城市存在影响;其五,随着国际文化贸易全球化的发展,频繁的文化产品与服务贸易和市场化机制往往伴随着他国文化扩张及文化价值观渗透,"文化帝国主义"使得发展中国家面临国家文化安全的威胁。以上种种作用无不显示着国际文化贸易直接或者间接作用并生成社会变革,这是研究国际文化贸易的根本意义所在。新中国的成立是一个划时代的社会变革,正处于西方文化产业的勃兴阶段,本书致力于呈现的恰恰是在我国尚处于幼稚期的国际文化贸易对社会经济的贡献、对国家形象的构建、对国家文化安全的建设和防御、文化贸易体制和机制的作用、人力资本的国际流动等方面。

第三章　新中国文化贸易的时空坐标

文化交流是人类社会发展到一定阶段才出现的,具备一定规模的文化贸易则是近代社会的产物,出版和电影作为近代中国文化贸易最为常见的两种产业形态在满足社会经济需求的同时,或打开国门开启民智,推动社会变革,或文化经济入侵,威胁国家文化安全生态环境,在潜移默化中改变着旧日中国。当代"社会主义""新中国"文化贸易既有社会生产力发展到一定阶段的必然性,也有一个特定时代一个崭新社会的偶发性,在社会转型的大背景下,它注定与传统的文化贸易不同,与此同时,它与"传统"的不同又推动了新中国社会转型的实现。20 世纪中期,西方资本主义国家文化产业运行的社会环境、科技环境、市场环境、人力环境已经成熟,文化产业获得了比较快的发展。与之相比,与经济学意义上的"产业"生产方式相对应的工业化生产和市场经济的基础性经济技术条件在新中国成立初期并未建立,加上意识形态的影响,新中国成立初期的社会主义新中国文化贸易与西方资本主义国家相比有着根本性的不同,而与东欧社会主义国家却存在某些相类似的特点。本章在时空坐标中对"社会主义""新中国"的文化贸易进行了横向与纵向的比较,思考如下问题:与传统文化贸易相比,"新"在哪里? 与同时代东欧社会主义国家的文化贸易相比有哪些"同"与"不同"之处? 与资本主义文化贸易相比,有何特点? 需要指出的是探究当代社会主义新中国文化贸易的特殊性并非研究的根本目的,更重要的是要探究新中国文化贸易与当代中国社会变革的同构作用是如何发生的,这种研究对今天中国"一带一路"的国际布局同样具有重要的意义。

第一节　新中国文化贸易与传统文化贸易的比较

一、文化贸易的经济价值与文化特征

国际文化贸易具有经济与文化的双重属性,经济属性使得国际文化贸易为国家带来巨大的经济利益,推动国民经济向前发展;文化属性满足了消费者的精神需求,文化巨大的渗透性影响到整个国家文化的发展方向,具有构建国民社会认同的作用。在这一点上,当代"新中国"文化贸易与"古代""近代"文化贸易有着本质的不同。

出版物对外交流的出现,一个基本的前提条件是古代中国对外贸易通道的形成,主要有陆地丝绸之路、海上丝绸之路、南方丝绸之路。中国封建社会初期,社会生产力低下,封建王朝闭关锁国,中外图书交流极少。一般认为,稍有规模的图书交流始于东汉,以佛经的传入为其开端。纵观我国古代中外图书交流史,各国使者、宗教人士和商人是中外图书交流的重要参与者。从流向来看,我国古代中外图书交流带有明显的周邻性特征,汉籍往往是先传播到周边地区和近邻国家然后再由周边和近邻国家向外传播,域外图书在中国的传播也呈现出由近及远的特点,文化交流基本局限于亚欧大陆。从传播形式来看,受"朝贡"政治体制的影响,明代以前主要是单向性辐射传播,表现为中国文化对于东亚邻国的传播和影响,反之则不明显。明末之后,中外图书开始了互传。

西方著作被译成中文始于16世纪后期西方传教士在中国对宗教宣传品的翻译,而真正大规模的译书活动则是在近代。林则徐被誉为中国"睁眼看世界的第一人",从1839年2月起到1841年,他组织人力翻译西方报纸和书籍,借以了解"夷情"和学习自己迫切需要知道的知识。其最重要的译书成果是《四洲志》,开创了近代中国探索研究西方——西学东渐之风。1842年魏源在林则徐译编《四洲志》的基础上,增补其他材料,完成《海国图志》50卷57万字的撰著工作。洋务运动时期,洋务派在许多企业、新式学堂中都附设了翻译机构。如北京同文馆、江南制造局、福州船政局等都设法组织人力翻译西书,共翻译书籍近千种,但仅限于内容是介绍西方科学技术及国际法律方面

的书籍。墨海书馆是 1843 年英国伦敦会传教士麦都思、美魏茶、慕维廉、艾约瑟等在上海创建的书馆,是上海最早的一个现代出版社。墨海书馆培养了一批通晓西学的学者如王韬、李善兰,他们和艾约瑟、伟烈亚力等撰写、翻译了许多介绍西方政治、科学、宗教的书籍。19 世纪末,资产阶级改良主义者康有为编纂《日本书目志》、梁启超编撰《西学书目表》对日本和西方图书在中国的传播起了推动作用。

上海是现代出版中心,也是国际图书贸易的中心,拥有多个图书出版和发行机构。商务印书馆创办于 1897 年,在近代印刷出版机构中规模最大、影响深远,是中国近代印刷出版事业发展功勋卓著的民办印刷、出版企业。当时,全国处于日益高涨的维新运动之中,到处学新学、兴学堂、谈维新。商务印书馆决策者瞄准新学堂的广泛设立急需大量新式教科书这一现实情况,迅即将英国人编写的印度课本翻译成中文并加上白话注解,印成《华英初级》和《华英进阶》出版发行,极为畅销,获利颇丰。印刷出版新兴教科书之后,商务印书馆着眼于印刷出版颇具实用价值的西方学术著作、文学著作和各种工具书。翻译印刷出版了严复翻译的《天演论》《群己权界论》、林纾翻译的《巴黎茶花女遗事》等图书多种。中华书局于 1912 年(民国元年)创办于上海,有卢梭《社会契约论》、达尔文《物种原始》等重要译著。这些图书,适应了当时中国社会之潮流,使因清朝政府长期闭关锁国而不谙世界情况的中国人耳目一新。

限于生产力的发展水平低下以及中国社会长期"重农抑商""闭关锁国"的传统,中国古代的对外出版贸易是极其有限的。近代西学东渐以及洋务运动、维新变法、资产阶级民主革命、新民主主义革命等客观上推动了中外图书交流和贸易,并决定了图书贸易的主要内容是西方科学技术。早期翻译书籍的主体由洋务机构、外国传教士和少数与其合作的中国开明士大夫构成,20世纪初期则以国人独立翻译为主。中国近代的图书翻译出版深入社会层面,并且为政府允许,地区仅限于上海、北京、南京、广州、重庆、汉口等少数大城市,有一定规模,大部分由民营资本和外商分散经营,只有商务印书馆和中华书局有较大规模的进出口量,其他微不足道。总之,近代西学的翻译出版在开启民智、推动社会变革方面起到了积极的作用。

新中国成立后,苏联是最早与我国建立外交关系的国家,苏联之后,其他社会主义国家也都来电祝贺新中国的诞生,并表示愿意与之建立外交关系。与苏联和东欧地区良好的政治、外交关系为文化教育交流等活动的开展打下了良好的基础,这是新中国书刊在海外发行环境最好的一个地区。新中国与苏联、东欧社会主义国家大量开展书刊进出口贸易,一个重要的目的就是满足国家建设的需要。20世纪50年代,苏联的作品犹如"洪流"般涌入中国,中国出版物也不断出口苏联,中苏两国出版翻译对方书籍不但数量巨大,而且品种繁多。据苏联方面统计,单是文学这一种类,从1949年到1960年,苏联就翻译出版了中国作家的作品近1000种,印数达四千三百万册,这些作品均翻译成俄文和50种苏联境内的民族文字。在中国,从马列主义著作、科技文献、社会科学著作到文学作品,都全面引进苏联的,并及时组织力量从俄文翻译,总印数以亿册计。在当时,"学习苏联"不仅仅作为国策,而且是一种时尚。出版界凡有苏联新作出现和传入,总是能及时翻译和介绍出来。其速度之快,往往达到跟踪翻译的地步;其领域遍及自然科学和社会科学所有学科。除了满足经济利益的需求,社会主义阵营文学作品的跨国翻译出版的一个重要目标是培养具有国际视野的社会主义认同感。在大规模翻译作品中,《钢铁是怎样炼成的》《静静的顿河》《卓娅和舒拉的故事》等一大批优秀的苏联社会主义经典作品赢得了广泛的中国读者,苏联作家以及他们的作品对中国知识分子产生了深远的影响。苏联科技类教科书的翻译比例在新中国成立初期的翻译潮流中占比最大,科学技术领域对新中国认同建构工程影响最为明显,一大批科技精英治理着国家的党政机关,对中国的科技事业产生了深远的影响。

电影从1896年传入中国到1949年的五十多年中,好莱坞电影占据了中国电影市场的大部分市场份额。第一次世界大战前,在上海放映的大多为法、德、英等国的影片。最多的是法国百代公司和高蒙公司的影片。第一次世界大战后,美国电影的霸权地位开始建立起来,取法国片而代之,几乎独占了上海电影市场,严重威胁中国民族电影的生存。美国8大影片公司从20年代起,陆续在上海设立了分支机构。通过这些机构,源源不断地将影片输入上海和全国。1933年,全国共摄制国产故事片89部,而输入中国的外国故事片则达421部,其中美国片就有309部,占全部输入量的73.4%。1934年,全国共摄制国产故事片 84 部,而输入的外国片则达 407 部,其中美国片就有 345 部,占全部输入量的 84.8%。① 太平洋战争爆发后,欧美影片暂时丧失了中国市场。日本战败后,海上运输恢复,美国影片又大量涌进上海。从 1945 年 8 月抗战胜利到 1949 年 5 月上海解放还不足 4 年的时间里,单从上海进口的美国 8 大公司和英国鹰狮公司输入的影片达 1774 部之多。② 战后美国影片进口的高峰出现在 1946 年,达到 881 部,那年上海首轮影院共映出故事片 383 部,其中国产片 13 部,美国片 352 部、英国片 15 部、苏联片 3 部。③ 1947 年以后,美国片进口逐年下降,1949 年 5 月以后新片进口实际中断。

新中国成立以后,上海人民政府关于电影事业的第一件事就是清除好莱坞的影响,整顿国内市场,中国的电影事业从此进入了一个崭新的历史时期。1949—1957 年,我国营业性输出电影已达 42 个国家(地区),输入已达 31 个国家(地区),对外电影贸易往来的国家和地区逐年增加,贸易对象也从苏联等社会主义国家扩展到亚非和欧美的国家和地区。新中国成立面临的一项重要工作是重新定义作为民族国家的中国身份,重塑兼具民族性和国际性的中国人民认同感,新中国成立初期大量引进社会主义国家电影,尤其是苏联电影,对新中国公民构建社会认同起到了重要作用。据统计 1949—1966 年,长影译制片共有 452 部,其中苏联片有 226 部(占全部产量的 50%);上影译制片共 424 部,苏联 179 部,占全部产量的 42.2%,苏联片几乎占据了半壁江山,整个社会主义阵营的片子高达 80%—90%。④ 在构建民族—国家的宏大工程中,举办"电影周""展览月"活动成为电影进行国族叙事且打造社会认同的核心途径,《夏伯阳》《列宁在十月》《普通一兵》《青年近卫军》《乡村女教师》对中国广大民众产生了巨大的影响。中国对外电影贸易和非贸易形式的文化交流建构着新中国革命的民族性和世界性的社会形象。

新中国对外文化贸易之所以数量巨大,影响深远,重要的原因是在国家层面由政府主导进行的。十七年时期,我国由政府主导与社会主义国家、亚

---

① 吴贻弓:《上海电影志》,上海社会科学院出版社 1999 年版,第 596 页。

② 同上

③ 同上

④ 长春市地方志编纂委员会:《长春市志·电影志》,东北师范大学出版社 1992 年版,第 338—345页。

非拉发展中国家和部分西方国家签订了大量的文化合作协定,缔约国双方往往配合协定签订"计划"或"执行计划"。出版与电影贸易都是文化合作计划中的一部分,在这样一种国家主权强控制,并且由政府主导而开展的新中国对外文化贸易无论是促进国家经济建设还是构建国民的社会认同都取得了巨大的成功,这是传统文化贸易无法比拟的。

二、文化贸易的组织建设

近代,商务印书馆、中华书局等图书出版和发行机构往往采用公司制、股份制等现代企业制度,不少近代文化生产组织出现了分工明确的科层制模式。新中国文化贸易组织与之相比具有完全不同的特征,我们以对外出版贸易的专门机构——国际书店为例对此作具体的阐释。

1949年中华人民共和国刚成立,通过西伯利亚大动脉,苏联图书已源源不断地运到满洲里。不久,苏联运来的大量中文版图书未及拆包就占据了出版总署大饭厅的大半边,堆积如同一座小山。在国际主义的援助下,12月1日国际书店在北京成立。1950—1952年,汉口、上海、沈阳、哈尔滨、大连、天津、重庆、广州分店纷纷成立,此外还设立满洲里、丹东办事处,加上其他大中城市新华书店的外文部,初步形成了一个进口图书国内发行网。国际书店成立之初,其主要任务就是进口苏联及东欧社会主义国家的中外文版图书,并向国内发行。

从组织性质上来看,国际书店属于社会主义公有制。无产阶级夺取政权后,通过社会主义国有化、社会主义改造和社会主义建设,一切生产资料属于全体人民或劳动者集体所有。社会主义公有制是社会主义经济制度的基础,是社会主义区别于其他社会形态最主要的标志之一,也是社会主义优越性的根本所在。

从管理体制上来看,十七年时期国际书店经历过两次管理体制的调整,基本上没有脱离中央集权制的苏联对企事业单位的管理模式。第一次调整是在1954—1955年,国际书店移交国内发行业务,苏新国家①出版的外文图书和外文期刊分别由外文书店和北京邮局发行。1958年期刊的进口收发工

---

① 苏新国家:指苏联及东欧新民主主义国家。

作由北京外文书店代办。1963—1964 年,国际书店进行第二次管理体制的调整,1964 年 1 月国际书店进出口业务正式分开,书刊进口业务划归中国外文书店,国际书店经营书刊出口业务。

从运营方式上来看,国际书店刚成立时,归属于新华书店总店,1952 年"三反"运动前后由出版总署直接领导,这个时期的经营方针主要是重视企业经营,强调贸易发行。1954 年 12 月,出版总署撤销,划归文化部领导,延续了之前的企业经营与贸易发行的方针。1963 年 5 月划归对外文化联络委员会,方针任务也有了许多改变,书店的任务转向以出口为主,对外宣传,配合外交斗争。发行方式也改为贸易发行和非贸易发行(赠送),并且非贸易发行在一定时期成为主要的发行方式。

从组织架构上来看,国际书店呈现分工明确的科层制模式。经理— 副经理— 处(部)—科,比如 1956 年经理是邵公文,副经理有薛迪畅、曹健飞、陈树穗,下设经理室:人事科、财务科;行政处:文书科、总务科、邮运组;苏联、东欧业务部:苏联东欧进口科、苏联东欧出口科;进口业务部:图书进口科、期刊进口科、过刊进口科、进口推广科;出口业务部:第二出口科、第三出口科、出口推广科;出口供应部:进货科、发货科、出口期刊订户科。1959 年撤销处、室一级,改为两级制,经理、副经理以下直接设科室。之后又恢复了原先的设置。

从队伍建设上来看,国际书店人力资本的发展受国内外政治形势影响很大。1949—1956 年,国内第一个五年计划顺利完成,国际上中苏关系友好,这段时期图书对外贸易及其发行人才得到大力发展。1957—1963 年受国家各项政治运动的冲击,国际书店人员开始紧缩。1963—1966 年国际共运大论战开始,为了加强对外宣传,干部队伍又一次迅速发展。国际书店人员的充实主要有借调干部、向社会公开招考、接受国家分配的大学生、选送干部和工作人员去专业院校学习这几条途径,种种措施极大提升了书店人员的政治和业务素质。

作为社会主义性质的对外出版贸易机构,国际书店具有国家垄断性,其组织性质、管理体制、运营方式、组织架构带有苏联模式的深刻烙印,其人力资本的建设深受国际国内政治气候的影响。在这一点上,新中国文化贸易组织与近代文化贸易组织有着很大的不同。

三、文化贸易的制度建构

随着文化产品的大量涌入,产业发展和意识形态控制使得社会主义性质的文化贸易制度建构刻不容缓,包括两个方面,一是确保社会主义性质的文化贸易顺利运行的制度建设,二是为了控制对外文化贸易对新成立的社会制度的冲击而建立的规制手段。新中国文化贸易的制度建构是在国家主权独立完整的情况下进行的,这使得"新中国"文化贸易与"近代"文化贸易的制度建设在执行力与实施效果上有着天壤之别。

传统社会也有促进文化贸易生产中类似的行业机制和政府规制,比如稿酬、版权保护等在西汉和南宋时期就已经出现,政府也通过刑律法条来规制言论,但此类机制和规制并非完善的制度性存在。直至 19 世纪下半叶,原本无固定形式的"润笔"才蜕变成文化生产活动中普遍存在的稿酬,并以货币为主要偿付形式,1910 年颁布的《大清著作权律》进一步通过版权保护为文化生产的商业机制提供了制度性保障。清政府与民国政府颁布了一系列法律法规,文化生产的政府规制出现制度化、法治化的特点,但这种文化生产的政府规制充斥着各方力量的博弈,呈现建构艰难、实施效果差强人意、寿命短的特点。

由于图书进出口贸易增多,清政府开始注意对图书进出口进行管理。当时,海关关税为外国人所控制,图书及印刷品需要纳税。随着中外图书翻译出版进入高潮,戊戌变法时期对于中外图书商品税调整的呼声越来越高。光绪帝采纳梁启超提出的"书籍报纸恳免纳税"建议,宣布"书籍报纸一律免税,均着照所请行"。清廷派官员与上海海关税务司力争,免除了这一地区运销图书的商品税。晚清海关征税章程规定中国所印书籍和地图运至国外的需要纳税,外国所印书籍地图进口出口都可以免税。1910 年税务处核准上海书业商会呈请"以后中国旧书籍图画出口,应按值百抽五征收税项,其余一切新书新图,无论运至外国,或由此口运至彼口,一概免税"。[①] 此举促进了上海图书进出口贸易的发展。

与近代国家主权的不完整以及对外贸易的不平等相比,新中国出版贸易制度建构是在中国共产党掌握国家政权且主权完整、民族独立的政治空间下

---

① 张静庐:《中国现代出版史料(甲编)》,上海书店出版社 2003 年版,第 414—415 页。

展开的。新中国成立初期,私营出版业的出版物侵害他人著作权益、盗窃作家劳动成果的情况仍然相当严重,东欧社会主义国家向我国提出解决互译著作物之著作权问题,国内侵权严重加上国际因素,出版总署参照我国出版业的成规和苏联著作权法,1954 年 5 月初步拟订了《保障出版物著作权暂行规定(草案)》。十七年时期中国的稿酬制度屡经变迁,受政治环境的影响比较大,基本上是从"印数定额"到基本稿酬制度。

对外文化贸易的政府规制从两方面展开,社会性规制主要是从内容和质量两方面保证消费者购买的进出口消费品是合法合规的,避免对外贸易中不良文化产品内容的传播;经济性规制主要是从产权、进入、价格三方面进行,新中国成立初期我国对进出口出版物制定了丰富而严格的准入规制和价格规制。我国对外出版贸易规制主要是一些行政命令,像指示、通知、请示报告、批示、通报等,明显的禁止性命令比较多,比如对出版物进口、出口、刊登外商广告制定了严格的准入规制,而经济性手段比较少。

20 世纪二三十年代,我国电影业逐渐繁荣,出现了相应的制度建构,表明了中国早期电影意识的形成。早期电影贸易的政府规制主要有两个方面,一个是关于电影审查制度的准入规制,另一个是关于外国电影税收政策的经济性规制。1923 年,民间组织了江苏省电影审阅委员会,开始对在上海放映的影片进行审查。三年后,南京民国政府推出《审查影剧章程》,1928 年上海特别市党部宣传部戏曲电影审查委员会成立,公布《电影审查细则》。1930 年国民政府正式出台《电影检查法》,将电影检查权归集于中央。1931 年 2 月 25 日,教育部和内政部代表中央组成电影检查委员会,开始实施全国统一的电影检查制度,标志着由中国国家政权统治当局第一次出面大力操刀监管电影传播,也意味着一个具有国家强制力与约束力的中国电影制度的初步形成。[①]当时好莱坞电影里面充斥着辱华镜头和对话,中国政府当局的电影审查制度对国外制片商产生了威慑力,令美国片商在制片时也自审内容。电影审查制度的建立保护了处于幼稚期的民族电影工业,构建了我国早期电影产业发展的市场准入制度,是国家主权的文化表达和制度表达。但是美国影片所透露的美国人价值观和行为规范对中国人潜移默化的渗透,美国进口影片对中国

---

① 胡霁荣:《上海早期电影史(1896—1937)》,上海人民出版社 2010 年版,第 47—55 页。

传统文化的解构冲击,中国政府还无暇顾及。

20 世纪前期,中国政府对外国电影在不同时期采用了不同的税收政策。例如,在 20 世纪 20 年代外国电影无须缴纳审查费用,但 1931 年以后必须支付每 500 英尺胶片 20 元的电检费。同样,外国进口电影的关税也从 20 年代的 5%增加到 30 年代的 10%,这还不包括国家和地方政府征收的娱乐税。30 年代后期,美国驻华大使克莱伦斯·高斯抗议中国海关压制代表好莱坞八大制片厂利益的中国电影贸易商会征收"二次进口税"。[①] 据美国影业行内人士估计,30 年代好莱坞在中国的收入大约每年有 800 万—900 万美元。面对巨额资产外流,中国政府采取有限的经济手段保护国产电影产业。

新中国成立后,政府在电影事业发展中做的第一件事情就是清除好莱坞的影响,整肃国内市场。面对好莱坞影片独霸市场且拥有相当数量的观众群体的情况下,1949 年 9 月 21 日,《人民日报》以"肃清美英有毒影片,上海各界纷纷提出检举,要求政府严格检查取缔"为题进行了专文报道。1950 年 6 月,朝鲜战争爆发,中美关系急剧恶化,为新中国清除好莱坞电影提供了一个绝好的契机,社会上掀起了对美国好莱坞电影批判和禁止的舆论热潮,好莱坞电影最终被驱逐出上海,直至退出大陆市场。在这个过程中政府规制主要有两项,一是文艺处电影管理室采取了一系列行政措施:实行登记制度、抽查停映、排片限制、提高税率、广告限制。以排片限制为例,1950 年 3、4 月间,由军管会文艺处电影室召开了几次影院业务劳资双方的座谈会,征询意见,当时协议的重要限制原则之一是影院放映美国影片的日数,按月最多不得超过两星期,从 5 月 1 日起实行。

1949 年 5 月上海解放至 1950 年 11 月,美、英影片仍然在上海的影院内发行放映。我们抽取了四个月上海电影放映情况做比较分析(表 3-1)。[②]

表 3-1

1949 年 9 月份各片统计						
片类	放映部数及百分比		放映场数及百分比		观众人数及百分比	
苏联片	8	3.6	72	1.5	17259	0.8

---

① 《高斯给海关总署的信》,第二历史档案馆海关档,1939 年 6 月 21 日,第 678—19722 页。
② 顾仲彝:《加紧国产电影的宣传,提高影片的质和量!》,《大众电影》1950 年第 1 期,第 1 页。

续　表

1949 年 9 月份各片统计

片类	放映部数及百分比		放映场数及百分比		观众人数及百分比	
国营片	4	1.8	301	6.1	127857	5.9
私营国产片	66	30	1865	37.9	807959	37.2
西片	142	64.6	2688	54.5	1216759	56.1
统计	220		4926		2169834	

1950 年 4 月份各片统计

片类	放映部数及百分比		放映场数及百分比		观众人数及百分比	
苏联片	41	16.1	451	12.1	165959	10.6
国营片	8	3.1	108	2.8	34268	2.2
私营国产片	66	25.9	1408	37.3	601206	38.5
西片	140	54.9	1786	47.5	761423	48.7
统计	255		3753		1562856	

1950 年 5 月份各片统计

片类	放映部数及百分比		放映场数及百分比		观众人数及百分比	
苏联片	44	24.3	893	23	272600	17.4
国营片	7	3.9	428	11	179612	11.4
私营国产片	55	30.4	1649	42.5	677652	43.2
西片	75	41.4	912	23.5	440693	28
统计	181		3882		1570557	

1950 年 8 月份各片统计

片类	放映部数及百分比		放映场数及百分比		观众人数及百分比	
苏联片	40	22.8	1116	24.8	455333	24.7
国营片	7	4.1	270	6.2	82691	4.4
私营国产片	65	37.1	2294	51.1	988674	53.5
西片	63	36	807	17.9	320090	17.3
统计	175		4487		1846788	

1949 年 9 月份美国片有 142 部,占全部影片的 64.6%,观众人数占全部观众人数的 56.1%;而苏联片和国营片分别为 8 部和 4 部,加起来占全部影片的 5.4%,观众人数占全部观众人数的 6.7%。美国片以压倒优势,高居国产影片与苏联影片之上。到了 1950 年 3、4 月间,国产电影的产量增加了,苏联电影也源源不断的到来,于是军管会文艺处电影室召开了几次影院业务劳

资双方的座谈会,一致赞同应对美国影片加以行政上的限制。我们比较不受限制的 4 月和已加限制的 5 月,以及实行了 4 个月后的 8 月的统计数字,就可以知道对电影的改善有了显著的进步。从 4 月至 8 月,美国影片由 140 部减至 63 部,观众人数由 76 万减至 32 万。苏联电影 1949 年 9 月份仅放映了 8 部,观众人数仅为 17259,1950 年 4 月至 8 月每个月都在 40 部以上,观众人数由 165959 人增加为 455333 人。私营国产片的市场扩大了,在 4 月份虽有 66 部上演而观众却只有 601206,8 月私营国产片放映 65 部,观众人数则增至 988674。

政府规制的第二项措施是政府颁布了关于电影的五项规定。1950 年 10 月,政务院颁布了《电影业登记暂行办法》《电影新片颁发上映执照暂行办法》《电影旧片清理暂行办法》《国产影片输出暂行办法》《国外影片输入暂行办法》,五项规定标志着新中国电影体制的进一步确立。五项暂行办法对国产新片、旧片上演、国产影片输出、国外影片输入的审查标准、程序都作了规定,其中,涉及对外电影贸易的政府规制主要是《电影业登记暂行办法》《国产影片输出暂行办法》《国产影片输入暂行办法》。比如,经济性规制中《电影业登记暂行办法》第二条对电影经营者做了严格的准入规定;《国产影片输出暂行办法》第一条、第二条、第四条在准入政策上作了规定;《国外影片输入暂行办法》在准入政策上的规定是第一条、第二条、第六条,中央电影局对国产影片输入输出进行了严格的审查和管理。涉及经济性规制价格政策的条款主要是《国产影片输出暂行办法》第三条、《国外影片输入暂行办法》第七条,对价格政策做了具体规定。涉及社会性规制有关内容规定的主要是《电影业登记暂行办法》第七条、《国外影片输入暂行办法》第三条。

十七年时期,我国对外演出主要还是文化交流,贸易性演出量很少,政府规制的内容非常有限。关于我国对外演出贸易的政府规制主要有两个内容,一个是关于价格规制,周恩来批准对外售票;另一个是准入规制,国务院批准设立了第一个专业演出机构。

纵观近代与中华人民共和国成立十七年时期对外文化贸易的制度建构,不难发现新中国对外贸易的制度建构充满了文化世界性愿景,它积极保障着对外文化贸易的顺利进行。文化产品的审查与文化产业的市场准入是新中国捍卫国家主权强有力的文化表达和制度表达,在保障国家对外传播与维护国家文化安全上是近代中国对外文化贸易制度根本无法企及的。

四、文化贸易的特殊形态

作为文化贸易的特殊形态,20 世纪五六十年代,我国向苏联等社会主义国家派遣了大量的留学生;同时,大批苏联专家来中国援助社会主义建设。根据 1994 年《服务贸易总协定》(GATS)对教育服务贸易的定义,派遣留学生与聘请苏联专家分别属于境外消费和自然人流动这两种供应模式。与近代不成规模的服务贸易相比,新中国教育服务贸易最大的不同点在于它是一种"国家行为",具有自上而下的特点。随着大规模工业化建设的展开,技术人员不足和技术水平不高的问题变得更加突出,培养人才成为当务之急。在"一边倒"国家政策影响下,向苏联派遣留学生成为国家重要战略举措。

在政府规制方面,向苏联派遣留学生分为四个阶段,每个阶段国家采取了不同的方针政策:1950—1953 年是严格选拔、宁缺毋滥,标志性文件是 1952 年两国签署的《中苏两国政府关于新中国在苏联高等学校(军事学校除外)学习之协定》,协定明确规定了苏联应中国的要求,同意接收中国公民作为大学生和研究生赴苏各高校留学。1954—1956 年是严格审查、争取多派;1957—1960 年是缩小规模,注重质量;1961—1966 年留苏运动萎缩了。

在机构建制方面,1953 年留苏学生的选拔工作,直接归中央政务院(后改国务院)领导,具体由国家教育行政部门(初为教育部,后为高教部)负责。外交部和人事部等部门协同参与和指导。国家、各大行政区、一些相关的省市、大学、重点高中都成立了选派工作领导机构。

在派遣留苏学生的种类、规模和费用方面,普通留学生主要是由教育部派出的大学生、研究生、进修教师,特殊留学生包括实习生、军事留学生和共青团留学生。新中国派遣的留学生主要属于工程技术领域,兼顾人文社科,注重眼前利益与长远利益相结合。留苏学生的规模高达 2 万人。根据 1952 年中苏两国签署的《中苏两国政府关于中华人民共和国在苏联高等学校(军事学校除外)学习之协定》规定,苏方支付中国留苏大学生津贴每人每月 500 卢布,研究生津贴每人每月 700 卢布,军事留学生为每人每月 1000 卢布,共青团留学生每人每月 1200 卢布助学金。早在 1950 年 1 月,中苏两国就签订了《关于中国公民在苏联进行生产技术实习的条件的协定》,规定中国政府将偿付苏联方面为指导中国公民生产技术实习的费用,其数额为实习人按照其基本职务所得薪金的百分之十至二十,并视实习人之数额而定。

新中国成立后,我国各行各业人才奇缺,毛泽东等领导人做出了"一边倒"向苏联的选择,聘请苏联专家成为我国人才建设又一重要的战略措施。在政府规制方面,1953年,毛泽东号召全面向苏联专家学习,9月中共中央下发文件《中共中央关于加强发挥苏联专家作用的几项规定》,在这样一种由上层推动的全面学习苏联和苏联专家的氛围中,中国迎来了苏联专家大规模来华工作的高潮。1955年底毛泽东提出"以苏为鉴"的问题,1956年4月毛泽东在中共中央政治局扩大会议上发表了"论十大关系"的讲话,自此,我国聘请苏联专家政策发生了根本变化和调整。12月5日国务院根据中共中央关于苏共提出的停止向中国派遣顾问的建议复信的精神发出了通知,对苏联顾问和专家名称进行了调整,限制了苏联在华工作人员的数量及其作用和影响的范围。1960年7月16日,苏联驻华大使馆向中国外交部递交了关于撤走苏联专家的照会,赫鲁晓夫宣布全面撤回苏联专家,轰轰烈烈的聘请苏联专家运动告一段落。

在机构建制方面,1950年1月,作为《中苏友好同盟互助条约》的组成部分,中苏双方就派遣苏联专家的问题初步达成协议,随着条约的正式签署,苏联专家的派遣和接收工作也开始制度化和规范化。专家工作最初是由周恩来总理亲自抓的,在周恩来领导下成立了苏联专家工作指导小组。到1953年下半年,鉴于苏联和东欧各国专家来华人数增加,接待和管理工作量加大,8月6日政务院秘书厅发出了关于成立专家工作组、专家工作办公室和专家招待事务管理局的通知。1954年11月20日,周恩来总理任命杨放之担任国务院直属外国专家工作局局长。中国对苏联专家的聘请、接待和管理工作从此走上了正轨。

在聘请苏联专家的种类、规模和费用方面,苏联专家分为顾问和专家两类,1957年顾问名称做了调整;苏联专家的规模大约有1万多名;聘请苏联专家的费用主要有苏联专家的在华工资和各种补贴,苏联政府的补偿金。苏联专家当时的工资在300元到500元之间,此外,其日常生活费用的开支也是由中方另行负担的。1950年协定规定补偿金为每人每月1500—3000卢布,1957年双方政府签订了关于互派专家的新协定,补偿金的标准为每人每月

900—2400卢布。

新中国成立初期的教育服务贸易是在特定历史环境下兴起的,从国家宏观政策环境到微观政府规制,从机构建制到服务贸易主体的种类、规模、费用,无不深深打下国家主导参与的烙印,这种集全国之力为一举的"国家行为"是近代中国历史上所没有的。

以上在文化贸易框架内强调了新中国文化贸易与传统文化贸易的区别之处,它既与近代文化贸易一脉相承,更有社会主义性质文化贸易的本质特点。

第二节 新中国文化贸易与西方文化贸易的比较

战后,世界被划分为社会主义和资本主义两大阵营,受苏联的影响或者控制,苏联模式成为社会主义国家在政治、经济、文化等领域普遍采用的模式,苏联模式影响下的社会主义文化贸易体制呈现高度集权性、计划性的共性特征。冷战初期,西方资本主义国家文化产业已经形成,而新中国文化产业尚未建立,与西方国家相比,文化事业的经济性特征不明显。但是,新中国成立初期,我国文化事业与文化产业起着同构互建的作用,文化贸易的初级阶段与国家政权建设、人民消费能力是相适应的。国家文化贸易作为经济合作与文化交流之间天然的结合点,对宣传新中国的国际形象,形塑中国人民的社会认同,提升国家软实力,起到了积极作用。

一、国家关系中社会主义阵营的文化贸易特征

冷战时期,社会主义阵营开展文化贸易有一个显著的共性,就是深受苏联模式的影响。政治地理概念上的"东欧""东欧国家"或"苏联东欧集团"形成于第二次世界大战后,特指战后在中欧和东南欧建立了人民民主和社会主义制度的国家,即波兰、民主德国、捷克斯洛伐克、匈牙利、罗马尼亚、南斯拉夫、保加利亚和阿尔巴尼亚。1947年9月在共产党和工人党情报局成立会议上,苏联明确提出"两大阵营"概念,要求各国共产党制定统一纲领,实际上要求各国转向和接受苏联模式,不再允许各国在向社会主义过渡上选择和尝试其他道路和方式。1947—1948年,东欧国家纷纷开始按照苏联模式改造本国

政治经济体制。

高度集权性和计划性是苏联文化体制的两大显著特征,由于苏联在特定历史时期的特定历史地位,文化领域中的苏联模式对世界上社会主义国家产生了深刻的影响。我国的电影事业完全是按照苏联模式建立起来的,在文化领域具有典型性,我们以此为例。对外电影贸易体制的苏联模式具体表现在三个方面,其一,中央电影管理局对电影进出口进行审查与管理。电影局将各国营电影生产企业的创作生产决策权、人事管辖权与质量监督(主要是政治审查)权,以及发行放映经营管理权都集中到下属的"两委四处一所",电影局成为一个以政代企,具备行政与生产双重管理职能的权力机构。其二,计划经济体制下的国营片场制。完全模仿苏联的中国制片厂体制是按行政指令性计划指标生产和发行电影,而它的功能和效应是确保电影以艺术形象完成党和国家的宣传教育任务。其三,政企合一的垂直电影发行体制。电影局设置影片发行企业的总管理机构——中影,下设总公司所属的区公司(后缩编为总公司的代表处),各省、市、自治区设分公司或办事处,地区设发行站,电影发行网在全国撒开。

这种苏联模式的文化贸易体制反映在社会主义国家之间的文化贸易过程中呈现出一些共性特点,第一是苏联以及东欧地区的国家,每个国家都只有一个或两个文化贸易进出口机构,这些垄断性的国营文化机构的经营活动都是在各国党和政府的直接领导下进行的,对外文化贸易活动深刻反映着党和政府政策的变化。第二是这些国家都有一个自上而下的、统一的、多层次的国内发行网络,网络覆盖能力很强,社会主义国家的文化产品销售畅通。第三是新中国与苏联、东欧国家的文化贸易都属于政府间贸易项目,有些国家的贸易额还列入政府间外贸计划之中,文化贸易产品结算都是通过双方国家银行进行,属记账贸易,因此支付都很有保障。苏联模式影响下的文化体制在特定的历史时期对我国文化事业的发展起到了积极的推动作用,对外文化贸易在满足经济建设需要的同时也建构着新中国的社会主义国际形象。由于苏联在社会主义联盟中的特殊领导地位,苏联模式影响下的文化贸易体制在社会主义国家具有普遍性。

向国外派遣大量专家和顾问是战后苏联从政治、经济、军事、外交和文化各个领域不断扩大对社会主义国家和第三世界的影响的一个重要方面,也是冷战时代社会主义国家之间关系中的一种特别现象,有一点是很清楚的,苏联专家之于东欧社会主义国家与新中国的作用是不同的。如果说"二线"后苏联向东欧国家派遣专家(主要是军事、安全顾问)是出于控制和渗透的目的,因而多少有些强加于人,那么,到中国来的苏联专家,无论是在经济、文教部门,还是在军事或行政单位,则完全是为了满足中共巩固新政权和发展经济的需要,完全是中国政府请来的。从 1949—1960 年,苏联派往中国的专家人数最多,时间最长,对于中国构建斯大林模式的经济体制起到了非同寻常的作用。[①] 这是人力资本国际流动方面新中国与东欧社会主义国家关于苏联专家问题的最大不同。

二、与西方相对立的社会主义新中国文化贸易

西方文化产业的形成始于 20 世纪初叶,到 20 世纪 60 年代结束。其间发生了两次世界大战,西方资本主义国家的经济在间歇中逶迤前进。"二战"结束后,西方资本主义延续了经济的新的增长期,从第三次科技革命开始(20 世纪 40—50 年代),文化产业运行的体制环境得到进一步完善,关于文化方面的国际组织应运而生,文化产业的各项构成要素逐步完备,推动文化产业进一步发展的新迹象已露端倪。美国的文化政策模式秉承自由主义传统,以强调文化产品生产、销售的高度市场化和最小化政府干预为主旨。与"贸易自由主义"相对,以法国、加拿大为首的国家实施"文化保护"政策,认为文化不像其他商品,文化商品和服务传达着观念、价值和生活方式,具有意识形态属性。无论文化贸易政策是"贸易自由化"还是"文化保护",西方国家文化产业生产资料的私有制、文化产品的工业化生产和市场经济、企业的现代化管理是其固有的本质特点。

新中国文化产业的形成与发展轨迹与西方国家不同。2003 年 9 月 5 日,中国文化部制定下发的《关于支持和促进文化产业发展的若干意见》指出:"文化产业是指从事文化产品生产和提供文化服务的经营性行业。文化产业是与文化事业相对应的概念,两者都是社会主义文化建设的重要组成部分。"文化事业是指从事文化产品生产提供文化服务的非经营性行业。文化产业

---

① 沈志华:《冷战中的盟友》,九州出版社 2013 年版,第 56—58 页。

与文化事业是中国文化建设过程中两个互有交叉渗透又相互独立的不同形态。建国初期,我国的文化事业与文化产业起着同构互建的作用。

新中国成立初期,"以阶级斗争为纲"决定了"文艺是为政治服务的"这一文化政策空间的主色调。1949 年中国共产党在政治上夺取了国家政权,并不等于在文化上建立了充满共产主义理想的社会主义文化空间,重建与国家政治空间相符合的文化空间成为当代文化建设"重起炉灶"的首要任务。1949年 9 月《中国人民政治协商会议共同纲领》规定:"中华人民共和国的文化教育为新民主主义的,即民族的、科学的、大众的文化教育。人民政府的文化教育工作,应以提高人民文化水平培养国家建设人才、肃清封建的、买办的、法西斯主义的思想、发展为人民服务的思想为主要任务。"《共同纲领》昭示了新中国文化建设的目标是"建设新民主主义新文化",因此,在文化制度层面重建社会主义公有制的文化生产机器成为必然之举。其中在所有制领域实行私有制改造是一个重要步骤,分为两个层面:没收国民党政权的文化官僚资产和以出版和新闻为主要对象的宣传舆论工具;采用"赎买政策","公私合营",对一切旧文化进行改造。所有制领域的私有制改造贯穿了新中国成立后的七年,1956 年新中国在文化领域全面实现了社会主义公有制。

新中国成立后,出版部门领导明确提出出版具有"文化事业""经济(工商)事业"两重性。1950 年 6 月 25 日,胡愈之在开明书店第一次干部会议开幕式上的讲话中提出,"出版事业一方面是文化事业,一方面也是生产事业,同样有生产过程和流通过程,同样是经济事业"。[①] 9 月 15 日,第一届全国出版会议召开,会议形成的共识之一就是明确了新出版事业的两重性。然而,出版管理部门一方面从抓经济工作的角度要求"应当把出版工作当作有关国计民生的重要工作去做",强调"政府对出版事业不能做无限度的帮助,要做到企业化";一方面更偏重于从意识形态的角度出发,延续战争年代"把书店工作作为一个政治任务来做,看成是宣传、组织工作来进行"。[②] 长时间高度集中的计划经济体制使出版物生产与物质生产相互隔离,加之 1957 年以后,

---

① 吉少甫:《新中国出版事业的开拓者——建国初期胡愈之在出版署的活动纪要》,《编辑学刊》1996 年第 4 期,第 10—16 页。

② 中国出版科学研究所,中央档案馆:《东北区新华书店工作报告》,中华人民共和国出版史料(1949),中国书籍出版社 1995 年版,第 320 页。

随着"反右"扩大化以及"大跃进""反右倾"等政治运动的影响,出版的经济(商业)属性逐渐淡化。在对外出版贸易方面,1952年,国际书店经理华应申认为国际书店应该通过企业经营方式来达成政治任务。1953年,出版总署在给政务院文教委员会党组报告中明确规定了国际书店的贸易性质,强调必须按照贸易发行原则实行企业经营管理。随着国际形势的复杂变化,国内盛行在相当长的时期内,贸易发行方式基本上流于形式,强调非贸易发行方式,强调对外宣传。

新中国的电影事业在第一任电影局局长袁牧之的设想中是要走企业化和商业化之路的。1948年袁牧之先后写给中央宣传部两份《关于电影事业报告》,其中提到:"……电影事业除文化斗争的任务外,还有经济战线上的斗争任务。经济战线上的胜利是文化战线扩展的物质基础,而要取得经济战线上的胜利,首先要将应归国有的电影生产机构及市场统一。"[1]他在1950年召开的第二届行政会议的报告中指出:"国营电影事业必须实行企业化,以节约国家文教经费,并从企业化打下人民电影的经济基础,使电影事业能在这基础上更好地发展。"[2]在他的经营思想的指导与影响下,1953年电影局发出关于电影企业推行经济核算制的指示和关于电影企业推行经济核算制的权限、责任、业务范围及财务关系的指示等文件,全面推行企业化管理和经济核算制。然而,这种设想与新中国的缔造者和领导者们对电影政治化的政策定位和功能定位存在冲突。电影首先应当是宣传党的政策的工具,是"团结人民、教育人民、打击敌人、消灭敌人"的有力武器,要实现这一划时代的伟大目标,最好的办法莫过于生产资料的国有化。1953年2月电影私营企业的国有化改造完成,比全国工商业的公私合营完成时间提早了3年。国有化使得新政府对电影的生产、发行、放映乃至教育进行有效的控制,由此建立起了高度政治化、计划化、一体化的国家电影体制,所有电影生产单位(制片)是全民所有制的国家生产单位,所有的电影从业人员也都变为国家职工并纳入体制之内,对所有不符合党的意识形态的思想进行批判以确立党的绝对权威。我国在

---

[1] 袁牧之:《关于电影事业报告(一)》,转引自竹潜民、沈瑞龙:《人民电影的奠基者》,宁波出版社2004年版,第191页。

[2] 季洪:《是前进还是后退》,引自李洪:《十年探索——电影企业经营管理和改革1981—1990》,中国电影出版社1991年版,第268页。

开展对外电影贸易上采用了贸易发行和非贸易发行两种方式,虽然强调电影的意识形态属性,但也取得了一定的经济效益。

我国计划经济时代的文化产业不是作为独立的市场主体而存在的,它只是文化事业存在的另一种方式,"企业单位事业化管理"集中突显了"中国式"文化产业的身份属性,作为意识形态领域里阶级斗争的工具,存在并服务于阶级斗争的需要。这种国家文化战略思想在中共十六大发生了根本转移,在党的政治报告中第一次明确提出了"积极发展文化事业和文化产业"的政治主张,把发展文化产业和文化事业同建设马克思主义的意识形态相提并论,并且把大力发展文化产业看作是满足人民群众精神文化消费需求多样化的重要途径。

显然,在"计划经济时代"我国文化事业突显了意识形态的功能,其商品属性是不强的。但是,正因为新中国的文化事业具有与文化产业同构互建性质,它的经济作用、市场规律并没有完全消除,它呈现的文化关系与社会主义初级阶段的文化制度、与广大工人农民的基本收入相匹配。也就是说,通过国家购买来满足人们的基本文化消费需求,以计划经济的方式向人们提供公共文化产品,是与新中国成立初期国家文化政权建设相一致的,也是人民政府应当承担的公共责任。而且,国家垄断贸易机构的成立以及自上而下遍布全国发行体系的建立以极快的速度把文化产品传播到全国各个角落,对中国公民构建符合社会主义、国际共产主义身份的社会认同起到了积极的作用。在世界范围内,执政党也能举全国之力全力打造新中国的国家形象,贸易对象除了社会主义同盟国外,还把文化产品输送到亚洲、非洲等发展中国家,以及部分发达资本主义国家,展现了一个独立自主、充满勃勃生机的伟大新中国的国家形象。

第三节　新中国文化贸易与社会变革的同构性

在与传统和西方文化贸易生产方式的对照中,当代"社会主义""新中国"文化贸易的"新"与"独特"可以通过文化贸易的经济属性与社会属性、组织建设、制度建构、文化贸易人力资本的国际流动、文化贸易体制、苏联专家的作用、文化事业与文化产业的同构性这些方面来分析,但阐明当代社会主义新中国文化贸易的特殊性并非研究之根本目的,更重要的是要探究社会主义新中国文化贸易的选择以及它与当代社会变革之间的同构作用,这就需要用一个整体性的视角对文化贸易与社会变迁之间的关系做结构性分析。

如果将文化贸易的经济和社会属性、贸易机构的组织建设、文化贸易的体制机制、人力资本建设等统合到一个概念下来阐述当代社会主义新中国文化贸易的本质,那么当代文化贸易的发生是值得探讨的一个因素。

第一,当代社会主义新中国文化贸易发生在当代中国,从时间上来看它是"当代"文化贸易。

第二,当代社会主义新中国文化贸易在物质层面呈现现代国际文化贸易的特征。国际文化贸易的对象既涉及文化产品,又涉及文化服务,具有普通商品属性和意识形态双重属性,兼具国际货物贸易和国际服务贸易的特点,具体表现在:社会主义新中国文化贸易具备贸易市场的垄断性特征。国际文化贸易在发达国家和发展中国家表现出严重的不平衡,限于两大社会阵营的严重对立,新中国成立初期的文化贸易对象主要是苏联东欧等社会主义国家,而在社会主义联盟里存在等级结构严重的情况,文化贸易也呈现垄断优势和相对的劣势;文化贸易的保护方式具备隐蔽性。文化贸易除了经济性利益以外,在意识形态层面对输入国消费者产生潜移默化的影响,因此,各个国家更多采用国内政策、法令的修改进行限制,新中国对于文化产品的审查与文化产业的市场准入的规制非常严厉;文化贸易自由化的例外性。由于图书出版、电影、演出、教育服务等文化产业形态直接关系到国家主权、文化安全等敏感领域,各个国家在文化贸易的开放程度上都十分谨慎,出于巩固新政权的需要,新中国对文化贸易的控制十分严格。这些现代国际文化贸易的特征证明了新中国文化贸易的发生和兴起。

第三,当代社会主义新中国文化贸易所带来的社会文化特征具有现代意义。第二次世界大战结束后的三十年,全世界经历了一个深刻的文化变革阶段,战后经济和技术奇迹导致了人们生活方式的巨大转换,传播媒介的发展和国际文化贸易的繁荣使得大众文化迅速流行开来。关于大众文化,无论是西方还是东方,资本主义国家或者社会主义国家,政治文化精英们所作出的反应却有着惊人的一致性——矛盾。战后大众文化被归结为与国家繁荣兴盛密切相关的公共事务,然而欧洲政治和文化生活中的许多领导人物仍然对急速发展的大众文化的潜在风险感到担忧,从美国产品涌入某个国家,到对市场的政治和经济操控,再到据称的美国理念对文化和社会生活的影响,西方掀起反对"美国化"浪潮。面对现实,苏联的政治文化精英们与西方的精英们做出同样的反应。出于建立一个拥有主权并且卓越的苏联文化的构想以及在冷战背景下这一构想呈现出一种新的并且危险的迫切性的需求,斯大林严厉批评他的核心成员未能认识到同盟国所造成的意识形态威胁。1946 年,苏联发起了一次猛烈的意识形态运动以确保所谓的苏联文化的纯洁性和卓越性。捍卫文化传统,担心文化消费模式和社会习惯改变成为铁幕两侧的共同姿态。无论是西方的"反美国化",还是苏联、中国频繁掀起的意识形态运动,有一点是必须正视的,那就是大众文化权利实现后对文化垄断的挑战,正是在这个意义上,新中国国际文化贸易的"当代性"才是完整的。

那么,社会主义新中国文化贸易与当代中国社会变革的同构作用是如何发生的呢?

文化具有社会治理的功能与特征,"古人结绳而治,后人易之以书契"便是最早关于文化与社会治理关系的描述。当文化的本质功能发展到现代社会,文化产业作为国家文化治理工具和手段自然而然的诞生了。国际文化贸易是国际文化商品与服务的输入和输出的贸易方式,是文化产业国际化经营的必然,美国成功的文化治理就是通过它的文化产品生产及其国际文化贸易所形成的以内容为核心的强大文化产业所建构的,无数个像"米老鼠"和"唐老鸭"那样具有鲜明标志性的文化旅游产品、文化形象和文化符号构成了美国有效实施全球文化治理战略进程的成功品牌。国际文化贸易是文化产业非常重要的一种表现形态,作为文化贸易对象的文化商品与服务具有建构社会感召力和影响力的巨大作用,这点在新中国成立初期中苏文化贸易中表现鲜明。

新中国成立初期,用于畅想新社会、打造新公民的新中国经典作品是从苏联输入的,其中最为普及、影响最广的当数被称为"人生教科书"的《钢铁是怎样炼成的》(1934 年),"人的一生应当怎样度过",小说主人公保尔·柯察金不但为以建设社会主义新中国为历史使命的中国青少年做出了榜样,而且也是衡量他们成长的尺度。这部苏联小说在新中国的"社会—文化"的重建过程中起着桥梁作用,它将社会主义国家建设和新人的造就有机联系起来。当时的苏联是中国对外文化交流最重要的窗口,这一时期的阅读不管在形式上还是观念上都是集体性的,"群体阅读"的文艺作品承载着国家文化治理的重任。新中国的建立标志着一个新时代的开始,电影作为一种跨国和跨民族的媒介成为参与国族叙事、构建民族—国家宏大工程的核心途径之一。中苏电影贸易突显了毛泽东时代中国的审美模式和文化生产的国际流通状况,民族性和全球性话语相互作为建构性轨道赋予了新中国"革命"的内涵。对于新中国的执政党而言,电影是一种既可以反映社会主义现实,也可以塑造个人乃至集体判断力的有效工具。苏联电影《普通一兵》激发了中国人民志愿军战斗时的钢铁意志,《乡村女教师》成为众多中国女性模仿的对象,梁军在看过《巾帼英雄》后进入拖拉机学校成为中国第一位女拖拉机手。在中国观众眼里,马特洛索夫、柯察金、高尔基、夏伯阳等苏联银幕中的英雄象征着社会主义精神和希望,同时也赋予了宣传无产阶级、无产阶级国际主义和中苏友好的政治口号以实际意义。五十年代大量的苏联专家来到中国,举国欢迎的盛景给五十年代乃至以后更长久的中国社会各个层面带来了巨大的影响,苏联技术大规模的转移给予了中国社会极大的帮助。出于国家建设的迫切需求,新中国向苏联派遣了大量的留学生,留苏学生中有些成为国家领导人,更多的成为新中国各个领域的栋梁和先驱者。教育服务贸易中人力资本的国际流动不仅对新中国成立初期的国家建设做出了不可磨灭的贡献,对中国社会的影响力绵延至今。需要指出的是,国际文化贸易对于文化的治理能力不是由它的经济属性决定的,是由它的文化属性决定的,文化产品和文化服务有着巨大的文化影响力、吸引力和感召力,具有解构和建构人的精神世界和精神秩序的力量,具有对人的精神信仰的改造性。如此就提出了几个至关重要的命题:文化产品和服务的社会价值,国家与文化产品服务及其生产关系,以及国家应当通过和借助于文化产品服务作用于人的灵与肉这一特性治理国家。① 人们之所以要对国际文化贸易进行管理控制,原因就是基于对文化这种治理性的认识和深刻了解。然而,文化治理的理想状态是"善治",那么文化的"恶治"就要竭力避免,出于对意识形态国家安全的过于担忧和防范而发起的一场又一场文化领域的运动给新中国文化建设带来了紧张气氛,"文

---

① 胡惠林:《国家文化治理:中国文化产业发展战略论》,上海人民出版社 2012 年版,第 4—9 页。

化大革命"则彻底破坏了新中国文化建设的空间秩序。

第四节　本章小节

至此,社会主义新中国文化贸易与当代中国社会变革的同构已初见端倪,在下面几章中将分别围绕新中国文化贸易之经济属性和社会属性、文化贸易体制、组织建设、制度建构、人力资本国际流动、对"一带一路"的启示来展开论述。

第四章　新中国文化贸易的战略选择

　　社会主义新中国文化贸易是一种在特定时空背景下所产生的贸易选择，它既是社会生产力发展到一定阶段的具有内生性特征的必然要求，更是一种受国际关系影响和意识形态左右的文化选择。社会主义新中国文化贸易在什么背景下展开？为什么会有这样一种文化贸易的选择？选择的战略意义和实际效果如何？这些是需要研究的问题。冷战背景下中苏结盟以及"一边倒"的国家政策为我们研究这段历史提供了一个切入点，而美国之于苏联、之于中国，更是一个不可或缺的考量因素。冷战时期美国文化的扩张与渗透，苏联的反美宣传，两大阵营意识形态的激烈对抗对刚刚建立的新中国政权的文化选择产生了不可回避的影响，在国家文化安全视域下构建中苏文化关系是"社会主义""新中国"文化贸易的战略选择。一个国家的生存与发展离不开国家文化安全建设的重要命题，在美苏两大文化阵营进行意识形态激烈对抗的时候，中国成为社会主义阵营的一支重要的文化力量，本章将以1956签订的中苏文化合作协定以及1956—1964年的中苏文化合作执行计划为样本，重点研究这段历史时期中苏文化交流是如何构建两国的国家文化安全关系的。需要指出的是，这种研究不仅仅对文化冷战史具有意义，其现实意义在于中、美、苏三国是冷战时期也是当今世界的三个大国，"一带一路"文化布局中俄罗斯是关键的一着棋，而文化关系的发展是无法割断历史的内在联系的。

第一节　冷战初期美国与苏联的文化政策与宣传

一、美国对苏联的文化政策与宣传

1949—1989年的40年中，美国实行反苏反共的冷战外交政策。其中除了试图遏制苏联、成为世界领袖的现实考虑之外,更主要的是美国所具有的历史文化传统比如"上帝的选民""种族优越论"、理想主义和现实主义这些因素的结合影响了当时国家的外交政策。

在美国,外交上的反共主义兴起于 1917 年十月革命胜利,在冷战时期走向高潮,到 20 世纪 90 年代初随着冷战的结束而消退。1949—1989 年,反共主义作为一种意识形态,成为美国推行反苏反共冷战政策的王牌。正是在反共主义的掩护下,美国高调展开与苏联的对抗并对新中国进行了长达 20 年的遏制和尖锐敌视。美国外交上的反共主义有着极为深刻的经济、政治和社会文化根源,对整个资本主义世界来说,共产主义与资本主义是两种不同的思想体系和社会制度,社会主义的经济和政治制度对美国实现领导世界的伟大"使命"构成严重障碍,苏联在内政外交上的政策失误也加重了美国的反共主义。学者哈里·罗西兹克指出,在冷战初期"世界被一分为二:'共产主义世界'和'自由世界'。任何国家不是好的就是坏的。谁不参加某一方,谁就是坏的"①。美国学者贝科茨在《美国对外政策的政治背景》一书中也指出:"可以有把握地说,战后时期几乎每一项重要的美国对外政策决定,都是对某一觉察到的或明显的共产主义威胁所做的反应。"②这段话揭示了冷战时期反共主义在美国外交政策中的重要地位。美国前总统尼克松认为:意识形态是冷战时期美国与苏联进行争夺的根源。"苏联企图扩张共产主义,消灭自由;而美国则要阻止共产主义,扩大自由。如果我们在意识形态斗争中打了败仗,我们所有的武器、条约、贸易、外援和文化关系都将毫无意义。"③美国浓厚的反共反苏的意识形态在某种程度上也损害了美国自身国家利益的发展,美国对新中国的拒不承认及遏制社会主义国家的政策,在遏制"共产主义"的同时,也使自己孤立于社会主义阵营外,新中国成立后,美国彻底"失去中国",直至 20 世纪 70 年代尼克松访华两国关系才开始正常化。

冷战初期美国对苏联东欧的宣传经历了从进攻性心理战到渐进的文化

---

① [美]哈里·罗西兹克:《中央情报局的秘密活动》,奋然译,群众出版社 1979 年版,第 12 页。
② [美]贝科茨,等:《美国对外政策的政治背景》,张禾译,商务印书馆 1979 年版,第 327 页。
③ [美]理查德·尼克松:《1999 年:不战而胜》,朱佳穗,等译,世界知识出版社 1989 年版,第 96 页。

渗透的演变。① 40 年代末,美国杜鲁门政府已经开始把争取苏东国家内部的变化确立为一项基本目标。这是因为随着马歇尔计划的实施、联邦德国和北约的建立,西欧趋于稳定,以美国为首的西方阵营已经形成,东欧形势也已明朗,苏联完全控制了这一地区,美国除了争取通过非军事战争的方式改变东欧的现状外已别无选择。1949 年 12 月美国国家安全事务委员会出台的题为《美国对东欧卫星国的政策》的文件主张采取一种可称为"激变"的战略,即通过进攻性心理战激发或助长苏东社会内部的紧张、动荡、反政府情绪乃至造反行动,以便最终通过其国内的反对势力特别是社会基层的反对势力来实现政治、社会体制的合乎西方愿望的根本变革。进攻性心理战主要体现为意识形态领域的斗争,手段主要是煽动性的敌对宣传和秘密活动。美国之音、自由欧洲电台和解放电台等广播媒介在敌对宣传中被赋予了重任,日复一日地向苏东国家播放反共节目,其主要内容是披露和传播苏东国家的阴暗面,引导苏东人民向往美国和西方的生活。此外,广播还鼓动各种形式的造反。② 1953 年艾森豪威尔上台执政初期,美国对苏联在斯大林逝世后出现的对西方政策的解冻并没有做出积极的回应。在国内外压力下,美国政府在对苏文化政策上经历了艰难的抉择过程,1955 年 1 月 27 日获得批准的题为《利用苏联与卫星国的弱点》的 NSC5505/1 文件,标志着演变正式成为一项政策。演变战略的根本目标是诱导苏联或者卫星国演变,把这些国家的精英和人民拉到西方阵营。演变的基本手段是建立和扩大人员、信息和经济的交流渠道,使西方的影响可以通过这些渠道进入苏东社会,以便增强和实现苏东人民和政府仿照西方模式改造本国社会的意愿。艾森豪威尔第一任期内美国完成了从心理战到文化交流和渗透政策的转变,文化交流和渗透自此成为之后美国政府对苏文化政策的基石。直到 1959 年 1 月 28 日美国和苏联双方签订了《美苏文化交流协议》,从此,美苏双方文化交流成为两国文化关系中一个相对稳定的因素。

---

① 张晓霞:《从进攻性的心理战到渐进的文化渗透——评冷战初期美国对苏东宣传政策的演变》,《南京大学学报》2004 年第 5 期,第 37 页。

② 张晓霞:《从进攻性的心理战到渐进的文化渗透——评冷战初期美国对苏东宣传政策的演变》,《南京大学学报》2004 年第 5 期,第 37—38 页。

二、苏联的反美政策与宣传

1946 年 2 月,美国驻苏参赞乔治·凯南从驻苏使馆发回的著名的 8000 字电报,成为美国战后对苏"遏制"政策的起源和基本依据。3 月 5 日丘吉尔在美国密苏里州富尔敦的威斯敏斯特学院发表了震撼世界的"铁幕演说",即长篇讲话《和平砥柱》。1947 年 3 月 12 日美国总统杜鲁门在国会发表的国情咨文中,将"冷战"作为国策,由此美国对苏联的遏制战略正式出台。这份国情咨文连同"铁幕演说""凯南电报"一起,清晰表达了战后英美遏制苏联的战略意图。

1947 年 9 月 25 日,日丹诺夫在共产党和工人党情报局成立会议开幕式上做了关于国际形势的报告,明确指出"战后形成了两个对立的阵营"。[①] 沈志华认为:"日丹诺夫的报告可以被认为是莫斯科的冷战宣言。"[②]之后,苏联在文化方面采取了一系列措施,双方在具体层面的对抗迅速展开。对于苏联而言,它所进行的"文化冷战"就是借助大众传播媒介展开两个向度的宣传攻势:塑造与宣传苏维埃文化,颂扬社会主义制度;发动反美宣传,通过揭露美国的阴暗面,反衬社会主义的优越性和苏联行为的正当性。

1949 年 3 月 1 日,是冷战初期苏联反美宣传活动中的一个重要节点,联共(布)中央宣传鼓动部起草了名为《近期内加强反美宣传计划措施》的文件。该计划详细规定了苏联各大报刊和广播电台的反美宣传内容,要求苏联作家协会、艺术事务委员会等机构创作文艺作品用以反美宣传,组织文艺界和科学界著名专家学者撰写揭露美国内政外交真相,特别是侧重暴露美国生活方式的文章。[③] 实际上这份文件不仅是全面的反美宣传的指导性总纲,还是各个宣传部门制订具体反美措施的细则。因为在这份文件中不仅详细列出了诸如"美国文化的腐朽性""教育危机""科学为垄断组织服务"的反美宣传题材,而且已经汇总了一大批揭露美国腐朽生活方式的作品选题用以突击出版。

为了应对"美国之音"等境外广播电台针对苏联的"恶毒"宣传报道,1949

---

① 刘金质:《冷战史(上)》,世界知识出版社 2003 年版,第 166 页。

② 沈志华:《共产党情报局的建立及其目标——兼论冷战格局形成的概念界定》,《中国社会科学》2002 年第 3 期,第 187 页。

③ 《关于近期内加强反美宣传措施计划》,斯大林与世界主义档案集第 232 号,赵玉明:《文化冷战与冷战初期苏联的反美宣传——以联共(布)中央宣传鼓动部解密档案为切入点》,转引自余伟民:《冷战是这样开始的》,学林出版社 2015 年版,第 396 页。

年 6 月 28 日,中央宣传鼓动部上呈马林科夫一份报告。该报告指出,要加快无短波收音机的生产速度和产量,1949 年生产 11 万台,1950 年生产 40 万台,以作为和境外反苏广播电台斗争的工具。冷战初期,电影也是苏联进行文化冷战的重要工具与手段,遴选合适的电影题材来进行反美宣传并达到预期效果,遂成了中央宣传鼓动部重点考虑的问题之一。1949 年 7 月 19 日,中央宣传鼓动部上呈斯大林关于"发行反美题材电影"的报告,要求将高尔基的小说《黄色恶魔之城》和《美国外交官的真实故事》改编成电影,并已经安排好拍摄与上映时间表。高尔基描述其美国之行的内容,以及在文中表达的对美国人生活方式的鄙夷与讽刺,极其适合作为此时进行反美宣传的素材。《美国外交官的真实故事》影射"遏制战略"的提出者、前美国驻苏联外交官乔治·凯南,书籍已经用俄、英、法、德、西五国语言出版并在苏联和西欧大力推广,该题材极具煽动性并具有吸引力,在联共(布)中央宣传鼓动部的建议下改编成电影进行反美宣传,对整个反美活动产生的效果倍加。除了有组织地进行自上而下的宣传活动外,联共(布)中央宣传鼓动部还非常重视自下而上的反馈因素扩大造势。需要指出的是,中央宣传鼓动部一方面重视反美宣传,另一方面不忘将不利于这种宣传的因素剔除。[①]

冷战初期,苏联的反美宣传是以整个苏联的政治动员与社会动员为前提的,发动了整个苏联的意识形态体制与文化体制,进行了一连串的、全面有序的宣传鼓动攻势,对于广大的苏联民众而言,这种宣传攻势在营造"苏维埃文化"和构建"敌人"形象上都是非常成功的。

第二节　新中国国家文化贸易关系的形成

一、新中国"一边倒"外交政策的选择

"二战"结束前夕,为了战后苏联的自身战略利益,苏联开始推动欧洲部分国家共产党登上政治舞台。面对东欧以及巴尔干的一些国家共产党的崛起,英美政府的态度也十分明确,绝不抛弃这些国家的流亡政府。无论英美

---

① 赵玉明:《文化冷战与冷战初期苏联的反美宣传——以联共(布)中央宣传鼓动部解密档案为切入点》转引自余伟民:《冷战是这样开始的》,学林出版社 2015 年版,第 399—401 页。

还是苏联,都把意识形态的选择和国家利益的最大化紧密联系在一起。1945年2月,美国、苏联、英国三巨头召开的雅尔塔会议制定了战后世界新秩序,重新划分势力范围,会议对战后世界格局产生了深刻影响,这次会议事实上把中国划入了美国的势力范围。

1949年1月,苏共中央政治局委员米高扬受斯大林委托秘密访问西柏坡,莫斯科迈出了与未来中华人民共和国缔结同盟的第一步,米高扬访问西柏坡取得了积极的成果。6月,刘少奇、高岗率中共中央代表团访问苏联,收获巨大。由于中国与苏联在意识形态方面有共同的认识基础,在国际斗争中有一致的战略考虑,彼此结成同盟符合双方的长远利益,基于这一点,毛泽东与斯大林都努力寻求在重大问题上达成谅解。刘少奇访苏后,中苏战略合作的框架已经形成。也正是在这样判断基础上,毛泽东公开宣布了向苏联"一边倒"的外交方针和建国方针。1949年7月1日,《人民日报》发表了《论人民民主专政》一文,毛泽东在文中宣布了中共中央的既定方针——向苏联和社会主义阵营"一边倒"。1950年2月14日《中苏友好同盟互助务约》签订,共六条,主要内容是一方如果受到第三国的侵略,"另一方即应尽其全力给予军事及其他援助"。缔约国双方不得参加反对对方的任何同盟、集团、行动及措施。对涉及中苏两国共同利益的一切重大国际问题,双方政府进行协商,"互相尊重国家主权与领土完整及不干涉对方内政的原则,发展和巩固两国间的经济和文化关系,彼此给予一切可能的经济援助,并进行必要的经济合作。"条约有效期为30年。[①]《中苏友好同盟互助条约》和有关协定将中国与苏联的战略同盟关系以法律形式确定下来,"一边倒"方针最终得以实施。

中苏结盟的过程并非一帆风顺,毛泽东和斯大林之间的认知和认可经历了重重曲折和不断选择。中共和苏联都是从各自的战略利益出发考虑结盟问题的,意识形态不是出发点,但的确是必不可少的条件。新中国成立以后,中共政权的巩固与建设、社会主义经济和文化事业的恢复与发展等各项事业都迫切需要苏联的援助与支持;同时,美国采取"楔子战略"离间中苏关系,采取种种反华措施严重危害中国利益,种种因素使得毛泽东做出"一边倒"的决

---

① 《消息报》,1950年2月15日。转引自[德]迪特·海茵茨希:《中苏走向联盟的艰难历程》,张文武、李丹琳,等译,新华出版社2001年版,第687页。

策以实现新中国的国家利益。随着毛泽东与斯大林的逐步靠拢，1949 年以后，美国彻底"失去中国"。

二、《中苏文化合作协定》的签订与执行

冷战的政治格局一旦形成，文化交往的对象也就确定了。国际上两大阵营已经划定，美国对新中国政治上进行孤立，经济文化上进行封锁。与承认新中国的以苏联为首的社会主义国家开展文化贸易，无论是促进国家经济建设，还是满足国民精神需求，提升人民社会认同和促进国家文化软实力的发展，都有非常重要的现实意义。

十七年时期，为了发展与东欧社会主义国家、亚非拉发展中国家和部分资本主义国家的文化交流，我国政府与这些国家签订了大量的文化合作协定，从 1951—1965 年大约签订了 35 个，为进一步执行文化合作协定，缔约国双方往往配合协定签订"计划"或"执行计划"，目的是加强和促进双方之间的文化交流与合作。中苏文化合作在 1956 年以前是由中苏友好协会与苏联对外友好协会安排的，属于一种非官方的民间文化交流，到了 1956 年，两国间的文化合作与交流上升到国家层面，7 月 5 日，两国签订了中苏文化合作协定，实质上形成了一种以中苏为首的两大社会主义国家紧密团结、巩固社会主义阵营的文化表征。文化协定执行计划实行过程中的起起伏伏也成了中苏两党两国关系由"蜜月"走向"分裂"、社会主义阵营由"统一"走向"决裂"、中苏国家文化安全性质变迁的见证。

冷战是 20 世纪国际安全战略需求所形成的一种全新的战略形态，以美苏为主导的两个大国在文明与意识形态的坚持、社会制度和国家道路的选择、国家利益和民族主权的捍卫方面展开了激烈的较量，为了在思想上战胜以苏联为首的共产主义国家，在全球范围内，美国发动了猛烈的文化攻势，真理运动、富布赖特计划、史密斯—蒙特法案、马歇尔计划、和平演变政策理论纷纷出炉，意识形态激烈较量的背后是关乎两大利益群体对生存空间的争夺，关乎国家文化安全的坚决捍卫。

对于共产主义世界而言，1956 年是一个多事之年。2 月苏共二十大提出一系列"非斯大林化"方针，10 月欧洲爆发震惊世界的波兰危机和匈牙利危机，对社会主义阵营的团结和国际共产主义运动的发展产生了深刻的影响。

毛泽东提出的"和平共处五项原则"化解了苏联和其他社会主义国家之间的关系危机,在批判莫斯科大国主义的同时,加强了社会主义国家之间的团结,达到了巩固社会主义阵营的根本目的,中共的威望由此得到极大的提高。中苏文化合作协定及其执行计划就是在这样的历史背景下签订的,文化合作协定贯彻了和平共处、平等互助的万隆精神[①]。

文化合作协定是国家之间关于文化关系的双边协定,是双方在文化领域为确定各方应履行的权利和义务而缔结的书面协议,一般由序言、正文和结尾三个部分组成。1956 年签订的中苏文化合作协定秉承了"万隆精神",由政府组织从国家层面在科学、技术、教育、文学等 11 个方面进行合作,并具体规定了合作交流的内容。比如,1956 年 7 月 13 日签订的执行计划关于互派表演艺术团,包括中国京剧团、新疆歌舞团等去苏联访问;而苏联派乌克兰民间歌舞团、杂技团和其他表演艺术家到中国访问。关于电影工作包括合拍一部纪录影片、合写一部故事影片剧本、互相举办电影周、交换新闻影片素材等。关于两国互派文化专业代表和本年度中国派遣留学生计划、关于双方互办展览会,以及在文化教育、卫生方面的合作事项在 1956 年执行计划中都有详尽的拟订。1957 年的中苏文化协定执行计划肯定和重申了"万隆精神"。1958 年执行计划有一个重要特点,就是鼓励在同样的机关和组织之间扩大直接联系,包括一些创作组织,比如作家、美术家、音乐家、戏剧工作者协会等,机关组织之间的联系也包括文化、教育、卫生等方面的个别人士的联系。应该说 1956 至 1958 年中苏关系还处于蜜月期,两国文化合作是比较顺利的,规模庞大,执行情况也比较好,《中苏文化合作协定》及执行计划构筑了巩固社会主义阵营的文化表征。

第三节　新中国国家文化安全性质的变迁

20 世纪 60 年代,中苏同盟破裂,中国在反对美苏两个超级大国的同时奉行独立自主的发展路线,作为一支地区性的重要力量,虽然中国的军事实力

远远逊于美国和苏联,但在意识形态和战略上两个超级大国仍然把中国视为威胁。在地区国家文化安全态势上,美苏开始进行文化交流合作,中苏爆发意识形态大论战。

一、"中苏文化合作计划"演绎国家文化安全性质的变迁

斯大林去世后苏联对西方的态度出现松动,提出了缓和国际紧张局势的新方针。一方面,社会主义阵营不断扩大,世界政治力量的格局发生了重大变化;另一方面,对核武器发展及其后果有了明确认识。朝鲜停战使得国际紧张局势走向缓和,苏联提出与资本主义国家进行"和平经济竞赛",苏联原子弹之父库尔恰托夫等著名物理学家向赫鲁晓夫报告了关于热核武器的出现已经威胁到人类生存的看法。基于以上两点,莫斯科采取了一系列实际行动以实现与西方的缓和。

美国对苏联的政策也发生了缓慢地变化。文化冷战在 1952 年艾森豪威尔当选为美国总统之后进入新阶段,日内瓦会议期间,英、美、法三国在原则上表示应该促进东西方文化交流,冷战以来东西方激烈对抗的气氛第一次得到缓和。1955 年出台的 NSC5505 与 1956 年出台的 NSC5607 文件相继确立了美国对苏文化交流的基本政策。1956 年艾森豪威尔提出了"冷战下的和平共存"口号,拟定国际相互理解的"人对人计划"。1956 年白宫召开大规模的"人对人会议","意图与世界各国进行人与人的交流,特别是在艺术、医疗、商业、农业等方面,皆基于培养民主主义驱逐共产主义的信念,会议成为推进民间层次交流及国际姐妹都市合作的原动力"①。美苏两国文化交流的标志是签订了文化交流协定。美苏双方代表在华盛顿就扩大文化交流的问题进行了谈判,1958 年 1 月 28 日双方签订了《美利坚合众国和苏维埃社会主义共和国联盟关于文化、技术和教育领域交流的协议》,从 1958 年直至苏联解体,美苏两国几乎每两年就签订一次交流协议。苏联希望通过文化交流获取美国的科学技术,加强经济和军事力量,充分展示苏联作为一个社会主义大国所取得的成就,从而提高苏联的威望。美国则把同社会主义国家的文化交流作

---

① 谷川建司:《美国政府与好莱坞电影产业的相互依存关系》,李启彰,译,转引自贵志俊彦,土屋由香,林鸿亦:《美国在亚洲的文化冷战》,李启彰,译,稻香出版社 2012 年版,第 50—51 页。

为输出西方价值观念,进行文化渗透、和平演变的一个重要战场。目的不同,手段也各不相同,双方的交流充满斗争,文化交流协定为双方合法、定期向对方渗透思想提供了渠道,最终对冷战的结束产生了重要影响。

毛泽东认为大国妥协的结果往往威胁到中国的利益,苏联提出的社会主义国家与资本主义国家和平共处、和平竞赛、和平过渡的外交政策将对革命运动的发展造成威胁,美苏关系的缓和成为中苏同盟产生危机和裂痕的一个重要因素。1960年之后中国脱离中苏联盟,在反对美国的同时也开始反对苏联,两个超级大国在意识形态和战略上把中国列为威胁对手。在地区国家文化安全态势上,美苏开始进行文化交流合作,1963—1964年,中、苏爆发意识形态的大论战。1963年苏共中央在《真理报》发表公开信,全面攻击中国共产党。随后,苏联报刊发表了2000多篇反华文章。7月—9月,中共发表"九评"全面批判赫鲁晓夫"修正主义"和"假共产主义"。苏共方面则抨击中国领导人是"教条主义""左倾机会主义"。这场大规模的国家意识形态的冲突与对抗最终导致了两个大国的决裂,1966年中苏两党关系中断,社会主义统一战线部分解体。意识形态的争论具有深刻的国家安全意义,是一场关乎国家文化主权和国家文化安全的冲突,在这场争论中"中苏文化合作执行计划"成为实现国家文化安全的斗争场域。

国家意识形态的冲突被深刻卷入到中苏文化合作执行计划当中,合作计划成为两国政府实现彼此国家文化安全的斗争场域,我国国家文化安全受到严重威胁。1959年至1966年中苏两国政府代表在北京和莫斯科共签署了8次年度执行计划。中苏文化合作协定签订后的最初几年情况基本上是好的,没有发生重大争执或问题,但是,1959—1960年以后,两党分歧不可避免地带到了两国文化友好关系中来。从1959年起苏方逐渐对中国进行限制、封锁,中国也开始减少了一些双方往来。1960年以后,两国文化友好往来上矛盾和斗争日益增多,1961年和1962年苏方曾多次做出姿态表示要扩大两国文化往来,并提出了较大的计划,抓扩大文化联系的旗帜。随着1963年至1964年中苏两党公开论战,1963年双方的斗争更加激烈,1964年苏方单方面提出了一个口头声明撕毁两国的文化合作协定,取消1964年文化合作计划。1965年苏方提出的文化合作计划十分庞大,1966年则是苏中关系史上规模最小的计划,"文革"期间两国之间的文化往来彻底断绝。下面重点分析合作计划谈判时争论非常激烈的一个关乎国家文化安全的问题,即有关中苏文化往来减少的问题。

1959 年以后,苏方多次在不同场合攻击中方压缩项目,缩小文化往来规模。比如,在 1963 年 7 月 10 日中苏两党会谈第三次会议时,苏共代表团团长苏斯洛夫说:"难道是由于苏联机关的主动而使 1962 年我们两国文化交流的参加人数比 1959 年减少了五分之四吗?" 7 月 17 日中苏两党会谈第七次会议时,苏共代表团团员安德罗波夫说:"由于你们的过错,苏中文化合作逐年地在缩小,1961 年文化合作的总额比 1960 年减少了百分之五十,根据你们的坚决要求,1962 年文化合作又减少一半。"[①] 1964 年 9 月 15 日苏对外文委副司长华司考对驻苏使馆文化参赞张莫棠宣读口头声明,悍然撕毁文化协定,声明提到"中国方面把中共领导人同苏共和其他兄弟党的分歧扩大到两国文化合作关系上来,中国方面别有用心地削减两国文化来往,1963 年两国往来的规模只为 1959 年两国文化计划的五分之一"。[②] 那么,中苏文化合作计划执行的真实情况如何? 苏方的目的何在呢?

中苏合作协定头三年(1956—1958 年)的年度执行计划规模较大,来往项目每年大约有 50 项,500 人左右,商谈 1959 年文化合作计划时,双方都表示要提高质量,压缩数量。1959 年是我国国庆十周年,所以对合作计划未作太大的压缩,1959 年中苏文化合作计划往来共 19 项,358 人(其中苏联大剧院芭蕾舞团 1 项就达 195 人)。1960 年仍维持了 1959 年的规模。1961 我国农业处于三年困难时期,苏联方面片面撤退专家,撕毁合同,破坏中苏两国关系,因此,1961 的计划做了压缩,按往来的人数计算比前两年约缩小三分之一左右,但项目有所增加,往来共 27 项,约 220 人。1962 年又比 1961 年减少二分之一,往来共 11 项,108 人。1963 年的计划比 1962 年的计划有所增加,往来共 14 项,约 145 人。(表 4-1)[③]尽管这几年来中苏文化合作计划人员往来数量逐步压缩,但与苏联的文化往来一直占我国同其他社会主义国家文化往来的第一位,和东欧国家比较都多 1—2 倍左右。

① 《中苏文化关系材料》1963 年 3 月 25 日,外交部档案馆 09—02543—01,第 85 页。
② 《我与苏联方面就执行 1964 年文化合作协定和互派旅行者协议进行的交涉》,1964 年 1 月 18 日—1964 年 10 月 31 日,外交部档案馆 109—02700—01,第 26 页。
③ 《中苏文化关系材料》,1963 年 3 月 25 日,外交部档案馆 109—02543—01,第 85—86 页。

表 4-1:"中苏文化合作年度执行计划"规模(1956—1966)[①]

年份 项目、人数	中苏双方来往项目(单位:项)	中苏双方来往人数(单位:人)	注:
1956—1958	约 50 项/年	约 500 人/年	
1959	19	358	
1960			维持 1959 年的规模
1961	27	220	
1962	11	108	
1963	14	145	
1964	25	439	1964 年 9 月 5 日,苏方发表口头声明,取消 1964 年两国文化合作计划;我方执行了应该并且能够执行的项目。
1965	38	658—672	苏方把 1964 年未执行的项目列入了1965 年的计划,我方对此有所修正。
1966			中苏关系史上规模最小文化合作计划。具体数据欠缺。

在执行过程中苏方曾多次表示要扩大两国文化往来,介于我国农业连续遭灾,国家处于经济困难时期,苏方虽在口头上表示"充分谅解",但每年仍旧提出庞大的计划草案,并在谈判桌上对所签订的计划规模缩小一再表示"遗憾"和"不满",指责我国"不愿意加强文化联系"。面对指责,我国利用苏方执行计划不彻底进行了针锋相对的斗争,揭露了苏方的伪善姿态。中苏文化合作协定签订后的头两年(1956—1957)执行计划的情况较好,不能执行的项目双方也都互相打招呼,片面不执行的项目是很少的,也未发生过压缩项目的情况。1958 年以后,压缩项目和单方面未执行计划项目的就逐渐多了起来。

---

① 根据外交部档案《中苏文化关系材料》(109—02543—01)、《苏联和中国 1964 年文化合作计划》(109—03511—01)相关数据制作。

1958 年文化合作计划我方修改意见中属于撤销的有 5 项。在执行过程中双方协商取消的项目 7 项,其中中方取消的 4 项,苏方取消的有 3 项。未执行的项目 6 项,其中苏方片面未执行,也未知会我方的项目有 3 项,中方未执行的项目有 3 项。中苏 1959 年文化合作计划苏方未执行的项目 2 项,中方应执行的项目已全部执行。中苏 1960 年文化合作计划苏方未执行的项目 4 项,这些项目苏方未执行也未告知。中方未派出的项目 3 项,其中有一个高教工作考察组,当我方提出考察原子能的计划后,苏方以超出文化合作计划范围为由拒绝接受。中苏 1961 年文化合作计划签订后,我方向苏方提出压缩项目 9 项,其中属中方派出的 5 项,属苏方派出的 4 项。苏方未执行的有 3 项,这些项目苏方未执行也未告知。中方执行部分已全部执行完毕。① 1962 年的计划双方都全部执行了。② 1963 年我方应执行 6 项,已全部执行完毕,苏方应执行 8 项,当时勉强执行了 4 项。③ (表 4-2)从以上数据可以看出,对于已经签订的年度文化合作执行计划,苏方在执行中的表现是缺乏诚意的,不少项目苏方片面不执行也不向我方说明理由。1960 年苏方有三分之一以上的项目是毁约的,1962 年的文化合作计划苏方大部分都未按双方商定的时间派出,中苏 1963 年文化合作计划签订后,双方刚刚交换备忘录肯定计划项目的执行时间,墨迹还未干,苏方就拒不执行双方的协议,极大地损坏了两国的文化友好合作关系。④ 社会主义国家之间的关系是一种新型的国际关系,应该建立在平等、独立、相互尊重的基础上。社会主义国家之间的文化合作也应当根据双方的需要与可能,经过洽商,达成协议。然而,在文化合作计划的签订与执行过程中苏联一再表现出霸主意识,一方草案必须要另一方全部接受,何来平等与协商?苏联的大国沙文主义作风深深刺痛了中国人的自尊心。

---

① 《中苏文化关系材料》1963 年 3 月 25 日,外交部档案馆 109—02543—01,第 47 页。
② 《中苏文化关系材料》1963 年 3 月 25 日,外交部档案馆 109—02543—01,第 47—50 页。
③ 《1963 年中苏文化友好往来情况总结》1963 年 12 月 3 日,外交部档案馆 109—03511—04,第 2 页。
④ 《中苏文化关系材料》1963 年 3 月 25 日,外交部档案馆 109—02543—01,第 88 页。

表 4-2："中苏文化合作年度计划"执行情况（1958—1963）[①]

年份 执行项目	执行过程中双方协商取消项目（单位：项）			未执行项目（单位：项）		
	中	苏	总	中	苏	总
1958	4	3	7	3	3	6
1959	0	0	0	0	2	2
1960	0	0	0	3	4	7
1961	0	0	0	0	3	3
1962	0	0	0	0	0	0
1963	0	0	0	0	4	4

为了配合"停止争论"，1964 年 1 月苏方提出的 1964 年文化合作计划苏方草案庞大得吓人，人员往来共 37 项以上，约 500 人（未包括体育、科学合作项目，其他还有些项目苏方未列具体人数），是 1959 年以来所提草案中最多的一个，它的数量相当于 1956 年的文化往来规模，苏方草案比我方草案大三倍左右（我方草案人员往来共 18 项、118—151 人）。[②] 这么庞大的草案，我方不可能接受，在今后中苏两党会谈时，也将成为苏方再次指责我方不愿扩大两国文化交流的借口。在草案中苏方提出互派专家讲学项目，我方认为这是苏联企图掩盖片面撕毁协议、撤退专家错误的行为。苏方还提出一年搞两次电影首映式，这发生在我国刚刚发表张光年批判苏联电影的文章之后，对抗和挑衅意图是明显的。此时基层单位之间的直接联系（不仅是资料交流，还包括人员往来），我方认为是摸底细、搞情报的表现。经过谈判，中苏 1964 年文化合作计划规模比 1963 年增加了两倍，中方根据计划将派出 12 项 218 人，苏方将派出 13 项 221 人。此外，在计划中增加了一些几年来基本上没有来往的项目，如电影工作者、群众文化工作者、卫生工作者等[③]（表 4-1）。

然而，9 月 15 日苏方单方面提出了一个口头声明，取消了 1964 年文化合

---

① 1956—1957 年，双方执行情况良好。1964 年苏方基本未执行应派项目，我方基本执行了应派项目。没有收集到 1965—1966 年具体数据。根据外交部档案《中苏文化关系材料》（109—02543—01）、《1963 年中苏文化友好往来情况总结》（109—03511—04）相关数据制作。

② 《苏联和中国 1964 年文化合作计划事》1963 年 1 月 29 日，外交部档案馆 109—03511—01，第 1 页。

③ 《苏联和中国 1964 年文化合作计划事》1963 年 1 月 29 日，外交部档案馆 109—03511—01，第 30 页。

作计划,赫鲁晓夫时期苏方基本上没执行 1964 年两国文化合作计划应派出项目。我国全部执行了计划中规定我方应执行的项目(歌舞团、展览由于苏方破坏未能执行),赢得了政治上的主动。赫鲁晓夫垮台后,苏共新领导人对中苏文化来往的态度没有重大变化,但在某些做法上略有松动,派遣一些过期的小项目,并在我方逼其执行全部项目时,被迫要求将所余项目推迟至 1965 年执行。12 月 23 日,苏驻华使馆随员珈列诺维奇受国内委托答复我方 11 月 27 日提出的要苏方全部执行当年两国文化合作计划问题时用了与赫鲁晓夫时期 9 月 15 日声明有联系的词句,比如"中国最近为实现文化交流制造了相当的条件,因而苏方为完成今年的计划,正在采取一切可能的措施"。[①]同时苏方又拒绝我方派遣新的留学生,并策反我方留学生。此时的苏共新领导迫于舆论不得不和我国搞文化往来,但又惧怕我国影响扩大,文化交往中仍有诸多限制。这种两面性政策不可避免地贯彻在 1965 年其对华文化政策中。

1965 年苏方的文化合作计划草案又是非常庞大,人员往来共计 38 项 658—672 人,比 1964 年计划增加了 57%以上;由于苏方的错误 1964 年未执行的项目都列入了 1965 年的计划;把应由两国体育领导机构商定的体育人员往来项目列入文化合作计划。[②]我方对此做了修正,同意交换一些项目,砍掉一些项目。

回顾中苏两大社会主义国家之间的关系,《中苏文化合作协定》与计划的签订和执行情况成为中苏国家关系的一张晴雨表。当国家关系稳定良好时,文化合作与交流的规模就比较大,执行情况也比较好。当国家出现矛盾斗争时,文化合作与交流无论谈判还是执行都被意识形态的争执所困扰,两个国家关于社会主义路线方针的意识形态之争最终导致了关系的决裂。

二、传播媒介承担实现或颠覆国家文化安全的重要使命

中苏意识形态之争从本质上讲是两国利益根本冲突的结果,是关乎国家文化安全和国家安全的战略问题。葛兰西认为媒介是意识形态霸权产生的

---

① 《我与苏联 1965 年文化合作计划及就此问题我与苏方的商谈情况》1964 年 12 月 17 日,外交部档案馆 109—03632—02,第 18 页。

② 《我与苏联 1965 年文化合作计划及就此问题我与苏方的商谈情况》1964 年 12 月 17 日,外交部档案馆 109—03632—02,第 24 页。

场所,"霸权"是指意识形态的领导权,"霸权"理论"使我们可以把文化领域看作是一个涉及争夺、赢得、丧失和抵制领导权的过程,而媒介成为不同利益集团意识形态博弈的场所"①。斯图亚特·霍尔认为媒介是"现实建构"的场所,媒介产品不是反映现实,而是建构和定义现实。如此,媒介成为意识形态博弈之地,大众传媒肩负着国家文化安全的重要使命。媒介具有议程设置的功能,议题对象和议题属性的显著性分别构成第一层级与第二层级的议程设置,引导着公众对公共事物与公众人物的看法,媒介的大量关注对公众意见的形成和表达起到了预示作用。1962 年、1963 年的中苏文化合作计划谈判中互换政治性内容的展览显示了中苏两国对媒介议程设置的争夺,关乎国家文化安全的保护和颠覆。

1963 年 7 月 17 日中苏两党在会谈第七次会议中,苏共代表团团员安德罗波夫说:"在苏中文化合作谈判中,中国代表拒绝苏方关于在中国举行列宁宣传画展览的建议,坚持用玩具展览来代替。[24]88"原来,在 1962 年中苏文化合作计划苏方草案中,苏方提出要送"纪念列宁苏联政治宣传画展览"来华,却要中方送"荣宝斋艺术复制品展览"去苏。中方草案中,我方提出的是要送"贵州省工艺美术品展览"去苏,要苏方送"苏联民间玩具展览"来华。双方没有达成协议,撤销了交换展览项目。1963 年中苏文化合作计划中方草案中,我方提出送"中国国画和版画展览"去苏联,建议苏方送来"苏联民间工艺美术品展览"。苏方草案中,苏方提出来华展出"七年计划在行动中"图片展览,要求我方送出"中国造型艺术展览"。我方表示可以接受苏方的"七年计划在行动中"图片展览,同时提出我方送出"人民公社在前进中"图片展览。经过激烈的争论,苏方无奈同意了我方的意见,在签署的计划中双方确定中方的展览于 9 月底开始在苏展出,苏方的展览于 10 月底开始在中国展出。

争论激烈反映了这样两个问题:第一,社会主义国家之间文化往来应该平等,苏方送出政治意识浓厚的展览,却要求我方送出艺术性展览,在内容上不对等。第二,当时中苏矛盾已经公开化,我方提出互换艺术性展览可以避免由于政治性展览当中的观点不同而引起公开争论,以致影响两国的正常文

---

① 安东尼·葛兰西:《论阵地战、市民社会和霸权》,引自《文化产业研究读本》,上海:上海人民出版社,2011 年版,第 154 页。

化往来关系。在苏联模式的影响下,新中国成立后我国构建的自上而下的国家政权体系对社会进行全面而直接的控制,政治传播体系隶属其中,具有传播统一化的特点。在人民公社化和"大跃进"运动中,由国家主导向全社会传播一切与这一治理体系相关的制度设计、组织形式等信息来实现对全社会的治理,对抵触的信息进行过滤。作为一种被模式化的政治符号,"三面红旗"(总路线、人民公社、大跃进)在传播过程中对国家权力和国家权威进行强化,反对的声音意味着"砍旗"行为,政治意识浓厚的展览构成了对国家文化安全的重大挑战。

第四节　本章小节

冷战初期,作为两大意识形态尖锐对立的阵营代表,美国和苏联进行了激烈的"反苏"与"反美"宣传,作为社会主义联盟重要一员的中国其文化贸易自然选择站在社会主义这一边。中苏结盟以及"一边倒"的国家政策在决定新中国政治选择的同时也划定了新政权的文化空间,《中苏文化合作协定》及执行计划的签订与执行演绎了中苏两国文化安全性质的变迁。东欧剧变,苏联解体,社会主义阵营不复存在。西方欢呼着全球意识形态战争的结束,宣告"历史的终结","文明的冲突"成为美国的国家安全战略制定的新的理论工具和价值导向。但是,只要社会主义国家和社会主义制度还没有被推翻,"意识形态冲突"就远没有终结。"中国特色社会主义道路"是社会主义意识形态的成功,是社会主义制度和根本价值观的成功。2014年,习近平总书记提出"坚持总体国家安全观,走出一条中国特色国家安全道路",其中"文化安全"被首次纳入总体国家安全观。党的十七届六中全会提出"建设社会主义价值体系是兴国之魂",文化建设被提高到关乎国家兴亡灵魂的高度。中国今天的"和平崛起"面临的最大困境不再是单一的国家安全,而是一个综合的国家安全,国家文化安全是重要因素之一。回顾历史,中苏文化关系建设对今天国家文化安全的构筑同样有着非常重要的意义。

第五章　新中国文化贸易的经济价值(出版)

作为一种特殊的经济形态,文化产业已经成为一种意识形态,其本身具有经济和文化的双重属性。经济属性指的是文化产业能带来巨大的经济利益,文化属性意味着所创造出来的精神文化产品在实现自身价值过程中所蕴含的价值观念和道德准则的传递。国际文化贸易是文化产业的一种重要经济形态,十七年时期,我国与苏联、东欧社会主义国家大量开展书刊进出口贸易,除了塑造社会认同外,另外一个重要的目的就是满足国家建设的需要。那么,冷战时期,中苏社会主义国家关系的变迁又对新中国的对外出版贸易(包括贸易与非贸易两种形式)产生了什么样的影响? 突破美国封锁禁运以引进资本主义国家书刊对我国经济建设有什么现实意义? 这是本章要关注的问题。

第一节　新中国与社会主义国家出版贸易的发展

一、我国对外出版贸易的创建和初步发展时期

1949—1953 年中苏两国在国际舞台上密切合作,中苏关系进入蜜月期。苏联在联合国举办的各种国际会议上大力支持中国恢复在联合国的席位。1950 年 6 月,美国武力占领台湾,中苏先后向联合国提出关于美国侵略中国的控诉案,并要求联合国接纳新中国代表参加讨论。朝鲜战争爆发后,毛泽东力排众议,派兵赴朝参战,中苏双方全面合作,苏联对中国进行全方位援助。中苏在朝鲜战争中军事上互相配合、协调,毛泽东与斯大林作为幕后最高指挥,在全球战略与局部战争利益上取得意见上的一致,中苏同盟也显示

出政治、军事、外交乃至经济各方面的功能。此外,中苏共同反对对日单独媾和。中国在极其困难的条件下出兵朝鲜为社会主义阵营守住了东方大门,斯大林在很大程度上改变了对中共和毛泽东的看法,因此苏联向中国提供了全面援助,苏联对中国的经济援助起到雪中送炭的作用。1953 年,斯大林去世,苏共与中共之间领导与服从的关系,逐渐步入平等与友好发展的道路。

1954—1957 年,苏联大规模援华,而作为回报中共对赫鲁晓夫在政治上给予了大力支持。1954 年赫鲁晓夫访华是中苏关系史上重要的标志性事件,赫鲁晓夫给中国送来一批丰厚的"礼品",中国终于收回了旅顺口海军基地,之后中苏关系获得了进一步发展。如果说在斯大林执政时期中苏友好关系主要表现为政治和军事的合作,那么在赫鲁晓夫执政时期,中苏合作则突出地表现为苏联对华经济援助及中共对苏共的政治支持。赫鲁晓夫加强了对华援助,督促苏联有关部门确定和落实对中国"一五"计划时期的援建项目,苏联派出大批专家来华工作。1956 年苏共二十大召开,赫鲁晓夫做出了"非斯大林"的秘密报告。1957 年国际共运会议在莫斯科召开,中共对苏共在政治上给予了大力支持。然而在莫斯科会议成功的背后却蕴藏危机,莫斯科会议胜利闭幕半年之后,分歧和矛盾便一个接一个地显露出来。

1949—1957 年是我国对外出版贸易创建和初步发展时期。

1949 年 11 月,新华书店在北京奉命筹建国际书店,国际书店店名由时任中宣部出版委员会主任黄洛峰所定,郭沫若为之题写店名,11 月第一批工作人员开始到位。1949 年 11 月中旬,苏联出版的中、俄、英、法、德、日、朝等 7 种文版的书刊大批运抵北京,其中中文马列著作一项就有 1000 万册以上。[①]12 月份即正式以国际书店名义与苏联国际图书公司开始贸易往来。1950 年 11 月,苏联国际图书公司正式在北京设立办事处。1950 年后,国际书店相继与一批社会主义国家民主德国、捷克斯洛伐克、匈牙利、波兰、罗马尼亚、保加利亚、阿尔巴尼亚、南斯拉夫建立了业务往来关系,这是与国际书店最早建立贸易关系的一批同行。

国际书店成立初期的目的和任务是从苏联进口一些书刊,主要是中文

---

① 参考中国国际图书贸易总公司史料编写组编写:《中国国际图书贸易总公司 40 周年纪念文集——史论集》(内部资料),中国国际图书贸易总公司 1989 年版,第 135 页。

书。后来业务不断发展,进口范围扩大到世界各国,并且办理了我国书刊的出口工作。自 1950 年 4 月开始,国际书店分别在上海、汉口、沈阳、天津、大连、哈尔滨等地成立分店,主要承担进口苏联书刊的各地供应工作,在新中国形成了一股强大的"苏联图书"热潮。

该店从成立到 1953 年 6 月底止,共进口书刊约 4000 万册,其中苏联的约 3875 万册,各人民民主国家的约 40 多万册,资本主义国家的约 77 万册。在进口的品种上,有着显著的变化。主要是俄文科学技术书的进口量大增,在 1950 年,只占全部进口数的 13%,而 1953 年上半年已占 40%。出口书刊约 430 万册,主要是专供外销的外文出版社出版的外文书刊。[①]书刊进出口工作的开展,在增进我国人民的马克思列宁主义知识、吸取苏联和其他国家的先进经验和科学技术、与各国进行文化交流、加强国际宣传上都起了一定的作用。

1955 年,进口书刊 942 万册(份)(科技书刊占书刊总数的 23%,科技类图书占进口图书总额的 48%),销售额人民币 1135 万元,比 1953 年增长了 42%。共实付进价外汇 601 万卢布,50 万英镑(以金额计,苏联等社会主义国家书刊占 62%,资本主义国家书刊占 38%),共折合美金约 290 万元。出口书刊 822 万册(份),人民币 600 万元,比 1953 年增加了 125%(苏新国家占 54%,资本主义国家占 46%)。共实收外汇 2316900 卢布,59486 英镑,共折合美金约 74 万元,入超以美金计为 216 万元。[②] 为配合"向科学进军"的需要,国际书店进口业务猛增,1956 年进口各国书刊 7,269 万册(其中 90% 以上来自苏联、东欧国家)[③]。

我国从苏联进口数量较大的两种期刊是中文版《苏联画报》和《苏联妇女》,最高年份订数分别达到 15 万份和 5 万份,其他外文报刊主要是科技类。1957 年进口苏联报刊曾达 22 万份。从东欧地区进口的书刊里,主要有科技期刊、图片、画册、画报、乐谱、唱片等,1957 年曾进口《罗马尼亚画报》7000

---

① 《出版总署党组关于国际书店工作的报告》,转引自中国出版科学研究所,中央档案馆:《中华人民共和国出版史料(5)》,中国书籍出版社 1999 年版,第 542 页。

② 《文化部党组关于国际书店书刊进出口问题的报告》,转引自中国出版科学研究所,中央档案馆:《中华人民共和国出版史料(8)》,中国书籍出版社 2001 年版,第 69—70 页。

③ 参考中国国际图书贸易总公司史料编写组编写:《中国国际图书贸易总公司 40 周年纪念文集——史论集》(内部资料),中国国际图书贸易总公司 1989 年版,第 5 页。

份。而书刊进口数量仅次于苏联的是民主德国、捷克斯洛伐克。在向苏联、东欧各国出口方面，50年代也是盛极一时，尤其在1957—1958年达到最高峰，我国对苏出口贸易额已经达到净价200多万元人民币。我国出口品种主要是中外文书刊、艺术画册、图片、单张画、年画、木板水印画及艺术出版物，如书签、剪纸、贺片、明信片等。苏联对我国美术出版物的订货量很大，成百万张的年画、明信片发行到苏联城乡。在对苏出口总额里，外文期刊占中国书刊出口额的最大宗。如俄文版《人民中国》在1954年至1957年间，每期订购量达到40000份，1957年《人民中国》俄文版改为《友好报》，每期订购量达到10万份。俄文版《人民画报》的订阅量自1954年的每期6万份，逐年上升到1957年的15万份。新中国出版的俄文版图书，如政治类书籍，一般都是每种上千册，有的达到万册以上，其中中国医学书籍、语言工具书、社会经济、国情介绍、儿童书籍、文艺作品等图书也订阅较多。为了进一步方便苏联发行中国书刊，国际书店在此时发行俄文版中文图书目录，每月两期，为苏联国家图书公司所属各地分支机构订阅中国图书提供了极大的方便。这一时期对东欧国家出口的主要品种是外文期刊。民主德国每期订购德文版《人民画报》5000份，捷克斯洛伐克订购《人民画报》每期7000份。[①] 此外，外文图书、艺术画册、胶印画、木版水印画、中国唱片等都是当时在东欧国家畅销不衰的品种。50年代，我国还积极参加东欧国家举办的各种图书博览会，如波兹南（后改在华沙）博览会、莱比锡博览会、萨格勒布（后改在贝尔格莱德）书展等，在与同行的交流合作中拓展了图书贸易的渠道。

1953年到1957年，是我国书刊进出口业务顺利发展的五年。截止到1957年底，我国同世界50多个国家和地区的370家同业建立了贸易往来，同业数量比1952年增加2.4倍。五年中对外发行书刊共4946万册，比1949至1952三年发行总数多16倍。[②] 书刊进出口事业基本实现了国家垄断经营。对外图书贸易的顺利发展与这个时期新中国国家形象在国际上的提升密不可分，抗美援朝的胜利（1953）、日内瓦会议的召开（1954）、第一届亚非首脑万

---

① 参考中国国际图书贸易总公司史料编写组编写：《中国国际图书贸易总公司40周年纪念文集——史论集》（内部资料），中国国际图书贸易总公司1989年版，第137—139页。

② 参考中国国际图书贸易总公司史料编写组编写：《中国国际图书贸易总公司40周年纪念文集——大事记（1949—1987）》（内部资料），中国国际图书贸易总公司1989年版，第31页。

隆会议的举行(1955),使新中国在国际上的威望空前提高,为我国对外发行事业的顺利发展提供了有利条件。

二、国家关系对书刊进出口贸易的严重影响

1957 年 11 月,世界各国共产党和工人党代表汇聚莫斯科举行会议。毛泽东语惊四座,独领风骚,引起广大社会主义国家的强烈反响,提高了中国共产党在国际共运中的声望。然而,在莫斯科会议成功的背后,却蕴藏着一种危机,中苏关系在其蜜月的最高峰正渐渐进入一场在国际共产主义运动中究竟应该听从谁的主张的暗中较量。1958 年,中苏之间未能实现军事合作,出现分裂。1959 年至 1960 年,赫鲁晓夫在苏共二十一大报告中影射攻击中国内政、赫鲁晓夫直接介入中印边界冲突、理论分歧白热化、撕毁协定与合同、撤走全部在华专家,这一系列事件使得中苏关系继续恶化。1964 年毛泽东决定对外由以前单一对美转变为双向的对美对苏。1969 年中苏同盟彻底破裂。毛泽东开始调整外交战略,联美抗苏,中美实现和解。中苏关系转入政治、军事对抗阶段。[①] 1960 年至 1978 年,中苏关系从分裂走向对抗。

1958—1965 年是中苏关系由兄弟走向破裂的时期,动荡的国家关系对书刊进出口贸易产生了严重的影响,书店任务转向以出口为主。1958 年 7 月,国际书店划归新成立的对外文化联络委员会(以下简称"对外文委")领导。当时国内外形势的变化,使国际书店的方针、任务也随之发生了重大的变化。对外文委领导多次指示:"国际书店应以出口为主,主要任务是配合国家外交斗争。"[②]方针任务的变化,不仅影响到书店管理体制和管理方法等一系列具体问题,而且影响到它与国外代销网点的关系。这意味着国际书店全部工作要从外贸企业经营转到根据外交工作需要进行对外宣传的轨道上来。从1958 年到 1965 年的八年间,图书进出口方面的政策,特别是出口方面的许多重大决策,无不来自对外文委和国务院外办。国际书店逐步强化了它作为党的对外宣传机构的职能,很少有人再提企业经营管理了。

1962 年 8—10 月,在对外文委领导主持下,就国际书店的任务和方针问

---

① 沈志华:《中苏关系史纲(1917—1991)》,新华出版社 2007 年版,第 366 页。
② 参考中国国际图书贸易总公司史料编写组编写:《中国国际图书贸易总公司 40 周年纪念文集——史论集》(内部资料),中国国际图书贸易总公司 1989 年版,第 11 页。

题,召开了八次讨论会,最后形成一个被称为《国际书店对资本主义世界书刊发行的基本任务和方针》的文件。这个文件比较全面、具体地阐明了书刊出口配合外交斗争的总方针。比如,其主要内容有国际书店应成为国际阶级斗争的工具,书刊出口主要目的是宣传毛泽东思想。这一政治目的基本上是通过贸易方式来达到,同时应积极开展非贸易发行(赠送)。非贸易发行在一定时期可以成为主要发行方式;对外发行地区应以亚、非、拉为重点,紧密配合当地蓬勃发展的民族解放运动;对外发行的主要品种是外文书刊,外文书刊的重点又是毛主席著作。这个文件成为当时国际书店这一阶段业务工作的基本方针。

1961 年中苏关系的改善昙花一现。大量历史事实表明,在 1960 年 11 月到 1961 年 10 月这段时间里,中苏两党关系有所改善,受到损伤的中苏同盟一度有所修复。[①] 在政治上,中国政府和中国人民真诚欢呼苏联成功发射载人宇宙飞船。在外交上,中苏双方在国际事务中采取了相互协调的态度,相互通报有关情况,苏联领导人勃列日涅夫、科兹洛夫访华也在安排之中。[②]在经济上,苏联愿意帮助中国克服暂时的困难并准备对中国继续提供经济援助。在军事上,苏联向中国有偿提供具有当时世界先进水平的米格—21 型歼击机及其机载 K—13 型空对空导弹的样品和技术资料。[③] 1961 年的上半年,中苏关系在政治、经贸、科技和军事合作等方面都得到了恢复和发展。[④]

几年来,我国进口外国书刊的品种和数量都逐年增多,据 1959 年统计进口图书约 3 万余种,400 万册,其中科技类约占 70%,其他类占 30%,报刊约有 1.5 万种以上。[⑤]在进口兄弟国家书刊方面,1960 年 5 月以前是没有控制的,5 月以后根据当时的国际形势,采取了适当控制、区别对待的方针,加强了审选制度。

---

① 刘传利、潘正祥:《关于〈剑桥中华人民共和国史〉中苏分裂问题正误》,《江淮论坛》2000 年第 6 期,第 77 页。

② Odd Arne···Westad (ed.),*Brother in Arms:The Rise and Fall of the Sino—Soviet Alliance*,1943~1963,Stanford:Stanford University Press,1998,pp. 369—374.

③ 谢光:《当代中国的国防科技事业:下卷》,当代中国出版社 1992 年版,第 50 页。

④ 牛军:《1962 年:中国对外政策"左"的前夜》,《历史研究》2003 年第 3 期,第 33 页。

⑤ 《对外文委、文化部、邮电部关于外国书刊进口原则和发行办法的请示报告》,转引自中国出版科学研究所、中央档案馆:《中华人民共和国出版史料(11)》,中国书籍出版社 2007 年版,第 258 页。

在莫斯科会议后，根据新的形势，对外文委、文化部、邮电部1961年7月拟对兄弟国家及资本主义国家兄弟党出版的书刊的进口、发行工作做一些调整。进口书刊品种和数量拟较前一时期放宽一些，略高于上年第四季度的水平，适当增加政治性书刊（包括兄弟党和领导人的文件、著作）和其他有参考价值书刊的进口，但对这些书刊仍应进行审选和适当控制。发行上除少数书籍只能作内部发行外，其他完全公开发行并适当放宽零售量。

1961年10月15—23日，周恩来率中共代表团出席苏共第二十二次代表大会。在这次会议上曾在布加勒斯特会议上支持过中共的阿尔巴尼亚劳动党领导人被拒绝与会并遭到指名批评，中共认为是集修正主义之大成的新的苏共纲领获得通过，这两件事对中共触动很大。周恩来在致辞中批评了苏共领导的路线和政策，并于23日提前回国。随着中国国内经济状况的好转，中共从维护阿尔巴尼亚劳动党入手，开始着手与苏共进行新一轮意识形态斗争，中苏关系友好、缓和的局面结束。[①]

1961年11月15日，《对外文委关于进口和发行苏联等社会主义国家书籍、报刊的原则的请示》中认为根据目前新的形势，进口和发行苏联等社会主义国家书籍报刊的原则以及进口数量，均须重新加以考虑。关于书籍进口和发行的原则主要是对阿、朝、越三国书籍的原则不予变动，对苏、蒙、德、波、捷、匈、罗、保八国书籍进口应从严控制，品种和数量均应削减。关于报刊进口和发行的原则及办法主要是对阿、朝、越三国报刊，按国内需要量充分满足，苏、蒙、德、波、捷、匈、罗、保八国报刊，按不同类别处理。比如科学技术类刊物，已经收订的数量拟如数进口并可适当零售陈列，不再增加；科技类报刊的收订对象须加调整，逐步减少，并走向内部发行，基本上不再公开零售、陈列；《苏联画报》《苏联妇女》《罗马尼亚》《捷克画报》四种中文画报的进口量拟参照对方订我《人民画报》的数字考虑决定。[②]

从1958年至1965年，是中国图书对外发行史上的第二个阶段，动荡起伏的国际形势对我国书刊贸易产生了很大的影响。这个阶段的特点是书刊对

---

① 沈志华：《中苏关系史纲》，新华出版社2007年版，第296页。
② 《对外文委关于进口和发行苏联等社会主义国家书籍、报刊的原则的请示》，转引自中国出版科学研究所、中央档案馆：《中华人民共和国出版史料：第11册》，中国书籍出版社2005年版，第311—313页。

外发行在国际形势起伏动荡情况下波浪式地发展,对外发行方针有重大改变,书刊进出口管理体制有重要调整。

1958 年 5 月,中共八大二次会议制定了"鼓足干劲、力争上游、多快好省地建设社会主义"的总路线,提出"争取在十五年,或者在更短的时间内,在主要工业产品产量方面赶上和超过英国"的号召,在全国掀起"大跃进"高潮。在对国内外形势过热估计的影响下,国际书店提出"苦战三年,出口遍世界,进口成权威"的目标。1958 年进口书刊 532 万册(包括苏新版书刊),出口书刊 1855 万册,对外发行在阿拉伯地区、拉美地区有较快发展。对印度的发行量增长 94.5%,缅甸增长 149.3%。[①] 但与此同时,也看到对外发行开始出现大幅度起落的不稳迹象。大量盲目发货引起了有关当局的疑惧,阿联当局扣留、限制我书刊进口,黎巴嫩主要同业法拉比书店大量订货后,又大量退货,当年底黎当局禁止我《人民中国》进口,印尼两家华侨书店受到印尼当局压力,被迫暂停进口我国书刊。

1959 年,中华人民共和国成立十周年,外文出版社出版了 17 个文版的 399 种图书(包括再版书),品种大大增加。国际书店对外发行各种书刊共 1777 万册。其中外文期刊国外订户数量增长较快,如《人民画报》订户,1959 年年初与 1958 年年初相比增加五倍多,其他外文期刊的订户总数也增长三倍多。为配合国庆十周年对外宣传活动,国际书店在世界各地举办了大中小型各类书展 61 个。[②] 1959 年国内外发生了许多大事不可避免地对我国的对外图书贸易产生了很大的影响。

国家关系的变化使我国图书对外发行工作受到直接影响和冲击。1960 年以后,日趋恶化的中苏关系和中印关系,使书刊对外发行总数几乎减少三分之一。苏联、印度曾是五十年代中国书刊发行的主要地区。1959 年对苏联发行书刊 589 万册,1965 年下降到 236 万册。对印度发行,1959 年为 170 万册,1962 年两国发生边界冲突,书刊贸易完全中断。此外,1960 年以后,非洲和拉丁美洲的一些国家经济困难,政局不稳,因形势常常逆转而使书刊贸易

---

① 参考中国国际图书贸易总公司史料编写组编写:《中国国际图书贸易总公司 40 周年纪念文集——大事记(1949—1987)》(内部资料),中国国际图书贸易总公司 1989 年版,第 38 页。

② 参考中国国际图书贸易总公司史料编写组编写:《中国国际图书贸易总公司 40 周年纪念文集——大事记(1949—1987)》(内部资料),中国国际图书贸易总公司 1989 年版,第 42—43 页。

先受其累。加之这一时期存在的"高指标",盲目追求数量等工作指导上的失误,书刊对外发行数量常常忽上忽下,极不稳定。1957 年书刊对外发行总数 2000 万册,1959 年下降到 1770 万册,1961 年进而下降到 881 万册。[①] 失去印度市场后发行量进一步大幅度下降。但非洲、拉美市场需求一度有所增加。印尼的发行量也随国际形势的变化而大起大落。

1960 年 7 月,苏联国际图书公司驻北京代表通过信件,正式通知国际书店:"由于苏联翻译出版的中国书籍已可满足苏联读者需要,今后不再订购中国出版的俄文图书。"[②]8 月,国际书店邵公文经理函复苏图公司,针锋相对,有理有节,从此开始了两国图书贸易史上长达二十多年的冷冻期。

1961 年英文版《毛泽东选集》第四卷出版发行,自此开始了大规模地对外发行毛泽东著作。1961 年对外发行书刊 880 万册,其中毛泽东著作共 82 万册,比 1960 年增加一倍,是 1953 年发行量的七倍。1961 年中国书刊发行到世界 142 个国家和地区。同业关系由 1953 年的 38 个国家 170 家书店发展到 1961 年底的 73 个国家 367 家同业。[③] 1961 年增加了唱片出口业务。1961 年继续参加春秋两季莱比锡博览会和华沙国际书展、匈牙利国际博览会。但由于形势变化,从 1962 年起,暂时停止参加苏新国家举办的国际书展。1961 年西方国家首次举办中国书展的有:荷兰毕加索书店举办"中国周",瑞典皇家图书馆举办中国书展,卢中友协在卢森堡国际博览会首次展出中国书刊。此外,国际书店还随贸促会首次参加了在埃塞俄比亚、古巴等国举办的中国建设成就展览。1961 年有几十个国外同业举办了小型中国书展。

1963 年是国际书店对外发行史上非常重要的一年。随着国际共运大论战的公开化,外文书刊对外出版发行工作受到了党中央的极大重视。国际书店在改建国外发行网、建立国外机构和适当开展非贸易发行等方面进行了大量有成效的工作。到 1963 年底,国际书店与 87 个国家 545 家同业保持贸易关系,其中左派同业 55 家,其发行量约占我总发行量的 50% 以上。1963 年外

① 参考中国国际图书贸易总公司史料编写组编写:《中国国际图书贸易总公司 40 周年纪念文集——史论集》(内部资料),中国国际图书贸易总公司 1989 年版,第 14 页。
② 参考中国国际图书贸易总公司史料编写组编写:《中国国际图书贸易总公司 40 周年纪念文集——史论集》(内部资料),中国国际图书贸易总公司 1989 年版,第 15 页。
③ 参考中国国际图书贸易总公司史料编写组编写:《中国国际图书贸易总公司 40 周年纪念文集——大事记(1949—1987)》(内部资料),中国国际图书贸易总公司 1989 年版,第 53 页。

文出版社用 21 种文字出版 388 种图书。其中除毛泽东著作外，主要是各种外文版的反修文件 300 多种。这一年国际书店在国内外通过各种渠道发行反修书刊 527 万余册。[1] 1964 年国内外书刊发行总量 2779 万册(张)，比 1963 年增加 45%，其中反修文件 289 万余册。到 1964 年底，国际书店在 91 个国家和地区与 738 家各类同业建立了贸易关系。其中左派、进步同业达 113 家。[2] 1964 年进出口管理体制变更后，国际书店作为事业单位实行财政差额补贴。经营管理没有及时跟上，非贸易发行急剧膨胀，1963、1964 年国家补贴分别达 1157 万元、910 万元，比 1962 年的 556 万元增加一倍左右。[3] 从 1958 年至 1965 年，国内外形势给对外书刊发行带来许多不稳定因素，这一阶段外文图书出版主要是毛泽东著作和"反修"文件。

三、中苏交换书刊科技资料与影印书籍

在新中国成立初期国际出版贸易的潮流中，中苏大量交换书刊科技资料是促进国家建设的一个重要途径。此外，影印苏联书籍也是社会主义建设的一个重要补充。

为了帮助中国恢复和发展经济，苏联向中国提供了大量的科学技术资料，这主要是通过图书资料交换和项目或设备进口合同两种途径实现的。1950 年 9 月 29 日，苏联科学院主席团责成苏联科学院图书馆重新审查 1951 年国际图书交换计划，目的是大大增加给人民民主国家科学机关的寄书量，其中要特别重视同新中国的图书交流，还提出"不要求他们数量相等"。根据 1954 年 10 月 12 日签订的中苏科学技术合作协定，1950 年至 1959 年，苏联无偿地(只收取复印费)向中国提供了大量科学技术文件。

中国与苏联 116 个单位建立了交换关系，此种关系不是根据协定建立的，而是自动形成，在所联系的单位中，最密切的有苏联国立列宁图书馆，苏联科学院图书馆 1949—1960 年上半年期间是正常的。北京图书馆与苏联各图书

---

[1] 参考中国国际图书贸易总公司史料编写组编写：《中国国际图书贸易总公司 40 周年纪念文集——大事记(1949—1987)》(内部资料)，中国国际图书贸易总公司 1989 年版，第 69—70 页。

[2] 参考中国国际图书贸易总公司史料编写组编写：《中国国际图书贸易总公司 40 周年纪念文集——大事记(1949—1987)》(内部资料)，中国国际图书贸易总公司 1989 年版，第 78 页。

[3] 同上。

馆的书刊交换关系是从 1949 年开始的,1959 年以前,根据双方协议,每月互寄书籍一至三次,北京图书馆每月寄去书籍 50—60 种(最多时曾达百余种),对方每月寄来书籍 700—800 种(最多时曾达到 1000 余种),北京图书馆每月寄去的报刊最多时达到 408 种,对方寄来的报刊最多时达到 734 种。除中方主动寄出外,苏方每年还向北京图书馆征书约 500—600 种,能满足对方的约占 50%,对方对北京图书馆的征书都是尽力设法满足,1959 年以前双方关系一直都良好。1959 年由于我国出版工作进行整顿并限制中文图书和地方报刊出口,北京图书馆寄给苏联的书刊减少,至 1960 年下半年,我方寄去的新书由每月 50—60 种减少到只有 10 种左右,报刊由过去的 48 种减少到 40 种左右,当时北京图书馆先后收到苏联 20 余封质问书刊减少原因的不满信件。自 1961 年底,北图寄给对方的刊物开始增加,到 1963 年为止已有 100 种,新书每月有 20 余种。①

中国医学科学院图书馆与苏联中央医学图书馆书刊交换关系是在 1956 年 6 月 29 日在苏联列宁格勒召开的首届社会主义国家医学科学协作会议上达成协议的,其中第五款规定关于科学出版物的交换不仅要通过中央组织(中央图书馆及其他机构)并且还要通过各种机构、学会及组织进行交换。根据中苏文化合作协定 1957 年执行计划第六十四条规定(即促进中华人民共和国卫生部医学图书馆和莫斯科中央医学图书馆之间建立交换文献关系),中国医学院图书馆于 1957 年 4 月以卫生部名义(1958 年改用中国医学科学院图书馆名义)向苏联莫斯科中央医学图书馆联系建立双方书刊交换关系,苏联于同年 5 月复信表示同意,在此期间,双方互换各自可资交换的书目,供对方挑选。1957—1962 年,苏方共提供图书 151 本,期刊 111 种(840 本),过期书刊 32 种(725 本);我方共提供图书 200 本,期刊 4 种(48 本)②。总的说来,对方寄的多,我方寄的少。

在新中国成立以前,上海和香港的无名爱国者就同苏联国立列宁图书馆建立了联系。1957 年,国立列宁图书馆收到中国寄来的各种图书 20000 册,其中约有 4000 册书、5000 份杂志、11000 份报纸。在这些图书中,有 1920 年

---

① 《中国与苏联文化合作情况》,1963 年 12 月 24 日,外交部档案 109—02542—04,第 34—35 页。
② 《中国与苏联文化合作情况》,1963 年 12 月 24 日,外交部档案 109—02542—04,第 34 页。

到 1947 年在中国出版的共产主义刊物的复制本,如《政治周报》杂志(共十四期),1925 年到 1926 年出版,其中有不少是毛泽东主编的。另外还有孙中山主编的《民报》等。列宁图书馆 1957 年收到中国的报刊 350 种,1958 年增加到 460 种。列宁图书馆根据国际交换图书的规定向中国寄发各方面的图书。1957 年,列宁图书馆寄到中国的图书约有 10000 册、杂志 12000 份、报纸 8000 份。①两国图书馆在促进双方友谊、丰富人民文化生活上做出了很大的贡献。

苏联向中国提供的大量科技书籍对恢复中国的国民经济和后来有计划的社会主义建设具有重大的意义。还在恢复时期的年代里,苏联科学院在莫斯科和列宁格勒的主要图书馆定期向北京寄送 43 种期刊、142 种丛书和多卷出版物以及各学科部门的专著。仅仅在 1951 年一年中,中国就得到了 32000 册苏联科学院、各共和国科学院和苏联其他科学机构出版的书籍和杂志。1952 年,中国收到了近 5000 种苏联免费提供的书籍,其中许多书列入了中国出版社的翻译和出版计划。②苏联科学院社会科学基本图书馆从 1949 年开始和中国经常进行图书交换。1950 年,社会科学基本图书馆从中华人民共和国收到 857 册图书和杂志,寄往中国的图书有 2877 册。1957 年,交换的图书分别增加到 12241 册和 26517 册。八年中,社会科学基本图书馆收到中国寄来的书籍达 35000 册,寄往中国的书籍在 100000 册以上。③ 苏联科学院社会科学基本图书馆经常和中国科学院的八个图书馆交换图书。"国立北京图书馆"常常给基本图书馆寄去人文科学方面的著作,文艺、评论方面的文献和艺术书籍及画册,定期把具有很大科学价值的古书寄给基本图书馆。例如,1956年,北京图书馆寄给基本图书馆一套阐述古代中国起源的四库珍本丛书,共有 1960 卷。基本图书馆也把苏联有关历史、哲学、经济、东方学、心理学、法律、国际关系、艺术和其他方面的书籍寄给北京图书馆。基本图书馆把一些古老刊物寄给北京,比如把中国图书馆需要的有关蒙古学的上一世纪出版的珍本书送往北京。基本图书馆和上海图书馆、中苏友好协会图书馆都有密切的联系。在 1955 年,基本图书馆和中国的民族出版社也建立了联系。

---

① 乌曼斯卡娅:《在苏联国立列宁图书馆里》,《苏中友好》1958 年第 40 期,第 35 页。
② ［苏］奥·鲍·鲍里索夫,鲍·特·特洛斯科夫:《苏中关系 1945—1980》,肖东川、谭实、译,生活·读书·新知三联书店 1982 年版,第 154 页。
③ 鲁宾、别洛泽罗夫:《友谊的旗帜》,《苏中友好》1958 年第 5 期,第 29 页。

关于交换技术资料。1961 年的下半年苏方陆续公布了以提供技术资料方式给予各社会主义国家的无偿援助的数字。据苏方公布,从 1948 年到 1960 年,苏联无偿给予社会主义国家各种技术资料达 28800 套,按资本主义自由市场价格计算,总值为 400 多亿旧贸易卢布,苏联从各社会主义国家获得的技术资料计 7000 套,总值为 60 亿旧贸易卢布[①]。苏联给予新中国及朝鲜民主主义人民共和国的资料最多,苏联所取得的资料以中国的为最多。近十年来,苏联无偿给我国的技术资料和样品达 14,000 多套,占其给兄弟国家资料总数的 50%,从中国获得的资料 851 套,占其从兄弟国家所获资料总数的 12%。

1953—1961 年,中苏签订了一系列经济援助协定对苏联供应中国的设计和技术资料做了相关规定。1953 年 5 月 15 日中苏协定第八条、1956 年 4 月 7 日中苏协定第七条、1958 年 8 月 8 日中苏协定第七条、1959 年 2 月 7 日中苏协定 第七条、1961 年 6 月 19 日中苏协定第六条均规定"苏联方面将无偿的向中国方面提交在×××附件内所列企业中进行正规生产的产品制造特许权,并按双方协定的范围和期限提交组织生产此类产品必需的制造图纸及其他技术资料,对此种资料只需偿付与其编制和提交有关的实际开支"[②]。中苏两国 1954 年 10 月 12 日签订的中苏科学技术合作协定,其中第一条规定"双方将互相供应技术资料,交换有关情报,并派遣专家,以及技术援助和介绍两国在科学技术方面的成就,双方互相供应技术资料,不付代价,仅支付用于复制和各种资料的副本所需的实际费用"[③]。也就是说中苏双方相互无偿地提供特许权、图纸、设计和各种科学技术情报,只收绘制这些资料和抄本的实际费用。1954—1957 年,苏联向中国提供了 751 个工厂、车间、交通和公共文化企业的设计和 2200 多套生产设备方面的技术资料,1958 年,苏联又向中国补充了九百八十种科学技术资料;中国相关机构在 1954—1958 年间,也向苏联提供了许多十分宝贵的科学技术资料,其中包括各种高级生丝、纺织品印染、

---

① 《苏联公布给社会主义国家无偿援助的数字和我方对此问题进行研究的资料》,1961 年 12 月 7 日,外交部档案 109—02410—02,第 1 页。

② 《苏联公布给社会主义国家无偿援助的数字和我方对此问题进行研究的资料》,1961 年 12 月 7 日,外交部档案 109—02410—02,第 30—31 页。

③ 《苏联公布给社会主义国家无偿援助的数字和我方对此问题进行研究的资料》,1961 年 12 月 7 日,外交部档案 109—02410—02,第 31 页。

桑蚕和柞蚕饲养、装配式钢筋混凝土、中医某些药剂生产等方面的资料①。

总体而言，苏联给中国的科技资料要比从中国得到的多得多，这也是苏中两国科技合作的特点。苏联方面给予的大量优惠政策无疑减少了中国经济建设相当一部分的开支，在一定程度上也抵偿了聘请苏联专家方面的费用。

20世纪50年代初，各机关、学校迫切需要各种俄文书籍，特别是俄文的科学技术书籍，但苏联方面不能无限制地供应。1953年文化教育委员会责成出版总署征得苏联国际图书公司同意，可以在中国有控制地翻印俄文书，但在翻印前应将书目通知苏方，以便他们向莫斯科征求意见。根据苏联著作权的特性，影印苏联书籍没有著作权方面的障碍。各部门要求翻印的俄文书目，征得苏方同意后可分两部分印行，一部分是印数在1000册以上并可以公开发售的，可与出版总署接洽，由出版总署指定出版社和书店办理出版和发行工作；一部分是印数在1000册以下不必公开发售的，可以在通过出版总署征得苏方同意后，由该业务单位自行印刷和分发。② 为了做好书籍的供应工作，1953年7月出版总署遵照政务院文化教育委员会的指示，指定时代出版社担任翻印苏联书籍的出版工作，国际书店担任翻印苏联书籍的发行工作。根据时代出版社组织印刷厂试验翻印的结果，需要印数在300册以上者，该社即可办理翻印。需要数量甚少，不适宜影印的书，国际书店将尽可能从进口书中设法供给。需要数量在300册以上，或者虽然不足300册，但把几个单位所提出的数量累积起来总数超过300册；或者是翻印数量虽少，但国际书店不能由进口书中供给，而原申请单位要求必须翻印的书，统一由国际书店汇报出版总署后处理。③

第二节　新中国与资本主义国家出版贸易状况

20世纪50年代资本主义国家书刊的进口量增长尤为迅速。1951年进口

---

① ［苏］斯拉德科夫斯基：《苏中两国的经济联系》，《苏中友好》1960年第7期，第9页。

② 《文化教育委员会关于影印苏联书籍问题致中央各单位函》，转引自中国出版科学研究所、中央档案馆：《中华人民共和国出版史料（5）》，中国书籍出版社1999年版，第137页。

③ 《出版总署关于指定时代出版社担任翻印苏联书的出版工作国际书店担任翻印苏联书的发行工作的通报》，转引自中国出版科学研究所、中央档案馆编：《中华人民共和国出版史料（5）》，中国书籍出版社1999年版，第377页。

量为 13 万英镑,1954 为 37 万英镑,1955 年为 52 万英镑。1956 年,为配合国内"向科学进军"的需要,国际书店派曹健飞、郭毓基、马灿雄等人到英国伦敦采购大批科技书刊,并于 1957 年首次在北京举办了"外国科技书刊展"。1956 年进口激增至 180 万英镑。[①] 但是,我国与资本主义国家开展书刊进出口贸易困难很大,进口的资本主义国家书刊约有 1/3 是美国出版物,美国对此并不认同,对科技书刊实行"封锁禁运",冻结我国汇款,许多国内迫切需要的书刊无法都订到。另外,订购书刊手续繁多,书刊进口时间周期很长。尽管如此,国际书店想方设法打破封锁禁运开辟了西欧第三国订货路线,同时建立国际书店驻柏林代表处,为新中国国防科技建设做出了重要贡献。

一、开展反封锁禁运斗争

新中国成立初期,美国采取敌视我国的政策,在科技领域尖端科学的书刊资料上对我国实行封锁禁运。国际书店对此进行了针锋相对的反封锁禁运斗争,为我国情报研究以及国防科技等部门搜集、提供美国出版的各种重要情报刊物。

1951—1952 年,对美国期刊的进口国际书店一律采取直接向美国订货的方式。美国政府和一些敌视我国的出版机构施用各种恶劣手段诸如冻结公司向 Faxon 期刊代理公司汇出的货款、破坏或甩掉投递我方的邮件等方式阻挠我方正常贸易,订单执行率很低,可供应的报刊经常发生短缺现象。为了突破封锁,1952 年国际书店决定开辟西欧第三国订货路线,除了与少数殷实的美国主要出版机构仍保持贸易关系,用小额往来办法直接进口外,大部分报刊通过瑞典、瑞士、丹麦、挪威、比利时等 9 个国家的 29 家书商转进口。对所谓"难订"报刊(报道美国战略战术、军事装备、尖端学科等"敏感"情报刊物)采取同一刊物分向 2—5 家同业订购的办法,以淡化美国官方和敌视我国的出版机构的注意力。为了提高"难订"刊物的订到率,经常根据各同业的订到情况,来鉴别第三国同业对"难订"刊物的订购能力,据此做出新的调整。发现未订到的报刊,及时改向其他合适的代理商订购。

通过第三国订货,一般刊物的订到率可达 75%,属于"敏感"情报刊物的

---

① 《文化部党组关于国际书店书刊进出口问题的报告》,转引自中国出版科学研究所、中央档案馆:《中华人民共和国出版史料(8)》,中国书籍出版社 2001 年版,第 70 页。

订到率最高可达到 50％ 左右,基本满足了国内各有关部门的需要。比如,为我国情报研究部门提供有关报道侵朝美军调防和士气情况的美国部队报纸——《星条报》太平洋版,为我国国防科技部门提供有关反映美国核子科学研究现状的《核子学》杂志,为军工厂提供有关刊载美国常规武器新产品说明和照片的《军事评论》月刊,为外事部门提供有关报道美国政府外交政策的《国务院公报》等等,都起了重要的作用。国际书店也被很多期刊订购单位誉为情报战线上的"尖兵""耳目"和"参谋"。

美国对我国实行封锁禁运,然而,同情中国的外国朋友们却千方百计给予帮助。荷兰毕加苏(PEGASUS)书店经理冯·赛赫伦(荷共前中央委员)为了帮助国际书店订购美国尖端科学的书刊资料,认真研究书店的订单。订单中有些非书非刊的出版物("难订出版物"),美国对这类出版物有严格的供应范围,如明确规定不供应共产党国家,或只供应专业团体和学术工作者,有的需提供最后使用人的姓名、地址和职业。为了订到这类出版物,赛赫伦在荷兰找了 150 多位朋友出面去订阅,使用不同的信箱,每周由一位老工人骑着摩托车在全国跑一圈,将不同地点订到的书刊收集来再寄给国际书店。这样做,在当时是冒着很大风险的。

二、建立国际书店驻柏林代表处

1956 年,党中央发出"向科学进军"的伟大号召。周恩来总理号召为了实现向科学进军的计划,必须为发展科学研究准备一切必要的条件。当时聂荣臻元帅主持国家科学技术工作,他强调建设社会主义离不开科学技术,离不开知识分子。中央召开了知识分子座谈会,"向科学进军"的号召极大地鼓舞了知识分子,从这一年开始,科研人员、技术人员、专家、教授等选购、阅读外国科技书刊骤然增多。但是,在座谈会上科技界和教育界对得不到国外书刊资料意见颇为强烈。国际书店决定在国外设立机构,改善资本主义国家出版书刊进口工作。郭毓基①被派往国外。

曹健飞、马灿雄、郭毓基在欧洲各国调研后决定在东柏林建点。民主德国是社会主义国家,与我国关系很好,柏林是横跨"两个世界"的交点,东柏林

---

① 首任驻柏林代表处代表。

去欧洲各国交通十分便利,免签证,可以随意到西柏林发信、汇款。1957年5月,国际书店第一个驻外机构"国际书店驻柏林代表处"成立了。代表处的任务最初主要是解决订购美国书刊问题,后来参加欧洲地区的国际书展工作实际上都交给了该办事处,出口任务也不断在加大。

代表处转口的美国书刊除了可以节省应付给同业的7.5%到10%手续费外,时间也较快,因此许多书刊由代表处订购。代表处还利用它所处的特殊地理位置,向美国订购非公开书刊。所谓非公开书刊大体有:政府和官方的出版物,研究机构或厂矿企业出版的内部资料,某些学会协会等团体向会员提供的出版物。这些出版物不少在供应前先要调查订阅人的职业和身份。柏林代表处通过不同渠道、采用多种方式为国内订购了不少从正常途径难以得到的资料,如美国政府文件、美国原子能委员会的报告等。美国要求详细知道订购人的情况,代表处只能通过西德代理商代订。用特殊办法获取美国科技情报资料的事,后来还是被美国情报机关知道,并在一家瑞士报纸上披露出来的。尽管如此,想尽办法继续做的代表处,还是源源不断收到资料。

1959年,发生了中印边界纠纷,当时使馆领导找郭毓基,说使馆接到外交部来电,急需19世纪末和20世纪早期英国泰晤士报印制发行的有中印边界走向的地图,使馆要代表处出面搜集。代表处的同志接受了任务,即分赴各地大图书馆和地图出版社,搜集到一批地图原件或根据原件拍摄的缩微胶片,发现英国泰晤士报早期印制发行的地图,对中印边界走向也没有标出麦克马洪线。那批资料送回国内后,外交部认为颇有价值,为此使馆还表扬了代表处。代表处也为此购买过大比例的地图,那批地图受到了有关部门的赞赏。

三、引进特种出版物

随着文化、科技的发展和交流,原来不以出版书籍为业务的机构出了大量的非书非刊,乃至非印刷的出版物,例如专利说明书、标准说明书、学会协会与国际机构出版物(包括各种会议文件)、厂矿企业出版物、政府出版物、各种研究报告等。研究报告中特别要提出的是美国的四大类报告,即:美政府部门(现在是民用部门)的PB报告,国防部门的AD报告,航空航天局的NASA报告,原子能委员会的AEC报告(现为能源部的报告)。PB报告原来是从第二次世界大战战败国掳到的科技报告,以德国的为主,后来又加入了一部分美国本身的解密报告。这些报告,很多是美国花了几千万乃至上亿美元,与研究单位签订合同、研究写出的成果报告。国际书店把这些出版物称作特种出版物,包括缩微品、幻灯片、语言唱片,以及后来的卫星照片、科技电影、录音磁带、录像带、计算机检索用磁带、激光软盘等等。

新中国成立以前基本上没有订购特种出版物,1951 年国际书店开始订购学会协会出版物,从当时进口的情况看应该说是达到了一定的比重,在订购美国电气与电子工程师协会等的出版物中不知不觉地订进了其中有关电器方面的标准,从那时开始订购美、英等国的政府出版物。1951 年 2 月份国际书店接到北京工学院图书馆丁一交来的一张订单,订单上共列出三四千种出版物,绝大部分是被美国掳去的德国技术报告的英译本,也就是称之为 PB 报告的出版物,经过多方查找,基本上都查明应向何处去订。五十年代初,在美国四大类科技报告的形成过程中,我国的图书馆工作者就能提出这样的一张大订单,多少可以说明选订者的水平。当时,特种出版物一般都是订购困难,订购费用远比一般图书为高,发行上与一般图书和期刊不同,要复杂得多。考虑到其特殊参考作用,国际书店一直十分重视,从方针政策、人员和资料的保证、宣传推广、进口工作和发行工作上的措施等各方面都能反映出在订购上下的功夫。

国际书店在进口特种出版物的工作上付出了大量的劳动,从经济效益看也许是个负数,从社会效益看却又是无法估量的。据国际书店工作人员的回忆,有关部门派专人来取原子能工程蓝图的情景历历在目;工程师王林鹤于 1959 年制成了一万伏"高压电桥",攻下尖端科技关;工程师李士英在 1958 年试制成世界先进技术"电火花钻孔机";上海第六人民医院的陈伟达大夫攻克了最微血管衔接的技术难关,断手再植成功,震动国内外。这些人无一不是参阅了大量的外国科技资料,国际书店在我国大至原子弹氢弹的爆炸,乃至洲际导弹的发射等重大科技成果,小至糖的精炼,某项生产工艺的改进都起到了很大的作用。到今天,特种出版物已为我国应用科学界、国防部门、情报界所知悉,然而国际书店在启蒙和推广方面功不可没。

四、影印西方资本主义国家书籍

自 1956 年中央号召向科学进军以来,全国各研究机关、高等院校和工矿企业委托国际书店订购资本主义国家书刊的数量激增。过期刊物不同于新出版的书刊,它是由一些旧书商经年累月收集起来的,既定价昂贵,货源又有限,当时欧洲的过期刊物的市场已日渐萎缩,美国市场存量可能多些,但往往不易购到。国内大量需要的过期刊物不可能完全依靠进口解决,国际书店对此提出改进办法:对大量需要的书刊由国内翻印。由科学院科学出版社增加翻印设备,扩大翻印业务,迅速拟定几年的翻印规划和选题;逐步在大城市建立专门的科技书刊图书馆(北京、上海可先建),集中收藏各国重要期刊。图书馆应办理显微复制业务,北京图书馆和科学院图书馆的显微复制业务应大大扩充。

西方国家保护作者、出版者权益的理念根深蒂固,为了规避著作权侵权问题,我国有关部门发出一系列规定、通知、指示。出版总署于1954年规定,国内影印的资本主义国家书刊,只限于在国内发行,除国际书店可对兄弟国家少量出口外,对香港地区及其他资本主义国家,一律不出口。文化部于1956年又规定,国内影印的资本主义国家书刊,由新华书店等单位采用内部发行方式发行,不在门市部公开出售。1957年上海市出版局给文化部去函,反映少数读者将国内影印的资本主义国家图书,用"印刷品""包裹"等方式,由邮局寄往香港等地,认为有关部门应该加以限制。为此,11月文化部发出通知,为了避免国内影印的资本主义国家书刊流入香港等地,请公安部、海关总署通知各地公安、海关部门,如发现将国内影印的资本主义国家书刊,邮寄出口至香港地区或资本主义国家,应予检扣。① 1959年,中苏关系趋于恶化,国际形势更加严峻。1月24日,根据上级指示,国际书店通知我国驻苏新各国使馆"停止影印书供应",并请其协助向该国同业解释。4月3日,对外文委张致祥代主任批示影印书只对捷、匈、罗、越、蒙、朝六国被动供应,且限量2—3册。1960年3月20日,文化部、对外文化联络委员会联合通知影印资本主义国家书刊一律不出口,一律不得向国外进行赠送和交换。②

---

① 《文化部关于请转知所属限制国内影印的资本主义国家书刊向香港及其他资本主义国家出口的通知》,转引自中国出版科学研究所、中央档案馆编:《中华人民共和国出版史料(9)》,中国书籍出版社2009年版,第281—282页。

② 参考中国国际图书贸易总公司史料编写组编写:《中国国际图书贸易总公司40周年纪念文集——大事记(1949—1987)》(内部资料),中国国际图书贸易总公司1989年版,第38、40、44页。

第三节　本章小节

国家关系对新中国对外出版贸易影响巨大,中苏友好时期,对外出版贸易数量大,也比较顺利,国家关系动荡对书刊进出口贸易产生了严重的影响。毋庸置疑,在中国经济状态处于无序向有序的转化过程中,苏联对我国的援助是巨大的,苏联在对我国提供技术援助的同时,相互间交换技术资料大大地加速了工业企业和其他项目的建设时间,双方大量交换书刊、突破封锁禁运以引进资本主义国家书刊与影印苏联及西方发达国家的科技书刊,极大地促进了我国的文化经济建设,这些贸易和非贸易形式的文化交流是十七年时期我国文化贸易的重要补充。

第六章　新中国文化贸易的文化特征(电影)

　　社会主义世界内部的文化交流,是让各国人民分享共同的目标和价值观,进而产生一种凝聚力的最理想的方式。文化外交的优越性在于比较容易深入人民群众,将新的政治认同感灌输到老百姓的心中去,学生交换、青年联欢节以及代表团的互访,在 50 年代成为中国文艺界精英与社会主义世界主流接轨的重要通道,但是这些活动的范围毕竟有限,无法对人民大众产生迅速有效而广泛的影响。对新中国的文化生活产生立竿见影功效的,乃是社会主义阵营新文学的跨国翻译出版和电影,而电影因受众门槛低,影响范围更大。新中国成立所面临的一项重要工作是重新定义作为民族国家的中国身份,重塑中国人民的认同感。那么,新中国成立初期中苏电影贸易(确切而言是大量引进苏联电影)对新中国公民构建社会认同起了什么样的重要作用? 中苏电影贸易存在的巨大贸易逆差又对新中国产生了什么影响? 这些是本章所要研究的问题。

第一节　新中国电影产品的输入与社会认同

　　新中国对外电影贸易的市场格局在某种程度上已然划分了两大意识形态文化交流的范畴。社会认同指的是“个体知晓他/她归属于特定的社会群体,而且他/她所获得的群体资格会赋予其某种情感和价值意义”。[①] 人们的归属感认同感实质上是一种群体共享的或者说是一种集体意识的心理状态,

---

　　① 〔澳〕迈克尔·A·豪格,〔英〕多米尼克·阿布拉姆斯:《社会认同过程》,高明华,译,中国人民大学出版社 2011 年版,第 9 页。

关乎个体的身份、个体的行为方式。根据新中国成立初期我国影片营业性输出、输入的国家(地区)数以及输入社会主义国家、资本主义国家影片部数及比重分析,1949—1957 年,我国营业性输出电影已达 42 个国家(地区),其中苏联等社会主义国家数为 11,亚非国家(地区)数为 14,欧美国家(地区)数为 17;输入已达 31 个国家(地区),其中苏联等社会主义国家数为 10,亚非国家(地区)数为 12,欧美国家(地区)数为 9。[①] 无论输入还是输出,对外电影贸易往来的国家和地区逐年增加,贸易对象也从苏联等社会主义国家扩展到亚非和欧美的国家和地区。1949—1957 年,我国输入的电影长片从 3 部猛增为 103 部,短片从 17 部增加到 76 部。最初几年,我国都是从社会主义国家输入电影,若干年后,开始适量引进资本主义国家的长短片。到 1957 年,引进社会主义国家的电影长片为 65 部,占 63.1%,短片为 63 部,占 82.9%;输入资本主义国家的长片为 38 部,占 36.9%,短片为 13 部,占 17.1。[②] 社会主义与资本主义国家电影贸易在我国电影市场所占份额划分了世界范围内两大意识形态阵营文化交流的场域,明确了新中国的文化身份。

清除了好莱坞电影,我国拿什么样的电影来占领电影市场呢? 国有电影制片厂生产能力有限,私营电影制片厂达不到新中国意识形态的要求,唯一现实可行的原则就是翻译外国片,"一边倒"的国策下大量引进苏联电影也就顺理成章了。

陆定一就这样发出号召:"……世界上只有社会主义的苏联,能够大量供给我们这种优良的文化食粮。有了苏联的帮助,我国电影事业的革命,新的人民电影事业的建设,可以加快速度……希望将苏联影片大量地到工农兵群众中去放映,同时也在所有城市中普遍放映。让更多的人能够享受最进步的苏联电影艺术。"[③]

长春电影制片厂是在东北解放战争的炮火中建立和发展起来的。1946

---

① 参考《影片输出、输入的国家(地区)数(1949—1957 年)》,中国电影发行放映公司编写:《中国电影发行放映统计资料汇编(1949—1957)》(内部文件),1958 年,第 1 页。截止到 1957 年底输出已达 43 个国家(地区),输入已达 36 个国家(地区)。本表所列数字仅为营业性的国家(地区)数,不包括非营业性的国家(地区)数。

② 参考《输入社会主义国家、资本主义国家影片部数及比重(1949—1957 年)》,中国电影发行放映公司编写:《中国电影发行放映统计资料汇编(1949—1957)》(内部文件),1958 年,第 162—163 页。

③ 陆定一:《欢迎苏联电影》,《人民日报》1949 年 10 月 30 日,第 5 版。

年 10 月 1 日,中共中央东北局宣传部将东北电影公司改名为东北电影制片厂(简称东影)。当时,东北解放区电影市场上放映的外国电影大部分是苏联原版片。为了使观众能够看懂外国影片,东影担当起了译制苏联影片的重任。1949 年 5 月,由孟广钧、桴鸣、刘迟翻译,袁乃晨导演,张玉昆和吴静等配音,译制完成了新中国历史上的第一部译制片《普通一兵》(又名《一个普通的战士》)。聂斯库伯看完后称赞翻译得很好,并表示今后苏联影片华语版翻版片就完全由中国来制作了。《普通一兵》上映后,在社会各界引起巨大的轰动和影响。在抗美援朝期间,更是涌现出黄继光等马特洛索夫式的英雄人物。这是东影的第一部、也是新中国的第一部翻版片。袁乃晨也因为在开创我国译制片事业上的杰出贡献,人们称他为"新中国译制片之父"。

上海电影制片厂(简称"上影")是在新中国政府接管上海电影业中成立的。1949 年 5 月,中央电影领导部门派出的钟敬之等,会同夏衍、于伶随军进入上海。在上海军管会的领导下,又与留在上海的党员电影工作者接管了国民党在上海的中央电影企业公司部管理处及摄影场、中国电影制片厂、上海实验电影工场等机构。在接管任务完成之后,由当时担任军管会文教委员会副主任的夏衍负责(陈毅同志兼任主任),立即着手进行上海电影制片厂的筹建工作。1949 年 11 月 16 日,上海电影制片厂正式宣告成立。新中国成立前,上海没有译制片,当时观看外国电影,一般通过故事说明书、幻灯小字幕或是解说员解说,大致地了解影片的内容;只有个别影院设有"译意风",可以同步翻译。就在东北电影制片厂刚刚译制完《普通一兵》后不久,上海电影制片厂便派刚刚于 1949 年 11 月 16 日成立的上影厂翻译片组三人前往东北学习经验,队长就是翻译片组组长、后来的上海电影译制厂厂长陈叙一。回到上海后,陈叙一就借调了 11 个人,凭着一个旧话筒,一部报废的录音机,一台不带银幕的皮包机(放映时墙上挂白纸),在一间仅有 20 平方米的小车间里,完成了上海译制的第一部外国影片——苏联故事片《团的儿子》(又名《小英雄》)。

在 50 年代前期,中国译制片业的主要基地从产量来说首推东影,其次是当时的上影厂译制组,但从 20 世纪 50 年代后期开始有所变化,随着 1957 年上海电影译制厂——中国唯一的专业译制厂——的成立,中国译制电影业的重心转移到了上海。从 20 世纪 50 年代开始,直至"文革"后,上译厂生产的译制片占了中国译制片的大多数。

一、长影译制片的生产

1949—1966 年长影、上影生产了大量的译制片,根据译制片的统计数据,我们列出了译制片历年产量及片源构成、片源国家比例、历年产量消长图表,勾勒出十七年时期中苏国家关系影响下译制片的生产状况。

表 6-1 显示了 1949—1966 年长春电影制片厂译制片历年产量及片源构成,图 6-1 显示了 1949—1966 年长影译制片产量的变化趋势。根据长春电影制片厂的译制片生产统计,1949—1966 年的译制片共有 452 部,其中 10 个社会主义国家的影片共有 399 部(占全部产量的 88.27%);苏联片有 226 部(占全部产量的 50%),其他社会主义国家的影片有 173 部(占全部产量的 38.27%);非社会主义国家的 53 部(占全部产量的 11.73%)。1967—1976 年的 48 部译制片中,朝鲜 24 部(占全部产量的 50%)、越南 6 部(占全部产量的 12.5%)、罗马尼亚 5 部(占全部产量的 10.42%)、阿尔巴尼亚 6 部(占全部产量的 12.5%)、其余 6 个国家(苏联、英国、美国、法国、德国、波兰)共有 7 部(占全部产量的 14.58%)。[1] 显然,这两个阶段有明显的特点。十七年时期,电影逐渐沦为政治宣传和教育的工具。而作为重要组成部分的十七年时期的电影译制片也顺应和强化了这一政治功能,在译制片的选材、创作上紧跟时代步伐,成为那个特殊时代历史画卷的真实写照。十七年时期,社会主义国家的影片占了绝对的优势,尤其是苏联,占了全部生产量的半壁江山。波兰、匈牙利、捷克斯洛伐克、罗马尼亚、朝鲜、越南等社会主义国家的也有 38.27%。众多非社会主义国家的为 11.73%。"文革"十年,译制片产量锐减,片源来源单一,朝鲜等四个社会主义国家的占了绝大多数。再次印证了国家关系对影片输入的影响。

表 6-1　1949—1966 年长春电影制片厂译制片历年产量及片源构成　(单位:部)[2]

年份	产量	片源
1949	3	苏联 3
1950	30	苏联 30

① 根据长春电影制片厂译制片目录(1949—1988)进行统计。长春市地方志编纂委员会:《长春市志·电影志》,东北师范大学出版社 1992 年版,第 338—345 页。
② 根据长春电影制片厂译制片目录(1949—1988)制作。长春市地方志编纂委员会:《长春市志·电影志》东北师范大学出版社 1992 年版,第 338—345 页。

续　表

年份	产量	片源
1951	33	苏联 32,民主德国 1
1952	25	苏联 7,朝鲜 2,民主德国 3,匈牙利 4,波兰 3,捷克 5,罗马尼亚 1
1953	21	苏联 10,保加利亚 2,捷克 3,匈牙利 2,波兰 2,罗马尼亚 1,民主德国 1
1954	24	苏联 13,日本 3,民主德国 1,捷克 1,朝鲜 2,罗马尼亚 1,保加利亚 1,匈牙利 1,民主德国 1
1955	28	苏联 15,波兰 2,民主德国 2,朝鲜 1,捷克 4,罗马尼亚 1,日本 1,印度 2
1956	40	苏联 17,印度 1,意大利 2,日本 4,捷克 3,波兰 2,匈牙利 3,保加利亚 2,民主德国 2,朝鲜 1,法国 1,南斯拉夫 2
1957	47	苏联 20,南斯拉夫 1,日本 6,意大利 1,缅甸 1,波兰 2,英国 1,民主德国 4,阿联 1,罗马尼亚 1,保加利亚 2,捷克 3,阿根廷 1,法国 1,匈牙利 1,朝鲜 1
1958	42	苏联 16,希腊 1,西班牙 1,波兰 2,民主德国 2,南斯拉夫 2,匈牙利 2,捷克 3,日本 2,联邦德国 1,英国 2,阿联 4,墨西哥 2,朝鲜 2
1959	37	苏联 18,阿联 1,民主德国 6,匈牙利 2,朝鲜 3,苏印(合拍片)1,保加利亚 1,缅甸 1,蒙古 1,波兰 1,挪威 1,捷克 1
1960	33	苏联 13,捷克 3,保加利亚 1,匈牙利 3,意大利 1,民主德国 2,墨西哥 1,朝鲜 5,罗马尼亚 3,玻利维亚 1
1961	26	苏联 11,捷克 2,蒙古 2,波兰 1,朝鲜 5,匈牙利 2,阿根廷 1,瑞士 1,罗马尼亚 1
1962	25	苏联 14,越南 2,朝鲜 2,罗马尼亚 2,民主德国 1,匈牙利 1,苏保(合拍片)1,英国 1,西班牙 1
1963	16	苏联 5,朝鲜 6,罗马尼亚 1,波兰 1,匈牙利 1,捷克 1,越南 1
1964	10	苏联 2,朝鲜 6,罗马尼亚 1,越南 1
1965	9	朝鲜 7,越南 2
1966	2	朝鲜 2

　　1949—1966 年,长影生产译制片历年产量消长曲线图(图 6-1)呈现的是苏联电影、其他社会主义国家的电影、非社会主义国家电影在 17 年里的消长。1949 年在译制完成《普通一兵》之后的两年间,苏联影片的译制达到了高峰,1950 达到了 30 部,1951 年有 32 部,极大地丰富了当地的电影市场。1952 年,长影陆续增加了其他社会主义国家的影片,整个 50 年代苏联以及其他社会主义国家的影片非常丰富,60 年代后逐步下降。非社会主义国家的电影从 1954 年开始译制,1958 年形成高峰,之后逐步下降,1963 年就不再译制。

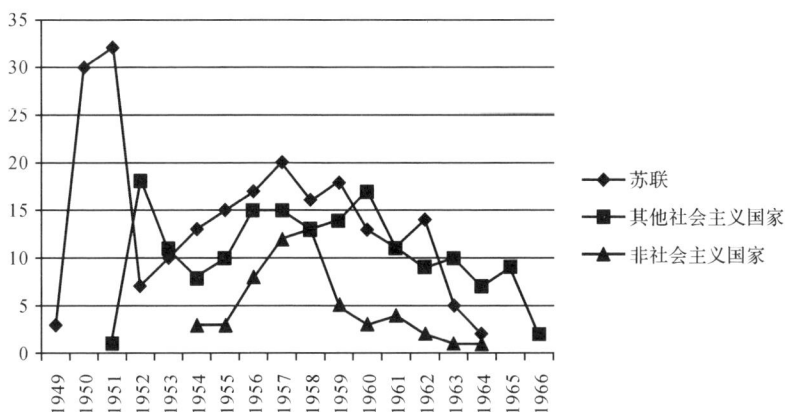

图 6-1　1949—1966 年长影生产译制片历年产量消长　（单位：部）

二、上影译制片的生产

根据上海译制片厂的译制片生产统计，1950—1976 年的译制片共有 448 部，其中 12 个社会主义国家的影片共 370 部（苏联片有 179 部），20 个非社会主义国家（包括 11 个资本主义国家）为 78 部。"文革"前（1950—1966 年）421 部译制片中苏联电影有 179 部（其中故事片 125 部），占全部产量的 42.5%。"文革"期间 1967—1976 年的 27 部译制片中阿尔巴尼亚电影有 15 部（全为故事片），占总产量的 55.6%。①中国的译制片作为文化交流是同意识形态和国家的对外政策紧密地连在一起的。但这两个时期的情况仍有区别，在 1966 年之前，虽然苏联片占了压倒优势，但仍还有其他 11 个社会主义阵营的国家和 20 个非社会主义国家（西方国家和第三世界国家）的影片，从观众角度相对来说仍还有一张比较多样化的片目可供他们挑选。到了"文革"开始，原先闭关锁国带来的影片来源的单一性走向极端，偌大一个世界，仅有"一盏社会主义的明灯"在中国电影银幕上闪闪烁烁，这是当时极"左"路线发展到极致酿成的。

下面三张表图（表 6-2、图 6-2、图 6-3）是 1949—1966 年上海电影制片厂译制的进口电影，我们以此为观察分析对象，审视这段历史时期译制片的情况。

---

①　数据根据吕晓明所著《对"十七年"上海译制片的一种观察》第 281—284 页的图表整理。郦苏元，胡克，杨远婴：《新中国电影 50 年》，北京广播学院出版社 2000 年版，第 281—284 页。

表 6-2　1950—1966 年上海生产译制片历年产量及片源构成　（单位:部）①

年份	产量	片源
1950	11	苏联 11
1951	10	苏联 10
1952	19	苏联 7,其他社会主义国家 12
1953	18	苏联 3,其他社会主义国家 15
1954	22	苏联 11,其他社会主义国家 8,意大利 3
1955	20	苏联 9,其他社会主义国家 10,印度 1
1956	32	苏联 14,其他社会主义国家 10,联邦德国 1 部,意大利 1,法国 2,英国 3,墨西哥 1
1957	33	苏联 12,其他社会主义国家 12,法国 4,西班牙 1,意大利 2,巴基斯坦 1,墨西哥 1
1958	44	苏联 22,其他社会主义国家 12,挪威 1,法国 2,英国 2,芬兰 1,希腊 1,澳大利亚 1,印度 1,墨西哥 1
1959	49	苏联 24,其他社会主义国家 24,美国 1
1960	49	苏联 21,其他社会主义国家 22,西班牙意大利合作 1,西班牙 1,西班牙墨西哥合作 1,苏联芬兰合作 1,阿联 1,阿根廷 1
1961	34	苏联 8,其他社会主义国家 14,联邦德国 2,英国 1,法国 1,日本 1,锡兰 1,印度 1,印尼 1,墨西哥 1,智利 1,阿根廷 1,哥伦比亚 1
1962	39	苏联 19,其他社会主义国家 14,法国 3,意大利 1,阿联 1,墨西哥 1
1963	21	苏联 5,其他社会主义国家 10,英国 2,联邦德国 1,西班牙 1,阿根廷 1,墨西哥 1
1964	12	苏联 3,其他社会主义国家 6,荷兰 1,英国 1,墨西哥 1
1965	8	古巴 1,朝鲜 1,越南 2,阿尔巴尼亚 1,日本 2,印尼 1
1966	3	罗马尼亚 1,阿尔巴尼亚 1,不明国家 1

①　根据图表 3《1950—1976 年上海生产译制片历年产量及片源构成》制作。1949 年上海没有生产译制片。吕晓明:《对"十七年"上海译制片的一种观察》。转引自郦苏元,胡克,杨远婴:《新中国电影 50 年》,北京广播学院出版社 2000 年版,第 282—283 页。

■苏联 ■其他社会主义国家 □非社会主义国家 □资本主义国家

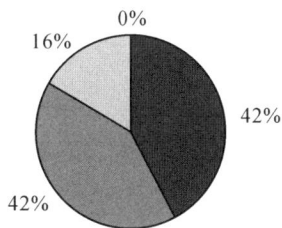

图6-2　1950—1966年上海生产译制片历年产量消长　（单位：部）

　　如表6-2和图6-2所示，1950—1966年上海生产译制片共424部，片源可以分为三个地方：苏联179部，占全部产量的42.2%；其他社会主义国家176部，占全部产量的41.5%；非社会主义国家69部，包括资本主义国家的进步电影以及其他国家的电影，占全部产量的16.3%。仅上海译制厂一家，苏联片几乎占据了半壁江山，50—60年代整个社会主义阵营的片子占比高达84%。

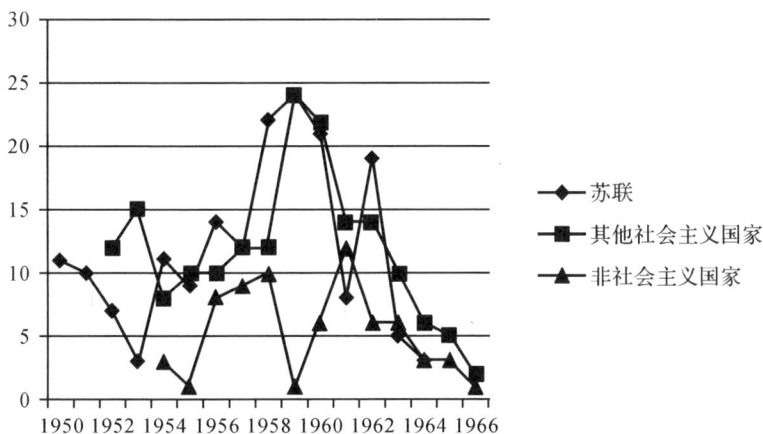

图6-3　1950—1966年上海生产译制片历年产量消长　（单位：部）

　　1950—1966年上海生产译制片历年产量消长曲线图（图6-3）呈现的是苏联电影、其他社会主义国家的电影、非社会主义国家电影在17年里的消长。从绝对数字看，上海译制苏联片最多的是1959年（24部），最少的年份是1953年和1964年（都是3部），但这两个年份虽然数字一样，背景却大相径庭。1953年尽管仅3部，但1950、1951两年里苏联片却占了上海译制片的100%，只是从1952年开始陆续增加了其他社会主义国家的影片。1953年社会主义国家的影片也是100%，而1964年是中苏关系恶化之际，中苏关系已由两党的论争波及国家关系,骤减引进的苏联片是理所当然的。从这条曲线也可看出,1956 年以后的几年里,并没有因苏共 20 大引起的意识形态上的分歧而影响到苏联影片的引进,甚至一批作为 20 大产物的"解冻电影"也被译制过来。对引进苏联电影的依赖程度降低后,1960 年文化部同苏联重订了交流协议的条款。1960 年 11 月到 1961 年 10 月这段时间里,中苏两党关系有所改善,1962 年苏联片子有 19 部,形成一个小高峰。1962 年之后中苏分歧公开化,1963 年、1964 年苏联影片的引进骤然减少。1964 年中苏关系破裂,之后不再译制苏联电影。

从 1952 年开始,我们也加大了引进其他社会主义国家影片的步子。1959 年,译制其他社会主义国家的影片和苏联一样达到最高点,这主要是为了国庆 10 周年,除了国产献礼片外也需要更多的外国影片营造喜庆气氛。从 1954 年开始,我们也陆续引进了一些资本主义国家的进步电影以及其他国家的电影,1956—1958 年形成了第一个高峰期。1960 年中苏关系恶化后,中美关系开始缓和,我们把目光投向资本主义国家和其他国家,1961 年有 12 部,形成最高峰。1959 年国庆 10 周年是社会主义阵营大联欢的日子,非社会主义国家的片子仅译制了 1 部。

三、译制片的引进对新中国公民社会认同的构建

在清除好莱坞影响整肃国内市场的前提下,我国开始大量引进以苏联为首的社会主义国家的电影。译制片的引进与集中放映对一个刚刚进入社会主义国家阵营的中国公民民族形象的认同和建立产生了直观而深刻的影响。

社会认同涉及范畴化和内群吸引。社会认同路径通过引入自我范畴化而将刻板印象与群体归属或社会认同联系起来。自我范畴化是社群归属、心理与社会认同等一系列因素的自我认知。同时,自我范畴化也会让"行为"和"认知"成为刻板的和符合规范的。内群(指同一群体的成员)刻板印象通常是赞许性的,而外群(指不同群体的成员)刻板印象通常是贬义的和非赞许性的。范畴化过程自身会以两种方式直接地产生吸引。第一,将自我和他人范畴化为同一范畴的成员,会促使自我和他人之间刻板化相似性的产生,也就是说,自我和他人在认知和情感上被刻板化地认为是可以互换的。第二,自我范畴化对内群的评价起到保护的作用,群体之间积极正面的评价形成刻板

印象,自尊得以建立。所谓社会吸引其实是一种广义的内群吸引,在群体中划分范畴,建立群体的心理归属。①范畴化、内群吸引帮助我们认识社会认同过程是如何产生的,社会认同路径为解释新中国对外文化贸易的发生、发展以及影响提供了一种有用的理论武器。二战后,世界被划分为社会主义、资本主义两大社会阵营范畴,两种意识形态尖锐对立,无法沟通,共同的价值观和社会理想使得处于同一范畴的社会成员之间有着深刻的社会吸引。为什么要与社会主义国家进行电影贸易,为什么要驱逐好莱坞电影,同时大量引进苏联电影,其根本的社会心理动因是构筑一种崭新的符合新中国身份的社会认同。整个 50 年代是东影和长影译制片生产的黄金时代,这一势头到 60 年代开始才告一段落。十七年时期长影、上影译制片产量、片源构成及所占比例显示苏联片几乎占据了半壁江山,整个社会主义阵营的片子占比高达 80%—90%。

与社会认同相关的一个概念是意识形态,"意识形态是指一系列系统关联的信念、看法和主张的集合,它的基本功能是解释。意识形态设定了一个问题域,它所提供的一套参照术语限定了人们的思考方式,使'打破'它设定的框架、以另一种不同的方式感知事物变得几乎不可能"②。也就是说,社会主义和资本主义分属两大阵营,是不同的社会群体,他们看待问题的角度、分析解决问题所运用的理论和方法都是不同的,资本主义意识形态与马克思主义意识形态根本无法沟通和调和,这决定了十七年时期我国引进资本主义国家的电影必定是少量而审慎的。

第二节　新中国电影周、国际电影节与社会认同

一、举办"电影周"

在构建民族—国家的宏大工程中,举办"电影周""展览月"活动成为电影

---

① 〔澳〕迈克尔·A·豪格、〔英〕多米尼克·阿布拉姆斯:《社会认同过程》,高明华,译:中国人民大学出版社 2011 年版,第 91—92,132—133 页。

② 〔澳〕迈克尔·A·豪格、〔英〕多米尼克·阿布拉姆斯:《社会认同过程》,高明华,译,中国人民大学出版社 2011 年版,第 103 页。

进行国族叙事且打造社会认同的核心途径,以达到配合国家文化活动从而对"国族"和群众进行灌输的政治要求。整个五十年代中苏两国举办了大量的"电影周"和"展览月"活动,双方密集放映了许多对方的优秀电影。

新中国电影对外交流工作始于1950年国庆期间,苏联30个大城市第一次举办中国电影周。此后,1951年、1954年、1956年、1959年,苏联在莫斯科、列宁格勒及各加盟共和国首都等地均举行了新中国电影节、电影周、电影旬活动,我国电影工作者代表团应邀前往参加,电影周成为中国与苏联之间文化关系的重要表达。1951—1957年,为庆祝苏联十月社会主义革命,我国每年都举办盛大的苏联电影周活动,苏联电影放映的范围之广,受众之多,影响之大,举国狂欢的氛围是以后的岁月中难以看到的。1951年,中国影片经理公司总公司为庆祝苏联社会主义革命三十四周年,于11月6日起在全国二十个大城市举办"苏联影片展映",以介绍苏联电影事业的光辉成就及增进中苏两国人民兄弟般的友谊。特选苏联彩色华语对白解说《攻克柏林》《阴谋》《中国人民的胜利》等影片,在我国二十个大城市举行盛大展映特展映九天,中苏友好协会总会为协助此一展映顺利举行,特通知所属各地分会紧密配合宣传协助进行各地之映,并于11月6日晚以《俄罗斯航空之父》作隆重闭幕式之招待演出节目。为进一步发展与巩固中苏两国人民的友谊,1952年我国在全国范围内举行了盛大的"中苏友好月"活动,其间举办了苏联影片展映,展映的主要有《难忘的一九一九年》《顿巴斯矿工》《金星英雄》《明朗的夏天》等十多部彩色影片,展现了苏联电影的新成就,这些影片都曾获得苏联及国外极高的荣誉。这次展映规模空前巨大,全国五十多个城市和一部分可以深入农村、工厂、部队的放映队同时进行。1953年11月7—13日,在我国北京、沈阳、上海、汉口、广州、重庆、西安等二十个大城市举行"苏联电影周"。在这次电影周上,所放映的影片全都是彩色的,有荣获1951年斯大林电影奖金三等奖的《光明照耀到克奥尔地村》和荣获1950年斯大林电影奖金一等奖的《远离莫斯科的地方》两部故事片。1954年、1955年、1956年、1957年,我国均举办了规模盛大的苏联电影周活动,在电影周期间,苏联派电影工作者代表团前来参加活动。

电影作为跨国和跨民族的媒介,中国对外电影贸易和非贸易形式的文化交流建构着新中国革命的民族性和世界性的社会形象。在整个1950年代,观赏苏联电影是中国人民文化生活和情感教育的重要组成部分。据统计,

1949—1957 年苏联影片在中国的观众已达到十四亿人次以上,《夏伯阳》《列宁在十月》《普通一兵》等 9 部优秀影片观影人次在 2500 万以上,其他一般的影片也有 1500 万人次。① 苏联电影所产生的政治教化功能是立竿见影的,《青年近卫军》让青年一代纷纷加入共青团,《乡村女教师》的主人公则集体成为新中国教师们的人生典范,苏联电影对一代新中国民众产生了巨大的影响。苏联电影向新中国人民展示并承诺着社会主义的"美好生活",银幕中的英雄成为中华人民共和国建设的光辉榜样,同时中国公民也在体验与憧憬现代化的愿景中享受并承担着作为世界社会主义革命一员的荣耀与责任。

十七年时期,我国与其他国家也纷纷开展"电影周"活动。1953 年,东欧的人民民主国家相继在我国举办电影周活动。1955 年,除继续与苏联、东欧和朝鲜进行电影交流活动外,还开始与印度开展交流活动。1956 年,交流活动发展到缅甸、日本、叙利亚、意大利和加拿大等国。1957 年,电影交流活动发展到荷兰、芬兰。1957 年 8 月 31 日至 9 月 20 日,中影公司在北京、杭州、天津、上海等 10 个大城市分两批举办"亚洲电影周",电影周期间上映了 15 个亚洲国家的故事片和纪录片,观众达 200 万人次。电影周的圆满成功在国际电影界产生了良好的影响,为繁荣亚洲电影事业、维护亚洲和世界和平做出了积极的贡献,同时也为中国电影对外交流工作开拓了更新更广的途径。

二、国际电影节上获奖

在构建糅合具有民族性和全球性话语的社会认同过程中还存在另一种重要表达——参加国际电影节和各类电影展映活动。五六十年代,中国共参加卡罗维·发利、莫斯科、威尼斯、戛纳、大马士革、莱比锡、墨西哥、索马里和埃及等近 50 个国际电影节和各类电影展映活动,有 76 部影片获奖。

卡罗维·发利国际电影节、莫斯科国际电影节、世界青年联欢节国际电影节是社会主义国家的主要电影节,电影节的主要奖项授予什么国家,参与国的获奖情况等细节微妙折射出了社会主义阵营的等级秩序及阶级认同属性。如表 6-3 所示由于苏联的特殊地位,头等奖一般都授予苏联电影。据不完全统计,卡罗维·发利国际电影节的最高奖——特等奖或大奖在第六届

① 王阑西:《电影事业中的伟大友谊》,《大众电影》1957 年第 20 期,第 9 页。

(1951)是苏联影片《金星骑士》、第七届(1952)是苏联影片《难忘的一九一九年》、第八届(1953)是苏联影片《忠实的朋友》、第十二届(1960)是苏联影片《谢廖莎》、第十三届(1962)是苏联影片《一年中的九天》,而围绕着苏联的新兴社会主义国家与资本主义国家的进步电影分享其他奖项,文化领域的不平等反映了国家关系中的等级结构,社会主义阵容内部的争执和最终分裂也缘于此。我国在国际电影节中获得的各种奖项,除了对电影工作者和表演者各自成就的肯定,也让新中国意识到自己文化的阶级归属。有意思的是,60年代初期亚非国家纷纷取得独立,此时的新中国以第三世界文化外交中心的身份与这些国家开展文化交往,中国—亚非第三世界国家似乎也构成了中心与边缘的文化结构,1961年第四届国际非洲电影节中国电影《非洲之角》荣获第一奖,1964年第三届亚非电影节中国影片《红色娘子军》获得万隆奖——最高奖,一如当时的苏联。

表 6-3　1950—1964 年国际电影节获奖情况及中国在国外获奖情况(部分)①

获奖年月	电影节名称	主要奖的获奖情况	中国影片在国外的获奖情况
1950.7	卡罗维·发利第五届国际电影节	中国《中华女儿》——自由斗争奖 注:其他国家不详	《中华女儿》——自由斗争奖 《百万雄师下江南》——纪录片名誉奖 《红旗漫卷西风》——纪录片名誉奖 《大西南凯歌》——纪录片名誉奖 《踏上生路》——短片名誉奖 《东北三年解放战争》——纪录片名誉奖 《赵一曼》——优秀演技奖

---

① 根据 1950—1966 年《大众电影》的相关材料整理。

续　　表

获奖年月	电影节名称	主要奖的获奖情况	中国影片在国外的获奖情况
1951.7	卡罗维·发利第六届国际电影节	特等奖:苏联《金星骑士》 第二奖(和平奖):中国《钢铁战士》 第三奖(劳动奖):苏联《顿尼兹矿工》 第四奖(争取自由斗争奖):朝鲜《少年游击队》、保加利亚《警钟》 第五奖(社会进步奖):民主德国《忠实的公民》	《钢铁战士》——和平奖 《白毛女》——特别荣誉奖 《中国人民大团结》——报道片奖 《新儿女英雄传》——导演获特别荣誉奖
1952.7	卡罗维·发利第七届国际电影节	特等奖:苏联《难忘的一九一九年》 和平奖:苏、德(民主德国)合拍片《我们拥护和平》、民主德国《不速之客》 争取自由斗争奖:中国《人民的战士》、朝鲜《重返前线》 国际友谊奖:捷克《明天处处欢乐歌舞》 劳动奖:匈牙利《火的洗礼》 争取社会进步斗争奖:罗马尼亚《米特里亚·柯可尔》、印度《巴不拉》	《人民的战士》——自由斗争奖 《抗美援朝第一部》——劳动人民争取自由和平斗争奖 《抗战的越南》——劳动人民争取自由和平斗争奖 《内蒙人民的胜利》——电影编剧奖 《翠岗红旗》——摄影工作奖
1954.7	卡罗维·发利第八届国际电影节	特等奖:苏联《忠实的朋友》、美国《社会中坚》 和平奖:民主德国《台尔曼传》上集、日本《原子弹下的孤儿》 国际友谊奖:苏联与罗马尼亚合拍片《争取和平与友谊》 争取社会进步:波兰《我找到了真理》、印度《二公顷地》 劳动奖:匈牙利《为了十四个生命》 争取自由斗争奖:保加利亚《人民的九月》、中国《智取华山》 为一个更美好的世界斗争奖:民主德国《河流的歌声》 为新的人斗争奖:捷克斯洛伐克《姐妹们》	《智取华山》——争取自由斗争奖 《梁山伯与祝英台》——音乐片奖

续　表

获奖年月	电影节名称	主要奖的获奖情况	中国影片在国外的获奖情况
1956.7	卡罗维·发利第九届国际电影节	"电影节"大奖:法国《如果全世界的青年们……》 世界进步奖:日本《暗无天日》 新人物斗争奖:苏联《鲁米扬采夫案件》 评奖委员会特别奖:匈牙利《深渊》《半品脱》 国际友谊奖:印度《访问印度》	《桂林山水》——电影节纪录片奖 捷克和中国合作的影片《通向拉萨的幸福道路》——报道纪录片奖
1957.6	第六届世界青年联欢节国际电影节	金质奖章:苏联《劳动与爱情》和《我们的医院》、日本《暗无天日》、意大利《屋顶》、匈牙利《旋转木马》、波兰《水道》、捷克斯洛伐克《不可救药的人》、法国《秘密地死去》 银质奖章:中国《女篮5号》(其余不详)	《女篮5号》——银质奖章
1957.7	卡罗维·发利第十届国际电影节	大奖:印度《在夜幕下》 特别奖:中国《祝福》 主要奖:匈牙利《哈尼巴耳教授》、苏联《劳动与爱情》、民主德国《利西》	《祝福》——特别奖
1960.2	第二届亚非电影节	最高奖(金鹰奖章):苏联《萨马尔罕王子》(即《诗人的命运》)	中国《五朵金花》的女演员杨丽坤获得了"最佳女演员奖",导演王家乙获得了"最佳导演奖",都被授予银质奖章。
1960.7	卡罗维·发利第十二届国际电影节	大奖:苏联《谢廖莎》 主要奖:苏联《活着的英雄们》、罗马尼亚《燃烧着的河流》	《聂耳》——传记片奖 《萝卜回来了》——荣誉奖

续　表

获奖年月	电影节名称	主要奖的获奖情况	中国影片在国外的获奖情况
1961.7	第二届莫斯科国际电影节	主要奖:日本《荒岛》、苏联《晴朗的天空》 电影节评委会的特设金质奖:意大利《各自回家》 故事片金质奖:民主德国《马门教授》、保加利亚《当我们年轻的时候》 喜剧片银质奖:西德《古堡幽灵》 银质奖:匈牙利《阿尔巴·列吉亚》、罗马尼亚《渴望》、中国《革命家庭》、法国《围栏》 波兰、保加利亚、捷克斯洛伐克等国家的短片获得了短片银质奖章	最佳女主角:于蓝《革命家庭》获银质奖
1962.6	卡罗维·发利第十三届国际电影节	大奖:苏联《一年中的九天》短片 大奖:法国《不稳定时代的纪事》 亚洲、非洲、拉丁美洲电影讨论会一等奖:越南《两个士兵》	动画片《大闹天宫》上集获得短片特别奖
1964.4	第三届亚非电影节	万隆奖—— 故事片:日本《板车之歌》、朝鲜《红色花朵》、中国《红色娘子军》、印度尼西亚《沾满泥土的手》 纪录片:桑给巴尔《前进中的桑给巴尔人民》、越南南方民族解放阵线《我们必须拿起武器》 儿童片:越南民主共和国《金童》 卢蒙巴奖—— 故事片:阿联《开着的大门》 纪录片:日本《飞马》、阿联《一位工程师的日记》、马里《第二届马里青年周》、越南民主共和国《奠边府》、索马里《德赛克·瓦莫》、蒙古《在我国各地》 儿童片:中国《金色的海螺》	《红色娘子军》——万隆奖 《金色的海螺》——卢蒙巴奖 《红色娘子军》的演员陈强——最佳男演员 科教片《带翅膀的媒人》——特别卢蒙巴奖

第三节　新中国电影贸易的逆差与国家文化安全

一、中苏电影贸易逆差对国家文化安全的潜在威胁

新中国成立后,在驱逐美国好莱坞影片的基础上我国引进了大量苏联影片。据统计,1949—1957 年,中国输入苏联影片共有 660 部,其中长艺术片251 部、长纪录片 74 部、科教片 201 部、短片 134 部;而中国影片输出苏联共59 部,其中长艺术片 41 部、长纪录片 5 部、科教片 1 部、短片 12 部,如表 6-4所示①。从 1949—1962 年,中国向苏联选购影片共 951 部,其中长片 394 部,短片 557 部;苏联向中国选购影片共 198 部,其中长片 107 部,短片 91 部。②中苏电影贸易的发展呈现一种不平衡状态。

表 6-4　1949—1957 年中苏电影贸易统计　（单位:部）

	合计	长艺术片	长纪录片	科教片	短片
中国影片 输出苏联	59	41	5	1	12
苏联影片 输入中国	660	251	74	201	134

国家文化安全与文化产品的国际贸易化程度有着必然的联系。19 世纪末电影传入中国以来,法国百代公司电影、好莱坞电影相继占领和统治中国电影市场,新中国断然不能容忍资本主义意识形态继续横行,大量地翻译苏联电影是清除美国好莱坞电影的一个必然结果和组成部分。新中国成立初期苏联电影大量涌入,相当程度上满足了国人的文化消费需求,对构建社会主义国家的政治认同起到了积极的作用。但是在另一个层面,中苏电影贸易的巨额逆差也挤压了我国文化产业的生存空间,从而在一定程度上降低了新中国国家文化安全的系数。苏联社会主义革命起步比较早,作为社会主义阵营的盟主,拥有先进的生产力和科学技术,在文化贸易竞争中一直扮演主导

---

① 根据中国电影发行放映公司:《中国电影发行放映统计资料汇编 1949—1957》(内部资料),1958 年版,第 2 页、第 154 页。根据《1949—1957 年中苏电影贸易统计表》资料整理。

② 《中苏文化关系材料》,1963 年 3 月 25 日,外交部档案 109—02543—01,第 53 页。

角色,苏联文化贸易在社会主义阵营彰显着强大的国家文化辐射力。作为文化贸易重要一环的电影贸易除了在经济上为电影输出国带来巨大的利益,更为重要的是其传播的内容和形式展现着电影输出国的生活方式和文化理念,价值观的传播必然伴随着在更广阔的领域拥有相应的话语权、定价权和控制权,中苏电影贸易发展的失衡状态对我国的国家文化安全在某种程度上也构成了潜在威胁。新中国成立后苏联影片的引进经历了从高潮到回落的过程,历年我国购入的苏联电影数量很大,20 世纪 50 年代后期苏联影片所占百分比略有减少,比较显著的是 1958 年只选了 20 部,1962 年选了 22 部。[①] 引进苏联影片减少的客观原因是,50 年代中期中国民族电影产业得到了迅猛发展,年产长片从 1954 年的每年不到 20 部增加到 1958 年的年产超过 100 部。对苏联影片的需求减少后,1960 年文化部就同苏联重订了交流协议的条款。

这种电影贸易严重失衡所带来的不平等在早期的电影译制片的合作中我们也能看到,一般来说苏方确定片目、供应该片的素材、支付影片的译制费,我方承担译制任务,影片的版权归属苏方,在中国的发行收入归苏方(扣除各地影片经理公司的代理费)。显然,早期的合作中国是没有独立的发行权的,1951 年中国电影发行放映公司成立,国家又颁布了相关法令,苏联影片输出公司才停止其业务。该驻华总代表处及分设在上海的代表处于 1955 年8 月 1 日前全部撤离。

二、电影媒介对国家文化安全的重要责任

新中国的电影是一种在体制上完全国营,在性质上以政治宣传功能为主,在传播上面向以"无产阶级"和"劳动人民"为主体的政治文化。电影是国家意识形态的传播形式,承担着实现国家意识形态的传播功能。中苏电影贸易中出现的一些现象反映了我们对国家文化安全的忧患意识。

对苏联影片《共产党员》批评的态度及禁映苏联影片《雁南飞》《第四十一》反映了深刻的关于国家文化安全的"冷战"思维。1958 年我国举办苏联电影周时,我国《大众电影》(1958 年第 20 期)在影片《共产党员》笔谈专栏上发表了 3 篇文章,其中《共产党员不失为好影片》以及《错误的爱情和个人突出》

---

① 《中苏文化关系材料》,1963 年 3 月 25 日,外交部档案 109—02543—01,第 53 页。

两篇文章,在肯定了影片主人公古班诺夫和对革命事业无限忠诚,维护了人民的利益之后,曾提出两点批评,其一是认为古班诺夫在爱情上是不道德的,其二是没有群众观点。文章发表后引起了苏联驻华使馆的注意,1958 年 11 月 14 日下午苏联驻华使馆文化参赞苏达利科夫拜访了文化部夏衍副部长,并征求他对苏联电影周的意见,苏达利科夫谈到某中国电影刊物在苏联电影周前夕发表了一篇对《共产党员》的影片的评论文章。他认为:"批评是肯定要有的,该欢迎的,尽管论点还可研究,但在这个时间发表,他们很重视。"夏衍副部长表示:"同意苏达利科夫的意见,即可以和应该有批评,但这种批评应该十分审慎,而主要是同志式的,此次《大众电影》上的文章发表的时机不对,论点也值得研究,已出版的下一期就有不同的意见,我们也对《大众电影》指出了此一问题。""目前还有帝国主义,批评得不恰当会被利用"。陈荒煤同志补充说道:"目前我国对电影刊物没有原稿的事先审查,故刊物上的文章,并不代表文化部领导的意见。"①此后,我国有关电影杂志做了一些补救措施。《中国电影》《国际电影》《文艺报》相继发表文章认为《大众电影》对《共产党员》的批评是"简单化的、粗暴的批评"②,《大众电影》也发表文章肯定《共产党员》是一部优秀的影片。中苏双方对批评影片的态度折射了一种"冷战"思维,社会主义国家之间的批评应该是谨慎的、同志式的,如果处理不当,将会被虎视眈眈的帝国主义利用,影响社会主义联盟的团结和统一战线的巩固。

苏达利科夫拜访夏衍副部长那一天,在交谈修改影片方面的问题时,夏衍提出了我国对几部苏联影片的看法:"我们对苏联影片的看法总是好的,但对个别影片有不同看法,因而没有选购……有些片子选了译了,但没有上映,如《雁南飞》《第四十一》。"③冷战是一场东、西方意识形态的殊死较量,事关社会主义道路选择的正确与否,以及共产党执政根基的合法性与合理性,是一场有关国家生死存亡和文化安全的力量博弈。为了打赢与以苏联为首的共产主义国家的这场思想争夺战,以杜勒斯提出的"和平演变"政策理论(1957)为指导,美国在全球范围内展开了猛烈的"文化攻势",美国极力在全球范围推行其文化价值观,企图通过对其他国家的文化渗透达到同化甚至消

---

① 《中苏文化关系材料》,外交部档案 109—02543—01,第 43—44 页。
② 《中苏文化关系材料》,外交部档案 109—02543—01,第 44 页。
③ 《中苏文化关系材料》,外交部档案 109—02543—01,第 57 页。

灭马克思列宁主义主流意识形态的目的,我国对苏联影片的批评及禁映反映了新中国捍卫国家文化安全的坚决态度。此后,苏联也认可了我国不上映《雁南飞》的做法,并且改变了对《雁南飞》的评价。

中苏1963年文化合作计划的谈判中,双方关于互派电影代表团携带新影片到对方放映的问题争论得最激烈。在谈判中我方表示过去几年双方都曾有电影工作者来往,今年暂不互派电影代表团。苏方表示不能理解,并进行了指责。我方进行了反驳,其中一个重要的事实依据是苏联电影导演丘赫拉依在一个资本主义国家英国的杂志上攻击中国电影是教条主义和反文艺思想方法的标本。在谈判中,中方给予坚决的反击,拒绝交换电影方面的项目,拒绝相互搞电影周或电影首映式。苏方最后只能取消这个项目。中苏双方裂痕在1958年迅速扩大,但这种裂痕当时主要反映在高层内部争执中,尚未公开化。1960年11月到1961年10月中苏两党关系有所改善,1963年中共与苏共进行大论战,两党关系的破裂成为定局。在这个时间节点上,中苏双方对电影项目的争论及我国反击苏联对中国电影事业的攻击反映了我们捍卫国家文化独立与安全的坚定立场。

利用大众传媒进行文化冷战,最终实现国家的战略意图和目的,也就是福山所谓的"历史的终结",是冷战的一大发明。其中被称为"快媒介"的无线电广播和电影在影响和改变他国公众的政治态度方面起到一种立竿见影的"改变人们的见解和政治态度"的效果,电影在实现或颠覆国家文化安全的使命中起到了重要的作用。苏联电影在十七年时期具有特殊的历史地位。苏联电影既反映社会主义现实,塑造着理想的共产主义目标,也影响着个体乃至集体的判断力。因此,对苏联影片批评及禁映的态度反映了国家文化安全的"冷战"思维以及我国守护国家文化安全的姿态和坚定立场,而本来国家之间最正常不过的文化交流与合作,比如文化合作计划谈判中对双方互派电影代表团携带新影片到对方放映问题争论不休,反映了文化合作计划已经不幸成为捍卫彼此国家文化安全的战场。

第四节 本章小节

电影、出版、演出、人员互访、人才的引进与输出等文化交流有着构建社会认同的巨大效用,就电影而言影响更为直观,门槛更低,我国的垂直发行体系也让更多的民众能够观赏到政府意识形态框架下的电影。社会由群体构成,个体的观点和经验拜群体所赐。新中国成立初期我国大量引进社会主义国家的电影,尤其是苏联电影,同时以输出革命与建设为主旋律的新中国电影,民族性与全球性话语的共同建构赋予了新中国"革命"的新内涵。也就是说,新中国对外电影贸易的市场格局是我们文化贸易的一种必然选择,是新政府塑造中国人民社会认同感的一种重要途径。但是中苏电影贸易发展的失衡状态也对我国的国家文化安全构成了潜在威胁,电影媒介承担实现或颠覆国家文化安全的重要使命,文化合作协议中有关电影活动的合作交流和激烈斗争反映了我们对国家文化安全的忧患意识和捍卫决心。

第七章　新中国文化贸易体制的苏联模式(电影)

　　作为社会主义的一种发展类型,苏联模式涉及政治、经济、思想、文化外交等内容,政治和经济无疑是最重要的方面,其主要表征是政治上的高度集权和经济上的高度集中。苏联模式的形成是一个长期的历史过程,斯大林则赋予苏联意识形态模式最明显的特征,它与斯大林的理论、社会主义模式、个人崇拜联系在一起。伴随着意识形态领域的大转变,苏联在思想文化政策、文化领导体制、管理机构、学术团体等方面都发生了深刻的变化,文化体制呈现出高度集权性、行政命令性、极端计划性的典型特征,而这种文化体制所拥有的文化张力是短暂有限的。由于苏联在特定历史时期的特定历史地位,文化领域中的苏联模式对世界上的社会主义国家产生了深刻的影响,建国初期我国"一边倒"的政治形势决定了我们思想文化领域中有很深的苏联印迹。那么,苏联模式对建构建国初期我国文化贸易体制起到了什么样的作用? 产生了什么影响? 我们走过什么样的弯路,以及如何历史地、公正地看待这些问题? 我国的电影事业完全是按照苏联模式建立起来的,在文化领域具有典型性,我们以此为例对电影贸易体进行一个深度解剖,并且思考中国在走向现代化道路的发展过程中如何突破历史的局限性。

第一节　苏联电影模式的形成、演变与特征

　　1953 年 2 月毛泽东在政协第四次会议上讲过一段话:"我们要进行伟大的国家建设,我们面前的工作是艰苦的,我们的经验是不够的,因此,要认真学习苏联的先进经验。无论共产党内、共产党外、老干部、新干部、技术人员、知识分子以及工人群众和农民群众,都必须诚心诚意地向苏联学习。我们不仅要学习马克思、恩格斯、列宁、斯大林的理论,而且要学习苏联先进的科学

技术。我们要在全国范围内掀起学习苏联的高潮,来建设我们的国家。"①全方位地学习苏联在我国思想文化领域不可避免地打下了深深的烙印。

作为社会主义的一种发展类型,苏联模式涉及政治、经济、思想、文化、外交等内容,但经济和政治无疑是最重要的方面。那么,在文化领域,苏联模式有什么不同于政治经济方面的显著特征? 显然,探求文化与经济领域中苏联模式的历史起源有助于我们深刻地观察其对我国文化贸易产生的影响。

一、文化体制中苏联模式的形成与演变

高度集权性和计划性是苏联文化体制的两大显著特征。苏联文化体制的形成与发展大致经历了 4 个历史时期。列宁时期、斯大林时期、赫鲁晓夫时期、勃列日涅夫时期。1964 年中国与苏联断交,我们主要考察 1964 年前后苏联文化体制在各个历史阶段的特点,文化体制中苏联模式的形成与发展以及在文化领域呈现出的特点。

苏联文化体制的初创阶段(1917—1920 年)。初建时期的文化领导体制主要体现着集中制原则,但又多少带有民主性的成分。如果说集中制原则主要贯彻在党和国家的机构设置中,那么,民主性的成分则在当时的社会团体在其被允许的限度内有所体现。② 社会团体中除少数大规模的群众性组织,如工会、妇联等,是国家参与组织的、属于起辅助作用的机构外,其多数应该是各阶层、各职业的群众自愿结社团体,它们是十月革命初年苏联文化体制中民主成分的载体。在那个"大炮轰鸣,诗神沉默"的时代,由于社会团体的特点及其承担的社会职能,它们的活动在特定方面弥补了国家权力高度集中所带来的种种缺陷。新经济政策时期和平建设的社会环境也为提高社会团体在文化建设中的作用提供了更为有利的条件。

斯大林时期的文化体制(1928—1952 年)。这一时期可以分为 3 个阶段。第一阶段为 1928—1932 年,伴随着意识形态领域的"大转变",文化体制开始转轨。苏联政治经济领域"大转变"基本完成后,出现了一个思想文化领域或者说是意识形态领域的"大转变",在这个转变的过程中,发生了文化体制的

---

① 毛泽东:《在政协第四次会议上的讲话》,新华月报 1955 年第 3 期。
② 马龙闪:《苏联文化体制沿革史》,中国社会科学出版社 1996 年版,第 30—31 页。

转轨变型,由 20 年代的文化体制转变到了斯大林文化体制的轨道。其基本特征是高度集权性和行政命令性。在这场意识形态领域的转变中,苏联抛弃了 20 年代文化体制当中民主、科学的决策成分,强化发展了其中集中、命令的机制,最终走向极端。苏联的文化体制全面转向高度集权的、行政命令的轨道,并开始带有某种文化专制主义倾向。第二阶段为 1933—1940 年,苏联文化体制最后形成和确立。经过 20—30 年代之交和 30 年代中后期意识形态的大批判,到 30 年代末,斯大林的意识形态模式最终形成并确立下来。其最终确立的标志,是 1938 年《联共(布)党史简明教程》的出版,《简明教程》全面论述了斯大林的社会主义模式,并为 30 年代形成的苏联意识形态模式提供了理论基础,它从头到尾凝聚着对斯大林的个人崇拜。联共(布)在文化发展上背弃 20 年代文化工作的指导原则和领导方法,其中,文化管理的计划性原则从 20 年代末开始强化,其党的十五大确定了文化建设计划同社会主义建设整体计划相适应的方针,并且将此方针贯彻到了五年计划和国家机关的实际活动中。联共(布)对文化的领导,一方面通过任命制和官职等级名录,在人事干部系统掌握对党、政、社会团体中文化领导骨干的任免权,另一方面在文化业务系统,通过对业务领导的直接控制,来实现对文化的直接领导。由此,党内高度集权的文化领导体制形成。第三阶段为 1941—1952 年,斯大林后期苏联文化体制僵化。自 30 年代中后期苏联文化体制最后形成并确立以后,这一体制在 40 年代又进一步有所发展和变化。伟大的卫国战争及其胜利以及战后国内外局势加剧了理论上的僵化,而在战后一系列批判运动和镇压事件中,又进一步向个人权力体制发展并造成了文化体制的僵化。胜利年代和战后,苏联模式的意识形态和文化体制一方面得到了最大限度的强化,发展到了顶峰,另一方面,也暴露出了严重弊端和种种危机,开始从峰顶走下坡路。

总之,与斯大林的经济、政治模式产生的同时,苏联形成了一个以高度集中为基本特征的思想文化模式,即斯大林的思想文化模式。这一思想文化模式主要包括斯大林的思想文化政策和由他建造的思想文化体制。① 具体体现在把社会科学、自然科学和文学艺术事业完全纳入行政管理单位,便于使用、管理和控制,即把文化事业纳入高度集权的领导体制。斯大林在位时期社会

---

① 程剑光:《斯大林模式下的苏联文化》,《黑龙江史志》2011 年第 19 期,第 40 页。

团体在苏联文化体制中职能被严重削弱,从 20 年代末"大转变"伊始,原有的社会团体大都被取缔或自动解散,新建的几个社会团体则走上了统一化、行政化和国家化的道路。

赫鲁晓夫时期(1953—1964 年)苏联文化体制 。由于赫鲁晓夫对 30—40 年代文化体制的冲击,苏联文化继 20 年代之后出现了第二个高涨期,这是文化体制的变革时期。赫鲁晓夫时期苏联意识形态变化的突出特点是"解冻"思潮的出现和它对苏联意识形态模式的冲击。这段时期,虽然苏共在文化的方针政策上有所改善,有所进步,但在文化领域还保留着许多过去的传统理论、方法、体制。到赫鲁晓夫时期,随着批判和清除斯大林个人崇拜及其理论的影响,随着社会生活民主化口号的提出,社会团体的地位和作用逐渐得到了提高。

在勃列日涅夫时期(1965—1982 年),苏联文化体制发生了某种倒退,呈现出凝固和僵化的特点。

计划经济与社会主义在制度和思想上的结合,是在特定历史时期形成的一个客观的政治经济现象,研究社会主义计划经济的起源其实就是试图寻求对这种客观现象形成的一种历史主义理解。

1906 年列宁第一次把关于"有计划的社会生产"的理论设想概括为"社会化的计划经济"这一概念,并与市场经济对立起来使用。[①] 在战时共产主义计划经济中,推动社会主义计划经济形成的因素已经开始走向聚合,"战时共产主义"计划经济的历史内容包括 3 个方面:计划经济的行政机构、战时共产主义计划经济运动的经济基础、战时共产主义计划经济的政治基础。在社会主义计划经济形成史上,新经济政策形成了战时共产主义计划经济和社会主义计划经济之间的一个历史缓冲,新经济政策的实质是市场,市场调节作用受到应有的重视,并有一定程度发展。1928—1929 年,苏联围绕"新经济政策"展开的两条道路、两种抉择的大讨论和激烈的斗争,如果说斯大林代表新经济政策初期的计划倾向及其支撑这一倾向的意识形态和集中化的政治体制,那么,布哈林则代表并发展了市场化的倾向及其改革传统意识形态和政治体制的要求。在 1929 年苏联"大转变"的那一年,斯大林赢得这场政治斗争的胜

---

① 任晓伟:《社会主义计划经济的历史和理论起源》,人民出版社 2009 年版,第 57 页。

利,布哈林对社会主义市场经济进行理论建构的失败成为社会主义计划经济在苏联确立的重大历史性标志。

苏联高度集权的计划经济体制的基本特点是,国有化和计划的指令性。首先,国家机关是经济管理的主体。它既是国有企业生产资料的所有者,又是直接经营管理者。企业只是计划执行单位,必须无条件完成国家计划任务,没有经营自主权。其次,国家通过集中制定的指令性计划指挥整个国民经济。苏联计划经济体制的本质特征是,排斥市场机制和商品货币关系,高度集中和僵化封闭。

社会主义计划经济在中国的确立从根本上说是由自身社会发展的内部因素所推动的,这一点与苏联相同,而中国对苏联模式的学习和移植客观上加速了社会主义计划经济在中国的确立。具体而言,社会主义计划经济是由重工业化的历史任务、教条化的社会主义理论和集权化的政治力量这 3 个内在的历史因素决定的。苏联社会主义计划经济这一外部的制度参照模式的存在,大大加速了这 3 个因素在 20 世纪 50 年代中国条件下聚合的历史过程。

二、高度集权性与计划性的苏联电影事业

苏联电影事业从 1919 年 8 月 27 日列宁签署电影国有化法令起到 50 年代,无论在艺术、技术,还是在工业生产等方面,都由极其弱小发展到先进的地位。[①] 苏联电影已成为对苏联人民进行教育的最重要的工具,在国家经济事业中占极其重要的地位。

关于苏联电影事业的组织和领导。全苏电影事业分电影影片生产、放映发行、电影工业三大部门,影片生产由中央和各加盟共和国分别管理,放映网(除军队、工会系统管理者外)均由各加盟国各级政府文化部门管理,影片发行工作全部由中央集中管理,电影工业也全部由中央集中管理。电影影片生产虽由中央与各加盟国分管,但影片生产主题计划却由中央批准。同样,放映网由加盟国管理,放映网发展计划由中央批准。中央文化部管理全苏电影事业,下设 3 个总局:电影事业总局管理各种影片生产、艺术创作干部的培养;

[①] 1954 年 6 月,文化部电影局组成一个"中国电影工作者赴苏访问团",由王阑西率领,出国考察有关苏联电影事业的状况与经验。这里有关电影事业的材料和数据均截至 1954 年。

电影普及与发行总局管理全国放映网、国内外发行工作及拷贝洗印工业；工业企业总局管理机械胶片照相纸等工业生产及电影技术研究及技术干部培养。各加盟国文化部门有关电影管理的组织形式有两种：一种是将电影生产与放映由电影事业总局管理，下分设两个局（如俄罗斯）；一种是分设两个局——电影生产局、电影普及局分管（如乌克兰），电影生产局一般属行政编制，电影普及局为电影核算单位（经费由放映收入开支）。各加盟国文化主管部门主要管理放映网和放映干部的培养。

关于各种影片生产情况。电影事业总局主要是领导电影制片厂，进行各种影片的生产。苏联影片的生产片种主要有故事片、新闻纪录片、科教片、动画片和木偶片。根据 1954 年王阑西率领的"中国电影工作者赴苏访问团"的考察，故事片制片厂全苏共有 16 个，3 个属中央，13 个属各加盟国。其中有 4 个大厂，根据定额计算，每年生产 8 部至 17 部影片；12 个小厂，各生产 2 部至 5 部。属中央的厂制作俄语影片，各加盟国的厂制作各民族语言的民族形式的影片。战后到 1950 年的影片生产设备和技术有很大的扩充和改善，原计划到 1950 年每年生产影片 60—100 部，但由于文学剧本方面的困难，影片生产每年在 30 部以下。1952 年以后，故事片生产已绝大多数为彩色片。新闻纪录片制片厂全苏共有 24 个（其中一部分设在故事片场内），2 个属中央，8 个属俄罗斯加盟国，其他均属 14 个加盟国（卡尔利芬兰无）。全苏在 1954 年生产各种新闻片共 1200 百部，长短纪录片共 137 部。科教片制片厂共有 4 个，3 个厂属于中央，1 个厂属于乌克兰加盟国。3 个厂制作科学普及片和为业务部门制作科学片，1 个厂专门为业务部门制作教学片，每年生产约 200 部。有 2 个动画电影制片厂，每年生产动画片和木偶片 20—30 部（每部 1—2 本）。除此以外，还大量译制了人民民主国家影片、资本主义国家的古典文学影片和进步影片，并拍摄少量立体影片。这些影片生产管理的计划性呈现这样的特点：均有较长时间的主题计划和广泛的剧本组织工作，除新闻纪录片的主题是一年定一次外，故事片、科教片的主题计划两年定一次。主题计划经中央同意后，即可进行相当于制片计划 3 倍数目的剧本组织工作，各制片厂均团结很多的剧作者。在定额的基础上实行计划管理，把艺术生产工业化，定额中有电影事业总局的定额（如片长、影片生产额、成本限额、制片各项工作的定额、胶片消耗定额、分阶段摄制的规定等），这些定额成了计划的基础。

关于电影的发行与放映。电影是教育人民的重要工具，为此，苏联党和政府用了巨大的人力物力建立了巨大的放映网。根据1954年王阑西率领的"中国电影工作者赴苏访问团"的考察，苏联全国的放映单位除机关俱乐部、学校放映室、军队放映队外，共有52000以上，平均每3500人即有一放映单位。城市有影院13000座以上，农村共有38000千放映单位以上（包括区和拖拉机站的固定放映单位及影院）。放映队有相当大的数量是汽车放映队。放映网全部为经济核算制，除极个别的地区外均能自给并有盈余。50年代以来，每年增加放映单位约3000个，苏联政府拨了巨大的资金（1952年投资约1.6亿卢布，1953年投资的1.7亿卢布，1954年投资约2.1亿卢布）和训练了大量的干部（每年10000—12000人）。放映收入1954年为50.09亿卢布，因而成了国民经济中的一个重要部门。[①] 苏联放映单位的管理，除机关俱乐部、学校放映室外，分由文化部（文化部电影普及与电影发行总局管理在全苏发展和经营电影网的事业，电影普及局管理全苏放映网）、工会组织、军队等3个部门管理。前两者的发展计划、管理、观众任务，均由政府统一规定，文化部门协助工会训练放映干部。电影发行工作全部集中在影片发行局，由发行局统一苏联国内外发行工作的任务。原则是经济任务与发行任务并重。影片发行局有专利权，实行经济核算制，全国有发行处117个（州以上），发行站287个（区），每年均增加发行站以密切配合放映单位的发行。发行部门为使观众能迅速看到电影，而供应大量拷贝，一般最少为600个，多的为1200个以上，《攻克柏林》达到3000个以上，新闻片多者达2500个。为了各少数民族和国外需要，进行加印的字幕达26种语言。影片的收入除付买片子费，付洗印拷贝费、管理费外，1954年即有1亿—2亿卢布上交国库。国外发行一般的盈余较少。[②]

关于电影工业及干部教育。根据1954年王阑西率领的"中国电影工作者赴苏访问团"的考察，苏联文化部管理下有极为庞大的电影工业：9个机械厂、3个胶片厂和6个拷贝厂。这些工厂能制造摄制影片和放映影片的机器、

---

① 参考文化部电影事业管理局编印：《访问苏联电影事业资料汇编》第一辑，1955年版（内部资料），第9页。

② 参考文化部电影事业管理局编印：《访问苏联电影事业资料汇编》第一辑，1955年版（内部资料），第10页。

各种胶片和洗印影片拷贝。培养电影干部是对苏联电影事业的发展有决定意义的。苏联自 1919 年开办了在莫斯科的全苏联国立电影学院,以后随着工程技术的需要又开办了列宁格勒电影工程学院和基辅电影工程学院,并开办了 6 所中等技术专科学校和加盟国以至于州的放映专科学校。

关于影片的输出输入工作。苏联影片输出输入总联合处相当于局,属于电影普及与电影发行总局领导,主要的任务是输出影片到国外,其次才是输入外国影片。内部机构分为欧洲部、人民民主国家部、东方部、英美国家部。1953 年中已有 50 个国家发行苏联影片,其中有 11 个是人民民主国家。苏联影片在人民民主国家的发行比较容易,到资本主义国家就比较困难。苏联输出影片最多的是阿尔巴尼亚、朝鲜、蒙古,输出影片数量最多是中国,发去阿尔巴尼亚的影片共有 200 多部,他们要求重映很多苏联的旧影片。1953 年输出的财务收支上,在资本主义国家和中国都赔了钱,在其他民主国家则取得了一些利润。苏联对资本主义国家的方针是宁可赔钱,也争取上映影片。①

关于苏联文化部对电影事业计划的管理。苏联文化部设有 16 个专业性的事业管理总局,其中电影事业管理总局、电影普及与发行管理总局、工业企业管理总局属于电影事业部方面。在文化部的机关内尚有计划经济局、财务局等。计划经济局管理生产任务的计划,关于电影方面的计划工作首先是制片计划,文化部必须与电影事业总局共同研究,依据总的要求和各制片厂的生产能力来确定。其次是电影普及发行的计划,先根据洗印厂的能力确定拷贝洗印数量,然后定出放映单位的发展数字。再次是电影工业的生产计划,这与以上两个部门关系甚大,如何才能满足明年的放映机的要求,须先加考虑。生产计划制定后,依据这个来制定劳动计划和成本计划。计划经济局只管生产任务的计划,至于财务计划由财务局管,基本建设计划由基本建设局管,具体的建筑工程由建筑局管。除了生产计划、劳动计划、放映网计划等之外,计划经济局还要管理属于思想方面的一些工作,如影片上映节目和戏剧上演节目等。②文化部送国家计划委员会的计划,包括 4 个方面,即生产计划、

---

① 参考文化部电影事业管理局编印:《访问苏联电影事业资料汇编》第一辑,1955 年版(内部资料),第 105—108 页。

② 参考文化部电影事业管理局编印:《访问苏联电影事业资料汇编》第二辑,1955 年版内部资料,第 16—17 页。

基本建设计划、供应计划和财务计划。各加盟共和国的计划送文化部时要送
两份，一份存部，一份送电影事业总局以供参考。总局可以根据这些全面地
考虑，提出意见。

第二节　新中国电影事业中"一边倒"的政策与实践

新中国成立伊始，苏联电影就在创作、理论和体制等方面对中国电影产
生了全方位的重要影响。新中国中央电影局的首任局长袁牧之在把苏联电
影大量翻译过来并在中国放映和传播的同时，也把苏联共产党对电影的方
针、政策介绍到了中国。1951 年 7 月，别列杰夫编的《党论电影》一书的中译
本在北京出版。通过这本书，中国人熟悉了列宁的名言："在所有的艺术中，
电影对我们是最重要的"；知道了 1919 年 8 月列宁签署了关于照相、电影事业
国有化的命令。列宁对电影的这些思想，对新中国电影体制、新中国电影范
式的形成和建构产生了决定性的作用。正是在列宁电影思想的指导下，新中
国不是把电影看成是赚钱的工具，也不仅仅是给观众提供消遣和娱乐，而是
把电影看成是"团结人民，教育人民，打击敌人，消灭敌人"的工具，从而把电
影放在了一个前所未有的高度。可以说，新中国成立初期对苏联电影的大量
翻译、放映和传播，对苏联电影理论，尤其是苏联共产党对电影的方针、政策
的大量介绍，决定了新中国成立初期电影工作的基本性质和发展方向。

一、中国电影主管部门的企业化思想与"电影村"的构想

作为新中国中央电影局的首任局长袁牧之，为开创新中国人民电影事业
做出了自己的艰难探索和独特贡献。袁牧之于 1948 年先后写给中央宣传部
两份《关于电影事业报告》，其中提到："……电影事业除文化斗争的任务外，
还有经济战线上的斗争任务。经济战线上的胜利是文化战线扩展的物质基
础，而要取得经济战线上的胜利，首先要将应归国有的电影生产机构及市场
统一。"①按照袁牧之的设想，新中国电影仍然要走企业化、市场化乃至商业化

---

① 　袁牧之：《关于电影事业报告（一）》，转引自竹潜民，沈瑞龙：《人民电影的奠基者》，宁波出版社
2004 年版，第 191 页。

之路。

在 1950 年全国电影总收入尚难于估计的时候,袁牧之就计划先在制片厂实行企业化管理和经济核算制度。他在 1950 年召开的第二届行政会议的报告中指出:国营电影事业必须实行企业化,以节约国家文教经费,并从企业化打下人民电影的经济基础,使电影事业能在这基础上更好地发展。在 1949 年和 1950 年两年里,袁牧之主持召开了一系列电影局会议,对电影企业管理方面的问题进行了全面的认真探讨和研究,并通过了多达 87 项决议,这些决议的内容从电影创作、制片、发行、审查等大政方针到器材调配、字幕排序等技术细节,几乎涵盖了电影生产管理的各个领域,并在此基础上出台了一系列关于新中国电影企业化建设与管理的政策、法规。1953 年,电影局发出关于电影企业推行经济核算制的指示和关于电影企业推行经济核算制的权限、责任、业务范围及财务关系的指示等文件,全面推行企业化管理和经济核算制。从此,电影业以自己的收入支付制片生产以及各项业务费用的开支,不再领取国家经费补贴,还有利润上缴。

正是在"国营电影事业必须实行企业化"的基础上,袁牧之逐渐形成了"电影村"的构想。早在 1950 年 9 月 16—30 日,文化部电影局召开了"第二届扩大行政会议",提出要"为建设重点的电影制片厂以作将来人民电影事业重心的基础,先在北京西郊择定地区,开始部分的建设"。1950 年,在捷克斯洛伐克国家电影公司技术专家皮赖特、电影建筑专家斯蒂尼协助我国拟定大型电影洗印厂建筑设计的时候,我国请他们拟定了一个"首都电影村建筑计划草案"。计划在北京西郊颐和园北面,从青龙桥到黑山扈征地 8000 亩,建设首都"电影村"。草案中"电影村"的建筑按性质分,共 4 大类,各大类中又根据其设备及用途分为若干项。1952 年 6 月 27 日,文化部部务会议讨论了"电影五年计划"(王阑西参加了会议),将"电影村"在西郊黑山扈征地申请报北京市,并获批准,有关方面人士还对黑山扈地区的水质、供电、交通,均做了实地考察。

1952 年 10 月 23 日,周恩来召集习仲勋、沈雁冰、周扬、邵荃麟、王阑西、蔡楚生等座谈电影事业的建设问题。周恩来指出,电影事业要充分利用现有的设备,发挥潜在力量,并在现有基础上要求适当的发展,这是可以肯定的。电影事业不能集中,不但不必要,而且不应该。苏联有电影事业积 30 年之经验,也没有搞集中。艺术事业不同于一般工业:钢铁可以搞钢铁城。文化不能单独成为一个社会中心,不能独立创造一个社会。艺术要有社会生活,因为它要表现全社会的面貌与社会矛盾。如果制片厂集中北京就会脱离全中国广大的实际,也不能带有地方性。周恩来明确指出:"集中思想是错误的,是种新村思想,无政府主义思想,受好莱坞思想的影响。电影事业在现有基础上发展,除适当地发展现有的长春、北京、上海的厂外,将来各地的生活需要反映,要在各地建立小厂,如西南、西北也应建立厂。五年计划内应该考虑到这个问题。电影事业不但不能太集中,而且需要适当的分散。分散设立的虽然是附属的,但也是需要的。只有各地设厂,才能做到'百花齐放'。少数民族能摄制出一部片子对他们也是种表现。全国的领导主要是政治上的、思想上的领导,不能统一在一起变成垄断。社会主义思想不是垄断的。垄断思想在任何时候都是我们反对的。"①

1953 年 12 月 24 日,经过政务院第 199 次会通过的《文化部一九五三年工作报告》中说:"文化事业所包括的范围和联系的群众,十分广泛,要做好这个工作,首先必须具有计划性,但我们过去在工作上确缺乏计划性而存在自发性和盲目性,在许多问题上曾表现贪多冒进思想。这主要是对文化艺术事业的特点认识不足,以及对整个国家经济与文化发展不平衡状况、人民需要、文化工作的主观条件和每一工作的实际效果等缺乏全盘的周密的考虑而产生的。如在电影事业的发展计划上,曾有过将全部电影生产集中一地,建立所谓的'大电影村'的不切实际的思想。"②钟敬之后来在一篇文章中也不点名地做了批评。在全国各地分散建立电影制片厂并追求"大而全"的结果,确实在一定程度上造成了资源的浪费,使得各电影制片厂普遍没有达到当初的设计要求。电影经济学家季洪女士在 1979 年指出:"从第一个五年计划开始,我们曾聘请苏联专家指导电影制片厂的建设,采用'大而全'、'小而全'设计进行,建设一个制片厂,不但有摄影棚,还都有洗印车间与录音棚等……以第一个五年计划期间先后新建的珠影、西影、峨影 3 个地方领导的制片厂来看,这

---

① 钟敬之:《有感于制定我国电影事业"一五"计划及向苏联学习(上)》,转引于饶曙光著:《中国电影市场发展史》,中国出版社 2009 年版,第 257 页。

② 解之秀:《袁牧之与"电影村"》,转引自竹潜民,沈瑞龙:《人民电影的奠基者》,宁波出版社 2004 年版,第 331 页。

3 个厂原设计能力年产故事片 6—8 部,20 多年来生产至今没有达到设计能力。"①

二、苏联高端电影专家的引进与中国电影人才的培养

袁牧之不仅设想新中国电影仍然要走企业化、市场化乃至商业化之路,甚至还提出了"电影村"的构想。不过,在周恩来看来,"电影村"的实质是"垄断思想",是受了"好莱坞思想的影响"。因此,袁牧之很快就离开了电影局局长的岗位。可以说,电影事业 1953—1957 年第一个五年计划是在否定了袁牧之的"电影村"构想后开始制订的。

由于当时的中国正在全方位地奉行"向苏联老大哥学习"的"一边倒"政策,新中国的电影也采取了全方位"向苏联学习"的方针。为了与国家发展国民经济的第一个五年计划(1953—1957)同步,遵照周恩来的指示,由文化部聘请苏联专家,协助编制了电影事业第一个五年计划草案,在王阑西的主持下,成立了由司徒慧敏、钟敬之、汪洋、郑伯璋、李牧、周从初等人组成的工作小组协同苏联专家进行了电影事业第一个五年计划的编制工作。

当时电影局采用两种学习方法:一种是"请进来"。即要求苏联派来技术专家协助我们制订电影事业发展计划和建设措施,以及聘请电影专业教师来华为我们培养所需的专业人才。文化部根据周恩来的指示向苏联电影事业管理部门提出聘请专家后,1953 年 1 月 7 日,苏联高尔基电影制片厂总工程师、电影制片设备专家米·安·戈尼沙列夫斯基(组长)等 5 位专家到达北京。当时来华协助制订计划的几位苏联专家都是各有专长的,如制片生产、影片洗印、电影机械制造、胶片制造及放映网管理等。电影局组成专门小组协助苏联专家,从调查了解我国人口分布、工农业生产发展与人民经济、文化生活的需要与可能等实际情况出发,先制订电影放映事业的发展计划;依据电影放映事业的发展计划,需要多少影片节目与拷贝和放映机器等,制订电影制片事业的建设规模、布局和影片产量,以及电影胶片、洗印和机械工业的规模、布局和产量计划等;还依据整个电影事业发展需要,制订干部培养计划,

---

① 季洪:《关于电影制片厂的建设问题给黄镇部长的报告》,转引自季洪:《季洪电影经济文选》,中国文联出版 1999 年版,第 2—4 页。

编制了电影事业第一个五年计划草案。在电影行业，与其说是苏联协助中国编制计划，不如说是苏联专家为中国编制计划。既然要向苏联"一边倒"，既然决心实行计划经济体制，这个过程大概是无法避免的。当时电影局主要有两个专家，一个电影总顾问茹拉甫廖夫，既做导演也做党务工作，做过莫斯科电影制片厂的党委书记，他对苏联电影事业了解比较全面；还有一个搞技术的总顾问，叫列宾。另一些专家都在电影学院。

当"一五"计划制订后，根据电影事业发展的要求，迫切需要具备一定专业基础和较高修养的人才。文化部电影局决定改建原来的电影学校为大学本科的"北京电影学院"，并又一次以"请进来"的方式，聘请苏联教师帮助开展教学并推进电影教育工作。1953年12月24日，中央人民政府政务院第199次政务会议上做出决定："……电影局应积极准备条件，争取四至五年内创办电影艺术学院，培养电影人才，首先是编剧、导演、演员……"[①]在电影事业管理局制定的电影事业发展的第一个五年计划中，列有在北京电影学校的基础上建立北京电影学院的规划。文化部聘请了苏联电影教育专家来校讲学培养师资。1955年11月由苏联专家Ｂ·伊万诺夫、Ｂ·卡赞斯基、Ａ·西蒙诺夫、Ｂ·安东年柯主持授课，以培养师资为重点举办了导演、演员、摄影、制片4个专修班，学员都是来自各电影制片厂具有相当实践经历的创作和制作部门的在职干部，教学计划的框架基本上采取的是苏联电影教育体系，学制二年。学校同时配备了一部分师资力量协助苏联专家工作并随班学习。

1952—1957年，苏联先后派遣来中国的电影方面的专家有28人，有事业管理的，艺术制作的和工程技术的人员，都是有丰富经验和学识的，半数以上都是苏联电影方面的权威。他们包括电影事业的各个方面：电影导演、表演、摄影、录音、洗印、特技、化装、制片管理、放映发行、技术管理、基本建设、电影机械工业等方面，由于他们结合我国的具体情况介绍了苏联电影事业的丰富经验和中国电影工作者的努力，我国电影事业的各方面都得到了改进和提高。尤其是直接参加并具体指导生产和帮助我们举办专修班，训练班，讲习会和亲自带徒弟，培养了几百个干部，给中国电影事业增添了大批新生力量。

另一种方法是"走出去"。1954年6月，文化部电影局组成一个"中国电

---

① 院志编辑委员会：《北京电影学院志1950—1995》,北京电影学院音像出版社2000年版,第5页。

影工作者赴苏访问团",由王阑西率领,出国考察有关苏联电影事业的状况与经验,该团包括电影各个部门的负责干部章泯、司徒慧敏、钱筱章、蔡贲、洪林、陈亚丁、赖志友、钟敬之共 9 人。在近 3 个月的工作中,代表团访问了苏联文化部关于电影方面的 3 个总局及其所属局和处;深入莫斯科 5 个电影制片厂做系统的考察,并对我国电影事业计划进行讨论;赴主要电影基地——列宁格勒、奥德赛、基辅、萧斯特卡等地做访问和参观;听报告;等等。这次考察,主要任务是深入了解苏联电影事业的领导和管理,因此,所有的访问和考察都着重于电影事业各方面的领导方针和管理方法,代表团在苏期间访问和考察了大量的单位。回国后,代表团围绕苏联制片生产、各种影片的生产情况做了专题报告,并汇编成册。

1954 年 9 月,我国为了在不久的将来能够生产大量的彩色影片,电影局又组织了一个"电影技术学习团"赴苏联学习彩色故事片的制作,学习包括彩色影片的艺术、技术、管理等各个方面的内容,学习期限为一年。该团由汪洋同志率领,有成员近 20 人,包括制片管理干部何文今,导演成荫,摄影师朱今明、钱江,美工师池宁、朱德熊,录音师吕愚昌和特技张尔瓒,化装王希钟,洗印周从初、王雄等,都是对电影的艺术和技术具有相当修养和经验的专业干部。"电影技术学习团"刚去时先在莫斯科全苏国家电影学院学习一个月,为该校的第一批中国留学生。当时为他们讲授各门课程的都是些大师和专家,如著名电影导演 M·罗姆、T·罗沙里、A·普图什科,技术专家 M·戈尔陀夫斯基、E·A·约菲斯,以及电影史家 E·斯米尔诺瓦等。在苏联艺术大师和优秀的技术专家领导之下,我们派出的人员在不到一年的实习中提高了艺术创作水平,掌握了新的技术。其后几年间,我国又选送大批具有培养条件的青年,去苏联留学深造,学习电影的艺术和技术专业。因此,"在我国人民电影事业各个方面的建设初期,苏联是给予了我们相当大的影响的"。①

在电影全方位的"向苏联学习"的社会风气中,"高度集中、按计划生产"的苏联电影体制成为新中国电影体制的基本模式。

---

① 钟敬之:《有感于制定我国电影事业"一五"计划及向苏联学习(上)》,转引自饶曙光:《中国电影市场发展史》,中国出版社 2009 年版,第 262 页。

第三节　苏联模式影响下的新中国对外电影贸易体制

无须讳言,新中国的电影体制基本上是亦步亦趋按照苏联模式建立起来的。第一个五年计划是在全方位地奉行"向苏联老大哥学习"的"一边倒"的政策背景下制定的,几乎是全盘照搬其实已经陷入停滞和僵化的苏联模式,从而建立起高度集权性、计划性、统购统销的一体化的国家电影体制,对外电影贸易体制也相应地表现为高度集权性、计划性。

一、中央电影管理局对电影进出口的审查与管理

新中国电影的体制化,首先是管理的体制化。1949 年 3 月,袁牧之等人来到北平筹建全国电影领导机关。1949 年 4 月中宣部直接领导的中央电影管理局在北平正式成立(1955 年改名为电影事业管理局)。新中国成立后,电影局成为中央人民政府文化部领导下的国家管理机关,称"中央人民政府文化部电影局",其任务是负责全面管理全国公私营电影事业及有关电影的器材和影片的进出口等事宜。

为了对全国各地的电影生产与管理进行严密的组织和调度,电影局将各国营电影生产企业的创作生产决策权、人事管辖权与质量监督(主要是政治审查)权,以及发行放映经营管理权都集中下属的"两委四处一所":故事片的剧本创作、审批、投产权,导演分配权归电影局艺委会(编剧权属于电影局剧本创作所);电影的发行放映经营管理权归属电影局发行处;技术标准,生产规范化管理由电影局技术委员会统管。电影局成为一个以政代企,具备行政与生产双重管理职能的权力机构。

1950 年 10 月,政务院颁布了《电影业登记暂行办法》《电影新片颁发上映执照暂行办法》《电影旧片清理暂行办法》《国产影片输出暂行办法》《国外影片输入暂行办法》等 5 项规定,标志着新中国电影体制的进一步确立。其中,《国产影片输出暂行办法》和《国外影片输入暂行办法》对影片的进出口贸易做了基本的规定,中央电影局对影片输入输出进行了严格的审查和管理。

二、计划经济体制下的国营片场制

新中国电影事业体制是 50 年代模仿苏联电影的管理体制建立起来的。

受苏联模式影响较深,是以行政管理手段和计划经济等特点集中管理电影的生产、发行模式的,在50年代中期,中国电影在国有体制下,逐渐形成了"高度集中、按计划生产、统购统销"的电影生产创作与管理体制。

新中国成立后,历年来我国均购入大量苏联影片,对外电影贸易严重入超。据统计,从1949—1962年,中国向苏联选购影片共951部,苏联向中国选购影片共198部,苏联影片的大量涌入,译制片厂功不可没,上影和长影是中国电影译制片创作的两大重镇,八一电影制片厂以译制军事影片为主,这些厂家译制输入影片均有严格的计划性 。

对完全苏联模仿的中国制片厂体制就是按行政指令性计划指标生产和发行电影,而它的功能和效应是确保电影以艺术形象完成党和国家的宣传教育任务。1951年3月中央文化部电影局东北、上海、北京三制片厂翻译片科全体工作人员写信给中苏友好协会总会刘少奇会长,报告1950年一年来对苏联影片翻译工作的情况:"1950年,我们国营东北、上海、北京三制片厂除完成原计划翻译40部苏联故事片,与36部苏联科学教育短片外,并为配合抗美援朝保家卫国运动,超额译制了《秘密使节》《阴谋》与《钢铁是怎样炼成的》3部故事片,苏联科学教育短片也超额完成了6部。"[①]1952年年初,中央人民政府文化部电影局在制定当年电影制片工作计划中,专门就翻译片做过明确要求:"翻译片:(包括联合厂计划在内)国外片译成汉语的计50部又30本;国产片试译成少数民族语言与中苏影片译成粤语的,如干部调整,半年内各译成20部和25部。"[②]1953年,由于缺乏明确的制片方针和切合实际的制片计划,电影剧本严重缺乏,电影的数量和质量不能令人满意。为改进和加强制片工作,中央人民政府政务院第199次政务会议于1953年12月24日通过、1954年1月12日公布了《中央人民政府政务院 关于加强电影制片工作的决定》(以下简称《决定》),第一条关于"制片的方针与任务"中提到:"苏联和人民民主国家的翻译片,在整个影片生产中应占有合适的比例,并进一步提高译制工作的质量,增添必要的字幕解说,以便广大观众易于了解。"《决定》规定,今后4年,每年的制片任务大体规定如下:大型故事片12—15部及一定数量

---

① 《电影局三制片厂翻译片工作者报告工作 中苏友协刘少奇会长复信嘉勉 指示学习苏联电影的斗争性扫清美国影片的遗毒》,人民日报1951年3月4日,第1版。

② 吴迪:《中国电影研究资料1949—1979(上卷)》,文化艺术出版社2006年版,第234页。

的农村故事片、儿童片、美术片和舞台艺术纪录片；大型纪录片 10 部及短纪录片 20 部以上；新闻短片每周出一次；科学教育片 15 部以上；翻译苏联和人民民主国家的影片及资本主义国家的进步影片，大体保持和国产片（包括故事片和纪录片）相等的比例。[①]文化部电影事业管理局 1 月 28 日到 2 月 6 日召开全国电影制片厂厂长会议。会上决定：1956 年将生产艺术片 36 部（其中专为农民摄制的影片 10 部），科学教育片 36 部，都比 1955 年产量增长一倍；还要生产长、短纪录片 78 部，新闻简报 72 号，翻译片 72 部，其他各片种的产量也都有增加，普遍争取提前一年到一年半完成第一个五年计划。[②]总之，译制片的生产具有高度的计划性。

十七年时期是我国译制片生产计划模式管理从建立、巩固到成熟的一段时期。在计划模式下，生产译制片所需的人、财、物都由国家统一配备。在生产管理上采取导演负责制。这种制度的特点是译制片的艺术质量由译制导演全权负责，但是资金和设备都由国家统筹供给，导演无须操心成本及投资回报率等问题，无论片子营利与否，导演与其他译制组工作人员都按月领取工资。由此可以看出，这种制度是与市场脱离的。在人员管理上采取职工制，所有的配音演员都是译制单位的职工，按月领取工资，配音只是日常工作，与酬劳不产生直接联系。在新中国成立之初，由于体制和需求的原因，传统的计划性管理模式发挥着重要的指导作用，也在一定程度上推动了中国电影译制事业的发展。但是，计划模式不利于控制成本，用人机制僵化，改革开放以来，随着市场的发展和受众需求的变化，计划经济的种种弊端开始显现。

三、政企合一的垂直电影发行体制

苏联电影体制的模式形成是有其自身原因的，一方面是由于其早期电影的类型单一化，电影的内容也多为当时的政府服务，另一方面，为了便于管理和满足多民族加盟共和国联盟的形式，而形成了中央垂直的电影发行体系。由于当时中国的诸多情况与苏联类似又在政治经济和思想意识上受到苏联的影响，所以在电影管理方面对苏联模式的模仿便成了顺理成章的事。

① 《中央人民政府政务院 关于加强电影制片工作的决定》，人民日报 1954 年 1 月 12 日，第 1 版。
② 《今年各种影片产量将普遍增加》，人民日报 1956 年 2 月 11 日，第 3 版。

新中国成立之后,建立了与以往截然不同的国营电影体制,其中新的影片产业结构——全国性的电影发行放映网的建立,为此后几十年中国电影的发展道路奠定了基础。1949 年 12 月 7 日,电影局对全国电影发行机构的设置做了全面部署,除电影局设立发行处外,分别设置 6 个大行政区影片经理公司。统一全国影片发行工作,影院较多的城市则采取统一排片的办法,也即统购包销的方式。1951 年 2 月 1 日组建了影片发行企业的总管理机构——中国影片经理公司总公司,原各大行政区影片经理公司改为总公司所属的区公司,各省、市、自治区设分公司或办事处,地区设发行站。电影发行网在全国撒开。1953 年 12 月文化部做出《关于加强电影放映和发行工作的指示》,决定将中国影片经理公司总公司改为中国电影发行公司总公司(简称"中影")。随着中央对各大行政区体制的改变,撤销各大区公司缩编为总公司的代表处,并加强各省、市、自治区的分支机构,由此形成了从中央到地方垂直管理的政企合一电影发行体制。

"双百方针"提出后,电影事业也在一定范围和条件下开始进行体制改革。1957 年国务院发布通知,改变电影发行体制管理办法,决定将中国电影发行公司总公司直接领导和管理的各地电影发行企业划交各地文化主管部门直接领导管理,但拷贝所有权、发行收入仍属总公司所有,各地提取代理发行手续费。这项改革改善了过去统得较多的情况,使各地拥有了更多的自主权,推动了电影发行事业的发展。

1958—1963 年,电影发行体制经历了从"全面下放"到调整、巩固、进一步发展的过程。1958 年 3 月 12 日文化部决定将原属电影局的放映网管理处与中国电影发行公司总公司合并,改组为中国电影发行放映公司(仍简称中影)。并明确规定"中影公司具有政权管理与企业经营的双重性质,在文化部的领导下负责统筹管理和指导全国电影发行放映事业和影片输出输入业务"。取消各大区代表处;各省、市、自治区的分支机构均改名为电影发行放映公司,行政隶属关系划归地方政府负责。如图 7-1 所示。

不久,在"全面跃进"中,随着电影事业管理体制全面下放,中影公司的业务管理体制也全面下放,具体业务、财务都交给地方。由于脱离国家计划经济体制,很快,这种下放方法产生了很多问题。1963 年文化部颁发的《关于改进电影发行放映管理体制试行方案》调整了这种管理状况,地方上的业务受

```
┌──────────────────────┐          ┌────────────────────────┐
│ 中央电影管理局(1949)  │──────────│ 东北影片经理公司        │
└──────────────────────┘          │ 西北影片经理公司        │
           │                      │ 华北影片经理公司        │
           ▼                      │ 华东影片经理公司        │
                                  │ 中南影片经理公司        │
                                  │ 西南影片经理公司        │
                                  └────────────────────────┘
                                              │
                                              ▼
┌──────────────────────────┐      ┌────────────────────────┐
│ 中国影片经理公司总公司    │──────│ 东北影片经理公司        │
│ (1951.2)                 │      │ 西北影片经理公司        │
└──────────────────────────┘      │ 华北影片经理公司        │
           │                      │ 华东影片经理公司        │
           ▼                      │ 中南影片经理公司        │
                                  │ 西南影片经理公司        │
                                  └────────────────────────┘
                                              │
                                              ▼
┌──────────────────────────┐      ┌────────────────────────────┐
│ 中国电影发行公司总公司    │──────│ 东北电影发行公司代办处      │
│ (1953)                   │      │ 西北电影发行公司代办处      │
└──────────────────────────┘      │ 华北电影发行公司代办处      │
           │                      │ 华东电影发行公司代办处      │
           │                      │ 中南电影发行公司代办处      │
           │                      │ 西南电影发行公司代办处      │
           │                      └────────────────────────────┘
           │        ┌────────┐ ┌────────┐          │
 ┌───────┐ │        │文化部电│ │中国影片│          │
 │行政管理│ │        │影事业管│ │发行公司│          ▼
 │和企业经│ │        │理局放映│ │总公司  │  ┌────────────────────────┐
 │营双重性│ │        │处      │ │        │  │1.取消各大区代办处        │
 │质的机构│ │        └────────┘ └────────┘  │                        │
 └───────┘ ▼            └──合并──┘          │2.各省、市、自治区的分支  │
           │                                │  机构均改名为电影发行放映│
 ┌──────────────────────────┐               │  公司,行政隶属关系划归地│
 │ 中国电影发行放映公司(1958)│───────────────│  方政府负责              │
 │ (以电影局的放映处为基础组建)              └────────────────────────┘
 └──────────────────────────┘
```

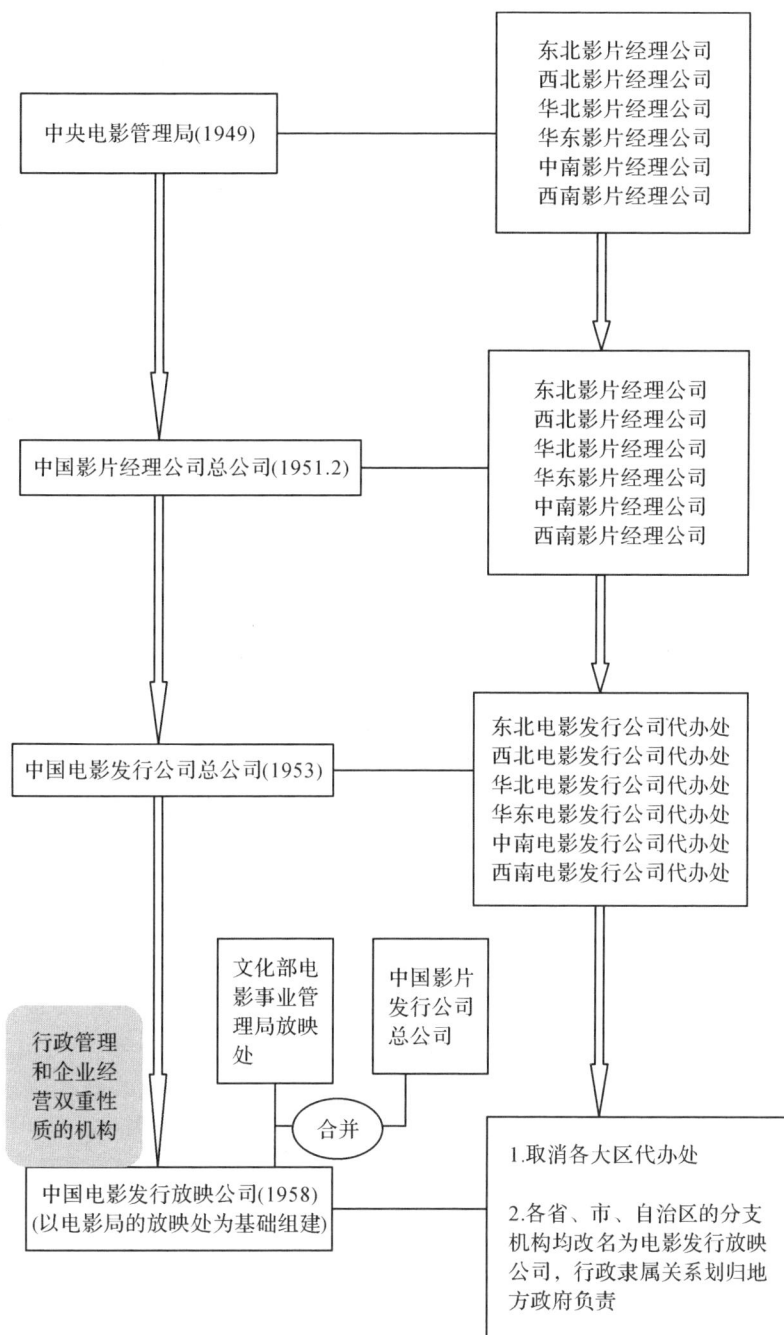

图 7-1　中影的机构设置

中影公司和地方文化主管部门双重领导,收回了部分权利。

我们以上海为例,来看看译制片的发行、放映。外国影片由中影公司统一输入,统一发行。上海市电影发行放映公司在沪行使代理中影公司的发行业务。具体做法是,中影公司提供每月的影片发行计划和拷贝分配计划,市公司根据片源节目及拷贝数,制订本地区的影片发行计划,报请当地文化主管部门审核备案后,予以实施。电影发行的经济分配,采取放映收入逐级分账的形式。拷贝费和版权费由中影公司测算,规定分摊比例,由省、市、自治区公司向中影公司结算。地、县以下发行机构不计算拷贝和版权费,只向放映单位收取发行分成和片租费。① 这种全国统一的影片发行方式,省、市,地、县公司基本上没有经营自主权,但有利于普及放映,在农村还可以做到规划放映。

第四节　本章小节

苏联模式是冷战时期社会主义阵营特有的历史现象。历史上,苏联对我国的影响是巨大的,这种影响包括历史、思想、政治、经济、文化、国际关系等等。中国文化领域的苏联模式首先是"一边倒"的国家外交政策所决定的,文化体制中的苏联模式对新中国成立初期我国的文化贸易体制产生了深刻的影响,管理机构的高度集权性和统一性,生产的计划性,这些基本特征无论对电影、出版事业的发展,还是对外文化贸易都产生过积极的作用,同时又在体制结构上埋下了隐患。新中国成立之初,在否定袁牧之的企业化思想与"电影村"构想的同时,苏联电影专家"请进来"与中国电影人的"走出去"从理论到实践践行着这一模式的中国化,中央电影管理局对电影进出口的审查与管理、计划经济体制下的国营片场制、政企合一的垂直电影发行体制无一不是苏联模式的深刻表征。在特定的历史时期,苏联模式影响下的对外电影贸易机制极大地推动了中国与苏联以及其他社会主义国家的文化互动,塑造着那个时代个人乃至集体的判断力,在国际上建构着新中国的国家形象。但这种文化与政治密切联系的关系,也注定了中国电影事业的多舛命运。

---

① 吴贻弓:《上海电影志》,上海社会科学院出版社 1999 年版,第 595、604 页。

第八章　新中国文化贸易的制度建构

随着新中国的成立,社会主义性质的对外文化贸易随之大规模的开展起来。文化产品的大量涌入,无论从产业发展,还是意识形态的控制来说,社会主义性质的文化贸易制度建构已是刻不容缓。这种制度的建构分为两个层面,一是确保社会主义性质的文化贸易顺利运行而进行的制度建构,如有关著作权的规定以及稿酬制度的制定。二是为了控制对外文化贸易对新成立的社会制度的冲击而建立的规制手段,如对媒介的各种政府规制。新中国成立初期,"战争和革命"仍然是世界发展的主题,西方国家的"和平演变"和反动势力活动猖獗,使得国家对文化贸易的内容提供和经济行为都有着较为严格的管制,这符合当时的国情。如果说第一层面更倾向于经济性的制度建构,那么第二层面更凸显政治和社会意义。

作为对外文化贸易重要形态的出版与电影,除了满足国家建设需求和人民精神文化生活的需要外,还肩负着传播社会主义意识形态、形塑新中国公民民族性革命性的社会认同、建设文化软实力、提升国家文化形象、维护国家文化安全的重要使命,因此,新中国成立初期我国对出版和电影对外贸易和交流的制度性建构相对比较充分。我国对外演出主要还是文化交流,贸易性演出量很少,政府规制内容主要有两个,周恩来批准对外售票以及国务院批准建立第一个专业演出机构。基于以上原因,下文主要围绕出版业和电影业来探究新中国文化贸易是如何进行制度性建构的,这种研究对今天的中国与"一带一路"国家开展文化贸易如何进行制度性创新和突破具有启示意义。

第一节　驱动对外出版贸易的商业机制

一、从拟定《保障出版物著作权暂行规定》到处理"国际著作权问题"

版权观念在南宋时期就已形成,当时的版权保护主要依赖向地方政府申请禁令,并没有特定的相关法条,因而只能在地方管辖范围内保护版权,且每本书出版或再版均要再次申请禁令,十分烦琐。而完善追责体系的缺失也使其对盗版的遏制作用十分有限。但整体而言,这种禁令式的保护与传统社会相对小规模的印刷出版活动是相匹配的。所以这种版权保护模式延续了 700 多年。直到 19 世纪末,这种版权保护模式越来越不适应当时印刷出版业快速发展的形势。19 世纪末,知识产权贸易日渐成为中外贸易的重要组成,美、日等国为了保护本国公民权益而与清政府缔约要求保护其版权,这是倒逼清政府尽快制定国内版权法的外部力量。内外因素促成了 1910 年 12 月《大清著作权律》出台,这标志着中国版权制度建立的开端。此后, 1915 年北洋政府的《著作权法》以及 1928 年南京国民政府的《中华民国著作权法》均体现了对它的继承。

以明确的法律形式保护创作者的权利,则是进入 20 世纪以后的事。1990 年 9 月 7 日,全国人民代表大会常务委员会通过了新中国成立后的第一部《著作权法》。1992 年 10 月 15 日,《伯尔尼公约》在中国生效。伯尔尼联盟的"人口"从 25 亿增为 37 亿或 38 亿,"一夜之间增长了 50％,这在《伯尔尼公约》106 年的历史上还从来未有过"[①]。可以说,1990 年《著作权法》的正式出台使我国版权保护的国内法与国际条约形成完整对接,由此,中国现代文化产业在制度层面融入了国际文化生产,标志着现代文化生产商业机制的制度的确立。然而,中国现代版权制度的建立是一条漫长而艰巨的道路,新中国成立后的版权保护工作为《著作权法》的正式颁布夯实了基础。

(一)《保障出版物著作权暂行规定》

1949 年新中国成立后,人民政府在集中力量巩固政权和发展经济的时

---

① 世界知识产权组织总干事鲍格胥博士在 1992 年 9 月为纪念《中华人民共和国著作权法》颁布两周年在北京举行的"中国版权制度国际讨论会"上有所提及。

候,重视知识分子在国家建设中的重要作用,关心保护创作者的权益问题,开始了制定保护版权法律的工作。废除了旧政府的全部法律,首先制定国家根本法《中国人民政治协商会议共同纲领》。《共同纲领》规定人民有言论、出版自由,国家试行"奖励科学的发现和发明、奖励优秀的社会科学著作、奖励优秀的文学艺术作品"。

为了落实根本法的要求,从 1951 年起,也曾着手起草保护著作权的法规,但没有完成。在没有完备的著作权法律的情况下,行政机关的法令和规章在保护创作者的权益方面起着重要的作用。这种保护首先体现在出版方面。1950 年 9 月 25 日,第一届全国出版工作会议做出的《关于改进和发展出版工作的决议》指出:"出版业应尊重著作权及出版权,不得有翻版、抄袭、窜改等行为。"1952 年 8 月政务院颁布了《管理书刊出版业印刷业发行业暂行条例》,规定凡经营出版业者"不得侵害他人之著作、出版权益"。但这也只是一般的原则,没有具体规定。

当时,私营出版业的出版物中,剪贴、抄袭、剽窃、窜改等行为侵害他人著作、出版权益,盗窃作家劳动成果的情况,仍然相当严重。其一,私营出版商编印有关政策、法令、文件等书籍。有一些私营出版商(如上海祖国出版社、新人出版社、民生书店、陆开记书店、文工书店等)滥出了错误百出的解释共同纲领的学习手册一类读物。其中民生书店出版的《共同纲领学习手册》,把毛主席在人民政协第一届全体会议上的开幕词、刘少奇副主席在第一次会议上的讲话、周恩来总理关于共同纲领草案起草的经过和纲领特点的报告的摘要作为全书的参考资料,并把周总理报告摘要的第一段全部删去,擅自加了 5 个小标题。其二,翻印图书、古籍及翻版艺术品。不尊重著作权和版权、任意翻印别人著作或图书的现象,在各地也还是存在。一篇有较大影响的文章连续在不同地方翻印出版的情况相当多。例如魏巍的《谁是最可爱的人》,据不完全的统计,曾在 9 个出版社的同名出版物中反复翻印,其中有中央一级出版社(人民文学,青年)、地方国营出版社(湖南、归绥、天津)、非出版单位(唐山市青委)、杂志社(成都"半月文摘"社)、私营的天津益智书店。有许多地方上的非出版单位,如机关、团体或学校,单纯为了自己的需要或为了一个时期的宣传任务,任意翻印图书。在私商方面,出现了任意翻印古籍及一些丧失了著作权的旧小说的情况,私商的翻版行为也侵入某些艺术品中。其他还有剪贴或剽窃他人的著作借以牟利的行为相当严重,其方式方法多样。抄袭和窜改的情况也广泛存于苏联文学名著的改写本或通俗本中,还有改编和改写事前没有征求原作者的同意。种种乱象既损害了职业作者、翻译者的积极性,也造成了出版上的混乱。为了把出版工作进一步纳入轨道,保护著作人的权益,鼓励文学、科学、艺术等的创作,保障优秀作品的广泛传播,制定一个出版物的著作权保护法就显得非常必要,这成为我国制定著作权办法的内因。但著作权所包括的范围很广泛,苏联著作权法第四条列举有 11 项之多,我国政府各有关部门的要求又不尽一致,民刑各法也还没有正式制定,正式的著作权法的制定和颁布还不到时机。因此,先从保障出版物的著作权着手,就这个范围内的主要事项做出某些暂行规定以适应当时的情况与要求,并为将来制定著作权法打下基础。为此,出版总署参照我国出版业的成规和苏联 1928 年公布的著作权法,1954 年 5 月初步拟订了《保障出版物著作权暂行规定(草案)》。

《著作权暂行规定》共有 11 条,内容有 9 项:第一,出版物著作权的概念及本规定的目的与范围;第二,出版物著作权的所有人、所有人享受著作权的时效及著作权的转移;第三,著作权已消失的著作和对这种著作以及对有著作权的著作从事编选等工作所享有的著作权;第四,关于中国共产党各级党委、各级人民政府文件等及报纸社论出版权的规定;第五,不以侵害著作权论的各种行为;第六,以侵害著作权论的各种行为;第七,对侵害著作权者的处理;第八,关于著作权的其他关系;第九,关于本规定施行上的一些问题。

(二)《文化部关于处理国际著作权问题的通知》

从另一个层面来说,新中国成立后国际交流日益频繁,东欧若干社会主义国家向我国提出解决互译著作物之著作权问题,这成为我国出台有关国际著作权问题相关规定的一个国际背景。自 1950 年起,捷克斯洛伐克、匈牙利、罗马尼亚、保加利亚诸国的出版社,已通过我国"全国文联"与我国作家订立出版合同。1953 年,捷克斯洛伐克、罗马尼亚、民主德国等国,屡次催促我国外交部和对外文化联络事务局早日订立两国间著作权协定,并提出我国翻译对方书籍应事前征得对方同意的要求。

苏联没有参加《伯尔尼公约》,据苏联《国际私法》一书认为:"在一国内刊印的文艺作品能够在他国翻印(影印原本或翻译成他国文字),原作者不得因此而提出任何要求,他的权利并没有被这种翻印或翻译所侵犯,因为这种权利是具有地域界限的。""这些独占资本家以作者的利益来掩护自己,并活像是保护作者的利益的,但实际却力图从他们所取得的作品版权或其他翻印权等,不但在国内,而且在国外,收得利润。这就是为何现在的保护著作权的国际公约首先是服役于大出版康采恩的利益,而作者本人的利益反居于次要的地位。"①为此,出版总署派有关人员访问苏联国际图书公司北京分公司负责人马加洛夫和格拉多夫。"苏联著作权的主要特性之一是作者并无将他的作品翻译的独占权。由此,一切作品,不论是苏联的或外国作者的,在苏联均可被译成其他文字出版。这办法是服从于广泛人民大众的利益的。便利于他们熟悉原先用外国文或本国文出版的著作。"②苏联的做法是第一,苏联从来没有参加"国际著作权保障同盟",翻译外国的著作物原则上可不受约束,亦不担负致送稿酬的义务。事实上,翻译人民民主国家的著作物多半致送稿酬,但仍按具体情况决定,并无统一办法。翻译资本主义国家著作物一般不致送稿酬,但对个别进步作家主动来要求稿酬的,亦可视具体情况致送稿酬。第二,翻译苏联的著作物,苏联从未提出过稿酬问题,但外国也有主动送稿酬给苏联著作者的。第三,在苏联,不通过经政府指定的国际图书公司而用著作者个人名义或出版社的名义与外国订结有关钱的合同是违法的,要受刑事处分的。③

苏联对待国际著作权的态度和做法为我们提供了重要的参考意见。1955 年 10 月 6 日,文化部根据前出版总署和其他有关部门的意见并参照苏联等国处理有关国际著作权的原则,提出了处理我国国际著作权问题的意见,随即发出《文化部关于处理国际著作权问题的通知》,决定如下:(一)对苏联:尊重苏联对处理国际著作权问题的规定和做法,不要求订立国际著作权协定,互相翻译书籍一般也不订立合同,不致送报酬。苏联如果向我国个别著作人致送翻译其著作的稿酬时,亦不拒收;但我国任何著作人,其著作被苏联翻译时,不得主动向苏联索取稿酬。(二)对各人民民主国家:凡未向我国

---

① 《出版总署关于国际著作权问题致政务院文委的请示报告》,转引自中国出版科学研究所,中央档案馆:《中华人民共和国出版史料(6)》,中国书籍出版社 1999 年版,第 260 页。

② [苏]隆茨:《国际私法》,人民出版社 1951 年版,第 299 页。

③ 《出版总署关于国际著作权问题致政务院文委的请示报告》,转引自中国出版科学研究所,中央档案馆:《中华人民共和国出版史料(6)》,中国书籍出版社 1999 年版,第 261 页。

提出要求订立国际著作权协定者,一律按第一项原则办理。向我国提出订立国际著作权协定者,则告以我国没有对外国签订国际著作权协定的规定,因而不必签订。但如果他们要求签订他们的某一著作在我国翻译出版的合同时,则可通过国际书店与对方订立,并向对方致送翻译其著作的稿酬;稿酬由我国出版者负担,酬率另订。对方要求签订我国的某一著作在其国内翻译出版的合同时,则告以按照我国惯例,对方可以翻译我国书籍,不必签订合同,对方如坚决要求签订,亦可通过国际书店视情况需要与之签订,对方致送我国著作权人稿酬,应按第一项原则办理。(三)对资本主义国家和殖民地半殖民地国家:不签订国际著作权协定,也不订立某一著作的翻译出版合同。各国进步团体、出版社或进步分子向我国提出翻译我国某一著作,或要求著作者授予翻译出版权的证明书时,可由我部与有关方面联系决定。并通过国际书店予以答复,但不向对方提出稿酬问题。对方所选译的书籍如不适于翻译时,可通过国际书店劝告他们不要翻译,并尽可能主动地向他们另行推荐适于翻译的书籍。我国翻译出版了各国进步作家的书籍,如著作人向我国提出稿酬要求时,得视具体情况由我部批准后通过国际书店致送,稿酬由我国出版者负担。(四)为了保证我国与苏联、人民民主国家互相翻译出版的书籍的质量。各个公私营出版单位翻译出版苏联与人民民主国家的书籍,除某些有定评的古典名著和各国向我国推荐翻译(包括各国在华专家向我国推荐翻译的书籍)外。务须按照下列手续征得对方同意。征询苏联书籍的意见时,根据国际书店与苏联国际图书公司的协议,可通过国际书店办理;征询人民民主国家书籍的意见时,可报请对外文化联络局办理;以上俱应同时抄报我部出版事业管理局备查。① 从这个决定可以看出,在一切向苏联学习的大环境下,对于国际著作权的保护也是采取了与苏联相同的方法,这种做法与国际著作权的基本精神有出入,对于作者权益的保护比较被动,但是政府的规定符合当时的实际情况,在一定程度上对国际著作权问题做了规范和保护。

在处理国际著作权问题时,还涉及影印书籍的著作权保护。影印书籍主要来自苏联和西方资本主义国家,介于国际阵营的不同,处理起来也是不一

---

① 《文化部关于处理国际著作权问题的通知》,转引自中国出版科学研究所,中央档案馆:《中华人民共和国出版史料(7)》,中国书籍出版社 1999 年版,第 301 页。

样的。影印苏联书籍没有著作权方面的障碍,影印资本主义国家的书籍就容易陷入国际著作权纠纷,迫使我国有关部门发出一系列规定、通知、指示。除此以外,新政府还出台了一些其他法令和规章来对作者权益进行保护,比如《出版总署关于出版翻译书籍应刊载原本版权说明的通知》(1951 年 1 月 12 日)、《出版总署关于征集翻译书籍样本的通报》(1953 年 1 月 17 日)、《出版总署关于图书、杂志版权纪录的规定》(1953 年 3 月 28 日)、《文化部关于翻译书籍和刊登翻译书籍广告应标明翻译人姓名的通知》(1961 年 10 月 16 日)、《文化部对翻译书籍上标明翻译人姓名和记载印数办法的补充通知》(1964 年 12 月 22 日)等等,这些政策措施构成了日后著作权法建立的基础。

国内私营出版业侵犯版权严重,国际上东欧等版权理念根深蒂固的社会主义国家提出著作权要求,国内形势加上国际背影,种种因素促成了我国版权保护的制定。参照我国出版业的成规和苏联著作权法,《保障出版物著作权暂行规定(草案)》《文化部关于处理国际著作权问题的通知》等法令和规章相继出台。虽然新中国的版权保护尚处于低级阶段,是适应当时情况与要求的权宜之计,出台的法令层阶较低,保护的范围也比较有限,但不可否认的是这一系列版权保护构成了新中国对外出版贸易商业机制的确立基础,日后《著作权法》的正式颁布就是这么一步一步走过来的,它构成了现代版权制度的基石。

二、稿酬制度

稿酬是文化生产主体就内容生产所获得的酬劳,它是文化生产中连接内容生产和物质生产的纽带,也直接影响到文化内容生产主体的生存和创作状态,而稿酬制度则是稿酬的制度性存在。稿酬在汉武帝时期就已存在,稿酬制度中最具近代意义的是版税的出现。1896 年,南洋公学译书馆的张元济打算出版严复翻译的《原富》一书,严复致信张元济第一次提出了版税、20 年著作权保护等要求。版税的出现使作者收益与作品销售情况相联系,这在某种程度上加剧了商业法则对文化内容生产的渗透,近代文化生产中的产业特性也进一步明晰。第一部版权法《大清著作权律》的诞生,稿酬制度才有了相应的法律和制度根基。十七年时期文艺稿酬制度的建立虽然以办法、规定等行政命令的形式出现,法律位阶不高,但也形成了文本性的制度。

（一）新中国的出版稿酬制度：从"印数定额"的稿酬制度到基本稿酬制度

1949 年 10 月，新中国成立后，出版总署举行了多次署务会议，其中包含稿酬问题，统一的稿酬规定随之得到筹划。1950 年第一届全国出版会议决议指出："出版业应尊重著作权及出版权，不得有翻版、抄袭窜改等行为。"关于作者的权益，该决议指出："稿酬办法应在兼顾著作家、读者及出版家三方面利益的原则下与著作家协商决定；为尊重著作家的权益，原则上应不采取卖绝著作权的办法；计算稿酬的标准，原则上应根据著作物的性质、质量、字数及印数等。"①1950 年 11 月 24 日，经出版总署批准，新华书店总管理处发布《书稿报酬暂行办法（草案）》。1952 年 10 月 25—31 日，出版总署召开第二届全国出版行政会议，胡愈之署长作《为进一步地实现出版工作的计划而奋斗》的报告，报告提到："出版社要适当地提高书稿报酬率及书稿审读费，并逐步建立合理的稿酬制度。"②从 1949 年 10 月到 1952 年期间，我国没有统一的稿酬办法和标准，各出版社只是根据第一届全国出版工作会议通过的《关于改进和发展出版工作的决议》中有关稿酬规定的精神，各自制订了自己的稿酬方式。当时流行的是以折实单位计酬的稿酬制度。前 3 年物价动荡，到了 1952 年才逐渐稳定。

从 1953 年开始的 50 年代，新中国基本上实行的是"印数定额"的稿酬制度。从 1953 年起，中国新闻出版总署统一口径，把苏联的稿酬制度照搬过来，明确不采用"版税制"，而制定了"印数定额制"的付酬标准。1954 年 9 月，出版总署撤销，这一摊工作并入文化部。1957 年又反复讨论稿酬制度问题。文化部出版事业管理局陈原副局长认为："印数定额制"不尽合理。随着"三大改造"的完成，私营出版社实现公私合营，稿酬办法和标准逐渐得到统一。1958 年 7 月，文化部颁布了第一个正式统一的稿酬规定，即《关于文学和社会科学书籍稿酬的暂行规定（草案）》。该草案规定凡公开出版的书稿，一律实行基本稿酬和印数稿酬相结合的计酬办法，即所谓的千字千册法。不同类型的书稿，规定不同的印数稿酬递减率，对著作稿和翻译稿的基本稿酬和印数

---

① 方厚枢：《新中国稿酬制度 50 年纪事》，出版经济 2003 年第 3 期，第 63—66 页。

② 同上。

稿酬加以区别,质量高的书稿给予较高的基本稿酬。1958 年的草案规定基本稿酬比 1953 年的标准有所降低。这时,中央一级出版社都根据《暂行规定》各自制定了自己的稿酬办法,各地方出版社也参照《暂行规定》制定了自己的稿酬办法。一些报纸、杂志也制定了自己的稿酬办法。从此,我国图书、报纸、期刊均有了自己的稿酬办法。1958 年 10 月,文化部颁发《关于文学和社会科学书籍稿酬的暂行规定》,正式采用"基本稿酬加印数稿酬"的付酬原则。关于《暂行规定》的试行也有过反复,有作者和出版社提出要不计报酬的共产主义式的劳动,于是文化部于 10 月 10 日发出通报,将《暂行规定》的稿酬标准降低一半。一年之后,文化部发现降低标准不妥,不利于繁荣创作和提高作品质量,于是进行更改,继续实行 1958 年 7 月制定的《暂行规定》,只在印数稿酬中增加了超过 10 万册的 0.5% 的标准。1958 年采用新的付酬制度,一方面减少了基本稿酬(比 1957 年平均降低 20%—30%),又在印数稿酬方面,采用递减的办法。作者所得稿酬,比印数定额办法,明显减少。

60 年代,我们国家实行了基本稿酬制度。进入 60 年代以后,除了 1962 年因为国家对整个社会政策做出调整,文艺环境有短暂的改善,还执行了 1959 年修订的《关于文学和社会科学书籍稿酬的暂行规定》,到 1966 年"文革"开始为止。这期间稿酬制度一直处于一个急剧变化,不断反复的过程中。这段时期,社会上有些人对新中国成立以来的稿费制度进行猛烈的批评,要求彻底改革稿酬制度。认为这种制度"实质上同资本主义国家的版税制没有什么原则区别,即把作品当成作者的私有财产"。认为稿费只是一种对作家生活进行补助和鼓励其进行创作的次要因素。因此建议废除印数稿酬,只按字数付一次稿费,以后重印,不再付酬。此外,统一了全国报社、杂志、出版社的稿酬标准。由于取消了印数稿酬,只剩下基本稿酬,这就使得将全国的稿酬统一成为可能。剧本成为文艺新宠,稿费按件计算。出现了稿费向实物化转变的倾向。总之,从 1956 年到 1966 年的 10 年间,稿酬规定多有变化,在曲折中前进。付酬的标准一降再降,到"文革"前夕,稿酬已成为一种鼓励性的象征。

(二)关于外国作家作品的稿酬问题

十七年时期关于外国作家作品的稿酬问题主要有 3 种情况:翻译外国书籍致送原作者稿酬、翻译出版苏联专家讲义报告、在对方报刊上发表稿件的稿酬,文化部出台了一系列行政措施,对这些情况做出了详细的解释和规定。

第一种情况:翻译外国书籍致送原作者稿酬的办法。由于我国未参加国际著作权公约,翻译出版外国书籍一直没有承担向外国原作者致送稿酬的义务。但 50 年代国际交往比较多,在处理国际著作权问题时,我国还是照顾到了国际惯例。关于处理国际著作权问题,文化部于 1955 年 10 月发出《关于我国处理国际著作权问题的通知》,有关出版社皆按照这个通知来处理对支付外国作家稿酬问题。为了节约外汇,1957 年 10 月《文化部关于支付外国作家稿酬问题的补充规定》出台,规定"今后各出版社按照上述办法对外国作家支付稿酬时,除极个别情况(如尼赫鲁的稿酬),一般不再动用外汇。办法是凡经批准支付的外国作家的稿酬,可存入我国银行,由国际书店通知原著作人或其代理人领取,在我国内使用"①。1961 年 4 月发出的《文化部、对外文委关于翻译外国书籍致送原作者稿酬办法的通知》规定了致送翻译书籍原作者稿酬的途径和所需外汇的处理办法,"今后各出版社翻译出版外国书籍向外国致送稿酬,一律通过国际书店办理。其办法是:出版社经报请批准向外国致送翻译书籍的稿酬后,应将人民币寄交国际书店(同时应把致送稿酬的经过情况函告国际书店),由国际书店专户存储,出面通知原作者或其代理人领取。如批准须送外汇,其外汇由国际书店负责支付,列入国际书店的外汇计划"②。由于国内的稿酬办法做了根本改革,彻底废除了版税制度,完全根据作品的质量和字数计算稿酬,对国外原作者支付稿酬的办法,亦做了相应的改变。"致送翻译书籍原作者的稿酬一律按中译本字数计算,其付一次稿酬,再版重印,或把出过中译本并付过稿酬的文章编入另一本书中出版,均不再支付稿酬。"③这条规定严重违背了著作权的精神。

第二种情况:翻译出版苏联专家讲义、报告等办法。关于苏联专家在华工作期间编写的讲义、报告等翻译出版时对原作者应否付给稿酬问题,前后主要有两个通知,1956 年 6 月 23 日《文化部、国务院外国专家局关于翻译出

---

① 《文化部关于支付外国作家稿酬问题的补充规定》,转引自中国出版科学研究所,中央档案馆:《中华人民共和国出版史料(9)》,中国书籍出版社 1999 年版,第 243 页。

② 《文化部、对外文委关于翻译外国书籍致送原作者稿酬办法的通知》,转引自中国出版科学研究所,中央档案馆:《中华人民共和国出版史料(11)》,中国书籍出版社 1999 年版,第 127 页。

③ 同上。

版苏联专家讲义、报告等办法的通知》规定:第一,各出版社出版苏联专家在华工作期间内的讲义、报告及有关文艺创作等,原则上尽可能不公开发行,可组织机关、团体、学校内部订阅,酌收成本费;第二,凡不违反保密规定,而又必须公开出版、发行时,其原稿应经专家所在工作单位的主管部加以审定,并须征得专家本人同意;第三,出版苏联专家在华工作期间内的讲义、报告及有关文艺创作(包括苏联专家在业余时间编写的作品),不论公开发行或内部订阅,对苏联专家可不必付给稿酬。① 如果说第一、第二条出于文化安全的考虑进行出版限制和文化审查,那么第三条的规定显然不符合现代著作权法精神。实行一年多后,1958 年 1 月 30 日《文化部、国务院外国专家局关于翻译出版苏联专家讲义报告等办法的通知》对此重新做了规定:"第一,在不违反保密规定的原则下,公开出版发行专家的讲义、建议和报告稿等,其原稿应经专家所在工作单位的主管部加以审定,并征得专家本人同意。第二,……第三,苏联专家所做的属于其工作范围以内的口头报告,或作为社会活动而作的口头报告,亦不必付给报酬。但后一种报告的文稿如经报纸、杂志或出版社公开发表或出版,应付给作者稿酬。第四,苏联专家为公开出版的报纸、杂志撰写的各种文章或文艺创作等或供给出版社公开发表的稿件(不属于第二条所述性质的),如经发表,应付给作者稿酬。如在内部刊物发表,则不付给稿酬。"②这些修改符合现代著作权法精神。只是第二条"出版苏联专家在工作中提出的建议和为教学而写的讲义或报告稿等,不论公开发行或内部订阅,一律不付给报酬"③仍然背离了现代著作权法的精神。

第三种情况:在对方报刊上发表稿件的稿酬问题。1955 年 5 月,文化部制定了《关于同苏联、人民民主国家互相在对方报刊上发表稿件的稿酬收授办法的规定》,"凡通过双方驻对方使馆及人民团体供给的稿件和经由双方报刊直接互相供给的稿件,双方概不付给也不接受对方的稿酬,稿酬一律由组织稿件的单位付给本国的撰稿人;各国访华代表在访问期间为我报刊撰写的

---

① 《文化部、国务院外国专家局关于翻译出版苏联专家讲义、报告等办法的通知》,转引自中国出版科学研究所、中央档案馆:《中华人民共和国出版史料(8)》,中国书籍出版社 1999 年版,第 131 页。

② 《文化部、国务院外国专家局关于翻译出版苏联专家讲义报告等办法的通知》,转引自中国出版科学研究所、中央档案馆:《中华人民共和国出版史料(9)》,中国书籍出版社 1999 年版,第 343 页。

③ 《文化部、国务院外国专家局关于翻译出版苏联专家讲义报告等办法的通知》,转引自中国出版科学研究所、中央档案馆:《中华人民共和国出版史料(9)》,中国书籍出版社 1999 年版,第 343 页。

文章或在我电台所作广播(包括音乐节目),一律由我报刊或广播电台送致稿酬(人民币)……稿费暂规定每千字人民币 30 元(但著名人士撰稿应给予较高报酬);我出国人员在访问期间为各该国撰写的文章或作广播(包括音乐节目),如对方送致稿酬,可以接受,但不主动向其索取……经我报刊刊用的对方个人直接来稿,一律付给稿酬……"①,《规定》基本符合现代著作权的精神。

　　十七年时期,中国的稿酬制度屡经变迁,当社会政治环境比较宽松时,稿酬制度就比较合理,文艺创作和学术研究就比较活跃,反之,就比较沉闷。新中国成立后的两三年,我国没有统一的稿酬办法和标准,各出版社只是根据有关稿酬规定的精神,各自制订了自己的稿酬方式。从1953年开始的50年代,根据苏联的稿酬制度,我国基本上实行的是"印数定额"的稿酬制度,60年代实行了基本稿酬制度,到"文革"前夕,稿酬成为一种象征性的奖励。虽然变化很大,但总体上执行的是同一个稿费制度,就是稿费的定级、定额、印数递减制度。总之,十七年时期的稿酬制度由于政治环境的影响,执行起来距离现代著作权法精神还是有一段距离的。关于外国作家作品的稿酬处理基本符合现代著作权的精神。

第二节　规范对外出版贸易的政府规制

一、社会主义新中国的文化空间

　　"规制"一词来自英文 Regulation。Regulation 在学界通常被译成"管制"或者"规制"。在《新帕尔格雷夫经济学大词典》中对规制有两种解释:一种是指政府或国家以经济管理的名义进行的干预和控制;另一种解释指政府为了阻止不充分重视社会利益的私人决策而对企业的价格、销售和生产决策所采取的各种行动。据此可见规制有广义和狭义之分,包括政府干预经济的宏观与微观层面。关于规制的概念,不同的学者有不同的解释。美国学者丹尼尔·F·史普博认为规制是由行政机构制定并执行的直接干预市场配置

---

① 《关于同苏联、人民民主国家互相在对方报刊上发表稿件的稿酬收授办法的规定》,转引自中国出版科学研究所,中央档案馆:《中华人民共和国出版史料(7)》,中国书籍出版社 1999 年版,第153—154 页。

机制或间接改变企业和消费者的供需决策的一般规则或特殊行为。① 美国学者小贾尔斯·伯吉斯的观点是政府规制就是政府采取的干预行动。它通过修正或者控制生产者或消费者的行为，来达到某个特定的目的。② 日本学者植草益对规制的定义是社会公共机构依照一定的规则对企业的活动进行限制的行为。这里的社会公共机构或行政机关一般被简称政府。③ 国内的学者对规制的定义与国外的学者大同小异。比如，王健的观点：政府规制是政府为了公众利益、纠正市场失灵，依据法律和法规，以行政、法律和经济等手段限制和规范市场中特定市场主体活动的行为，确立市场竞争秩序，促进市场经济健康发展。④ 王俊豪认为具有法律地位的、相对独立的规制者(机构)，依照一定的法规对被规制者(主要是企业)所采取的一系列行政管理与监督行为。⑤ 从各种定义可以看出，规制至少由 3 个要素组成：规制的主体(政府)、规制的客体(主要是企业)、规制的主要依据和手段(各种法规和制度)。政府规制就是政府通过其权力制定规则，调控和限制个人和组织行为的一个过程。广义的政府规制就是政府对社会和市场的监管，文化控制是社会控制的组成部分，胡惠林(1998)指出，作为社会控制机制的重要组成部分之一，文化控制是社会控制在社会文化运动和国家文化管理中的反映和运用⑥。一般而言，政府规制可以从社会性规制和经济性规制两个方面来看。

就当代中国国家治理的基本发展路径而言，大致经历了政治治理、经济治理和文化治理 3 个阶段。政治治理决定了"文艺为政治服务""文艺为工农兵服务"的文化政策空间，夺取政权的中国共产党面临着改建和重建符合共产主义理想的社会主义文化空间使之与国家政治空间相匹配的文化建设重任。这段历史大致可以分为两个时期：1949—1957 年、1958—1965 年。1949—1957 年，新中国建立并巩固了社会主义国家制度，国民经济和社会发

---

① ［美］丹尼尔·F·史普博：《管制与市场》，余晖，等译，上海三联书店，上海人民出版社 1999 年版，第 45 页。

② ［美］小贾尔斯·伯吉斯：《管制与反垄断经济学》，冯金华，译，上海财经大学出版社 2003 年版，第 4 页。

③ ［日］植草益：《微观规制经济学》，朱绍文，等译，中国发展出版社 1992 年版，第 1—2 页。

④ 王健等：《中国政府规制理论与政策》，经济科学出版社 2008 年版，第 4 页。

⑤ 王俊豪：《管制经济学》，高等教育出版社 2007 年版，第 4 页。

⑥ 胡惠林：《论文化政策选择的矛盾运动与价值取向》，《上海交通大学学报》1998 年第 2 期，第 103—107 页。

展第一个五年计划胜利完成,国际上中苏国家关系友好,朝鲜战争在付出巨大代价的同时也为新中国赢得了世界性声誉和巨大的国家和平发展空间,1954年签订的印度支那停战协定和1955年4月亚非国家万隆会议胜利召开都有周恩来大力推行和平共处五项原则的外交身影。在这样一种国家政治治理空间话语下,新中国开始了建设与改造的文化政策路径,没收官僚文化资产的基础上开始公有制的文化建设,同时积极对一切旧文化进行改造。这段时期出台的重要政策文件主要有《整顿加强全国剧团工作的指示》《关于加强电影制片厂工作的决定》《关于1953年出版工作和1954年方针任务的报告》《关于对民间剧团的领导和管理的指示》《关于统一和加强国营、地方国营、公私合营报社、杂志社、出版社企业管理的指示》。1958—1965年,中国努力摆脱苏联模式的影响,寻找中国建设道路。这段时期国际国内形势急剧变化,在国际上"反对现代修正主义"转变为在国内"以阶级斗争为纲",直至"文化大革命"全面爆发。国际关系上的重大影响就是中苏决裂。"反右""人民公社""大跃进"彻底改变了当代中国文化政策的"新民主主义文化道路"的空间选择与空间关系。值得注意的是在这段历史时期的文化建设和文化成就,比如大规模的基层文化政权建设、"扫盲运动"等同样建构着中国文化治理的空间形态,这是今天中国文化发展蓬勃生命力之所在。

二、对外出版贸易的社会性规制

国际文化贸易(又称国际文化产品贸易)包括有形的"文化商品"和无形的"文化服务",是国际文化商品与服务的输入和输出的贸易方式,是文化产业国际化经营的必然。文化贸易是一个国家软实力的重要载体,建构着一个民族社会认同的重要责任,文化贸易秩序与文化精神秩序具有同构性,对国际文化贸易进行规制是国家与国家之间、政府与政府之间、阶级与阶级之间进行的一场制度性博弈,是新中国面临的文化建设和发展的重要任务。

文化贸易的政府规制可以从社会性规制和经济性规制两个方面来看。社会性规制主要是从内容和质量两方面进行的,通过质量规制保证消费者购买的输入和输出的文化产品是合法、合规的;内容规制可以避免对外贸易中不良文化产品内容的传播。新中国成立初期,我国对外出版贸易政府规制主要是一些行政命令,比如指示、通知、请示报告、批示、通报等,这些规章制度虽然层阶不高,具有一定的临时性,但在特定时期针对特定对象的国际文化贸易做出了规定,符合国情的发展和需要。

十七年时期我国对进出口图书在内容和质量上均进行了严格的把关。在对外发行上,1952年7月,《出版总署关于书籍向国外和香港、澳门地区的发行问题的指示》(以下简称《指示》),详细规定了7条不准对外发行的书籍种类,这是国家第一次对书籍的国外发行问题做出的原则性指示,规定下列各种书籍一律不准向国外和中国香港、中国澳门发行:一、具体叙述和分析时事、政策、法令、国内政治运动及其他工作,只宜用于教育国内人民的图书,而不宜用作国外宣传的鼓动性书籍;二、未经中央人民政府教育部和出版总署审定和准许向国外发行的教科书;三、涉及国家机密的书籍……①总体上,《指示》对苏联等社会主义国家出口限制较少,对资本主义国家的出口限制比较多。中苏关系恶化以后,出口内容也做了相应调整,1961年12月对外文委、文化部转发国务院外办《关于中文书籍贸易出口问题的报告》的批示,根据国际形势的变化,中文书籍的供应对象做相应的调整,主要是减少对苏联和东欧国家的图书出口。对于哪些书籍可以出口,哪些书籍不宜出口的标准也做了重新规定。1964年10月,国务院批准同意文化部、外文局"关于中文书籍贸易出口的报告"的修改补充的请示报告,对书籍出口的审查程序、书籍质量、申报手续等做了重新规定。

对外赠送交换及提供国外翻译用书的审查同样非常严格。比如,1961年《文化部关于出版社向国外赠送和推荐的书籍应经过认真的审查的通报》指出文化部审查出版社在布拉格、乌兰巴托举办展览会的送审书目时,发现翻译出版捷克斯洛伐克和蒙古的书籍存在着严重的政治性错误,在一本美术作品选集中有一幅《不准侵犯中国》的漫画(第49页),把中华人民共和国和中国台湾截然分割开来,造成两个中国的假象。《蒙古现代文学简史》中有一段文字(第198页)把中国与西藏并列的提法不妥。《蒙古人民共和国》所附的地图与我国现行地图的画法不一致,并把中蒙边界的未定界划成已定界;同时书

① 《出版总署关于书籍向国外和香港、澳门地区的发行问题的指示》,转引自中国出版科学研究所,中央档案馆编:《中华人民共和国出版史料(4)》,中国书籍出版社1999年版,第78页。

中还有对"和平共处"解释得不正确的地方。①国际文化交流的工作必须严肃认真地加以把关,文化部责成有关部门重新审查和审批。

对图书内容和质量进行严格的社会性规制是十分必要的,不仅仅因为图书是思想的武器,对思想的领导者以及大众观念的构想者产生影响,是所有宣传手段中最为持久的,也是因为中国出版的书籍、刊物和报纸为世界其他国家研究中国提供了主要的资料,外国政府把一些中国的译文编进他们自己的翻译丛书,并为这些丛书另外翻译了新闻电讯、报刊文章和书籍。国外学者研究出各种技巧翻译难解的中国出版物以了解中国在一些重大问题上的态度的发展,从这些研究中了解中国人表示意图的方式、在危机中的表现、对双边关系的处理,研究的结果被证实有着惊人的准确性。

三、对外出版贸易的经济性规制

文化贸易政府规制之经济性规制主要是从产权、进入、价格三方面进行的。中国文化产权管理采用"三级代理"模式,十七年时期,我国对外出版贸易产权管理先后由国家政府机关出版总署、文化部、外文事业发行局管理,国际书店是垄断书刊进出口的贸易机构,在各省和地区设立分店和办事处。1964国际书店进出口业务正式分开,中国外文书店经营书刊进口业务,国际书店经营书刊出口业务。新中国成立初期我国对进出口出版物还制定了丰富而严格的准入规制和价格规制。

(一)出版物进出口、刊登外商广告的准入规制

1952 年 8 月政务院在《管制国外出版物进口暂行办法(草案)》(1951)基础上颁布了《国外印刷品进口暂行办法》,由此确立了国际书店统一书刊进口贸易的垄断地位,赋予国际书店对政策的把关责任。新中国成立初期,苏联及其他社会主义国家的书刊的进口数量很大,50 年代末 60 年代初,中苏两党分歧加剧并公开化,1961 年 11 月 15 日《对外文委关于进口和发行苏联等社会主义国家书籍、报刊的原则的请示》在数量、供应范围、发行办法上对苏联等社会主义国家进口和发行加以控制和改变。订购资本主义国家书刊是一

---

① 《文化部关于出版社向国外赠送和推荐的书籍应经过认真的审查的通报》,转引自中国出版科学研究所,中央档案馆:《中华人民共和国出版史料(11)》,中国书籍出版社 2005 年版,第 237 页。

个比较敏感的问题,1952 年政府规定订购国外印刷品必须经各该机关团体负责首长批准。1953 年 7 月出版总署批复的国际书店总店关于《向资本主义国家进口书刊几项原则的意见》指出接受读者委托进口书刊,可不限于科学技术一类,凡符合《国外印刷品进口暂行办法》规定的其他类书刊均可代办。①1955 年 3 月,国务院对《国外印刷品进口暂行办法》第四条进行了修改,内容是订购资本主义国家的印刷品需要批准。1956 年 1 月,《对订购资本主义国家书刊归口掌握的意见》对此做了明确的规定,国际书店确立了严格的准入制度,控制外汇的使用。全国掀起的向科学进军的热潮带动了订购资本主义国家书刊数量的急剧上升,国际书店也出现了书刊严重积压的现象,1957 年 6 月,国务院批转文化部提交《关于 1957 年进口资本主义国家书刊问题的报告》,必须严格控制订货,重点保证科学研究的需要。订购资本主义国家书刊制定严格的审批制度表明对外出版贸易既要满足社会主义建设的需要,又要杜绝资本主义文化入侵,把有限的外汇用在国家建设的刀刃上。

政府对各级报刊对外发行准入限制中级别规定十分明确。1950 年 9 月召开的第一届全国出版工作会议通过了关于改进和发展全国出版事业的 5 项决议,其中《关于改进和发展书刊发行工作的决议》中提出应向国外华侨和外国人民开展发行的业务。随后,政府对报刊对外发行做了严格的级别规定。1951 年 10 月颁布的《新闻总署对我国报纸向外发行的意见》规定:一、北京《人民日报》、《工人日报》、《中国青年报》、《光明日报》可以外销,并可主动推销;二、大行政区报纸可外销,但以销邻近区域为宜且不必主动推销;三、省级报纸原则上不必外销,但个别侨乡报纸,如《福建日报》可接受个别华侨订户;四、省级以下报纸一律不准外销;五、工人报纸除《工人日报》外,一律不准外销。②1951 年 11 月中央文教委员会批准第一个可供出口的中文报刊目录。其中对苏新各国出口报刊 54 种,对资本主义国家出口报刊 27 种。外文刊有:《人民画报》(俄、英文版),《人民中国》(英、俄文版),《人民中国报道》(世界

① 《出版总署对国际书店总店所拟向资本主义国家进口书刊几项原则的意见》,转引自中国出版科学研究所,中央档案馆:《中华人民共和国出版史料(5)》,中国书籍出版社 1999 年版,第 45 页。
② 《新闻总署对我国报纸向外发行的意见》,中国出版科学研究所,中央档案馆编:《中华人民共和国出版史料(3)》,中国书籍出版社 1999 年版,第 382 页。

语),《中苏友好报》(中、俄文版)。①1952 年 8 月文化教育委员会对批准出口期刊有不宜对外传播内容时的处理意见复出版总署函指出,《人民画报》《中国青年报》《新中国妇女》《人民教育》等杂志应和《人民日报》一样准予出口,不必因其内容有一般的批评与自我批评而停止出口。若遇有"三反、五反"等不宜对外宣传的问题时,应视作特殊情况而做临时处理,暂时停止出口。②1957 年 9 月文化部发出关于国际书店向国外发行报纸、杂志的通知,提出扩大报纸、杂志出口范围有利于对外宣传和国际文化交流,规定:凡是国内公开出版的杂志,一般都可以出口。……中央一级和直辖市公开出版的报纸原则上可以向国外作一般发行。侨乡报纸可以接受海外华侨订阅。……省、自治区一级和省、自治区一级以下公开出版的报纸……原则上不出口。③政府对报刊对外发行级别进行严格规定根本目的是确保社会主义形象的对外传播是积极的健康的。

政府除了对出版物进出口实行严格的准入规制以外,对刊登外商广告的准入政策也做出了相应的规定。1956 年《文化部关于报刊上刊登外商广告规定》明确指出有 5 家报纸可以刊登外商广告(《北京日报》《解放日报》《南方日报》《天津日报》《新闻日报》),杂志上则不得刊登。由于国际交往密切,1957年 9 月 17 日《文化部关于报刊上刊登外商广告补充规定的通知》允许 6 种科技杂志刊登一些外商的工业产品的广告(《中国工业》《机械制造》《电世界》《化学世界》《染化》《大众医学》)。1957 年 4 月 1 日《文化部关于在报刊刊登外商广告一事的补充规定》对刊登外商工业产品广告的报刊又有所增加,报纸添加了《大公报》,专业杂志增加了《冶金设计》等 19 种。至此,国内共有 6种报纸和 25 种杂志可以接受刊登同类性质或性质相近的工业产品广告。广告是报刊与资本和银行联系的纽带,为了防止资本主义对国内报刊的意识形态渗透和控制,对报刊上刊登外商广告进行准入限制是必要的。然而文化产

① 参考中国国际图书贸易总公司史料编写组编写:《中国国际图书贸易总公司 40 周年纪念文集——大事记(1949—1987)》(内部资料),中国国际图书贸易总公司 1989 年版,第 7 页。

② 《文化教育委员会对批准出口期刊有不宜对外传播内容时的处理意见复出版总署函》,转引自中国出版科学研究所,中央档案馆:《中华人民共和国出版史料(4)》,中国书籍出版社 1999 年版,第 108 页。

③ 《关于国际书店向国外发行报纸、杂志的通知》,转引自中国出版科学研究所,中央档案馆:《中华人民共和国出版史料(9)》,中国书籍出版社 2004 年版,第 227 页。

品具有经济和文化的双重属性,尽管"左"的认识过分强调文化的政治性,刊登广告的报纸杂志范围的扩大还是显示了出版物经济属性的天然流露和必然要求。"翻印"书刊也是一种普遍现象 ,1955 年 6 月 14 日中侨委制定《关于国内书刊在国外翻印的实施办法》、1963 年 7 月文化部颁布《关于翻印香港或国外出版的汉文图书的规定》,无论"翻印"国内或是国外的书刊都涉及内容的审查,出版社资格的限制从根本上控制了意识形态的流传。

(二)对外出版贸易的价格规制

价格规制是政府直接干预出版产业价格的制定,根据企业上报的成本和有关部门提出的价格方案,我国政府对出版行业进出口产品的价格进行直接指定和批准。1952 年 4 月 7 日,出版总署批准国际书店《外销书刊新办法》。内容包括对外实行免收邮费,刊物减价,实行分区定价(人民币、卢布、美元、卢比、澳镑、英镑)等,在这之前,出口书价不分区,实收邮费。1952 年 11 月 20 日,出版总署批复国际书店报告,同意中文书刊出口降低书价。中文书刊出口降价约五分之一。1954 年 9 月 28 日,出版总署批准《修改外文刊定价方案》。这是外文刊第一次调高定价。定价原则:不应高于苏联书价,也不宜低于苏联书价。10 月,外文期刊改变对外定价,改价的基本精神:(1)改变全年订费比零售价高的现象;(2)改变英镑定价区划分太粗问题,外文刊定价逐步向多币制发展……(5)改革后实行人民币、英镑(一、二区),卢布、美元(一、二、三区),日元、澳镑等 16 种币制定价。①1952 年 8 月,根据政务院文教委员会第三十三次会议决定,由政府补贴外文出版发行费,津贴,国外同业推广费;出口重点是资本主义国家,特别是东南亚地区。

1953 年 7 月 7 日,出版总署批复国际书店总店关于《向资本主义国家进口书刊几项原则的意见》,关于资本主义国家书刊进口的方针政策,国家规定了控制外汇,限制进口的政策。限制的方法主要是:①批准制度;②价格的限制(国内加收 30%—35%的手续费);③外汇的限制(政府拨给一定的外汇,合理分配使用,保证重点)。②

---

① 参考中国国际图书贸易总公司史料编写组编写:《中国国际图书贸易总公司 40 周年纪念文集——大事记(1949—1987)》(内部资料),中国国际图书贸易总公司 1989 年版,第 8—19 页。

② 参考中国国际图书贸易总公司史料编写组编写:《中国国际图书贸易总公司 40 周年纪念文集——大事记(1949—1987)》(内部资料),中国国际图书贸易总公司 1989 年版,第 185 页。

1957 年 11 月《文化部、中国人民银行总行关于国外广告商、公司、私人在我国报纸、杂志上刊登广告收取外汇费用的通知》规定：各出版单位向国外广告商、公司、私人收取广告费暂以瑞士法郎、英镑、港币、卢布、国外汇入的人民币为限……国外广告应一律以人民币对外报价。向国外算收外汇时，对社会主义国家除以国外汇来人民币结算者外，均以 1 卢布折合 0.5 元人民币折收；对资本主义国家均以银行买入牌价折收外币。各单位向银行结汇牌价与向国外算收外汇折合率相同，但均不收财务费用。[①]新中国成立初期，我国对外出版贸易政府规制较少采用经济手段，经济政策比较缺乏，价格规制不多。

政治治理空间下新中国文化贸易政府规制的目标基本上是围绕着国家政权建设与巩固来进行的，在国家政治治理的初级阶段政府往往采取"堵"和"压服"的方式来追求一种静态的稳定与安全的文化空间，对外出版贸易政府规制无论社会性规制还是经济性规制均呈现严格把关的状态。

第三节　构建对外电影与演出贸易的商业机制和政府规制

中国电影输出输入和对外交流工作，几乎是与电影诞生同时开始的。早在 1896 年，即电影诞生的第二年，上海徐园内的"又一村"就放映了舶来的"西洋影戏"。但是电影的进出口大权统统操纵在帝国主义及其代理人手中，根本没有中国民族电影自身的出口贸易和平等友好的对外交流可言。作为高额利润和进行文化渗透的精神鸦片，帝国主义的有害影片大量倾销至我国，垄断了整个中国电影市场。20 世纪二三十年代，电影业逐渐繁荣，才出现了相应的制度建构。1923 年，江苏省教育会在全国率先成立了电影审阅委员会。3 年后，南京民国政府推出《审查影剧章程》，1930 年 11 月国民政府行政院才公布了《电影检查法》。直到 1949 年新中国成立以后，才根本结束了这种可悲的局面。新中国成立后，在中央人民政府文化部下设立了电影局，领导全国电影事业，经营管理电影进出口业务是其主要任务之一。之后成立的中国影片经理公司总公司(即后来的中国电影发行放映公司)又设置了专门的

① 《文化部、中国人民银行总行关于国外广告商、公司、私人在我国报纸、杂志上刊登广告收取外汇费用的通知》，中国出版科学研究所、中央档案馆：《中华人民共和国出版史料(9)》，中国书籍出版社2001 年版，第 280 页。

电影进出口机构——输出输入处。从此,在中国电影发展史上,电影输出输入和对外交流工作才开始了自己的篇章。1950 年 10 月,政务院颁布了《电影业登记暂行办法》《电影新片颁发上映执照暂行办法》《电影旧片清理暂行办法》《国产影片输出暂行办法》《国外影片输入暂行办法》5 项规定,5 项规定标志着新中国电影制度建构的基本确立。

一、电影业登记、输出、输入暂行办法

新中国成立初期对外电影贸易的商业机制和政府规制主要针对好莱坞电影,禁止和减少英美片的发行以及鼓励和扶植苏联片和国产片的上映,上海市政府实施了一系列措施,国家也颁布了重要的法令。

1945 年 8 月,抗战胜利,国民党政权接管了当时的沦陷地区上海,美片利用侵华特权卷土重来,大量地涌进上海电影市场。特别是在 1946 年 11 月,国民党政权颁发了一个输入限制条例,使国产影片遭到空前厄运,相反对美片的输入限制却很松,美片几乎独占了上海以至全国几大城市的电影市场。据"上海影剧业工会影片发行分会西片联合委员会"1950 年的统计,从 1945 年 8 月到 1949 年 5 月不足 4 年的时间内,从上海进口的美国影片就达 1896 部之多。当时,美资米高梅、华纳、雷电华、环球、派拉蒙、福斯、哥伦比亚和联美等所谓"八大影片公司",在上海非法成立了一个"Film Board"机构,通过与电影院签订供片合同,控制了上海所有的大型首轮影院,如:大光明、国泰、美琪、南京(今改为"音乐厅")、大华(即今"新华")等等。据上海《文汇报》统计,1946 年上海"首轮影院"共放映长故事片 383 部,其中国产影片仅 13 部,而美国影片却达 352 部,其余为英国影片 15 部,苏联影片 3 部。在美国电影的侵略下,国产片只在隙缝中生存。

1949 年,上海各界人士纷纷要求清除市面上有毒害的美国和英国影片,上海市政府作为回应,宣布了相应的暂行措施,即考虑到观众对电影观赏性的要求,将逐渐减少美国影片和其他西方电影在电影院里每月上映的天数。这一时期,对外国电影采取彻底的、完全的取缔方式还不太常见。

文艺处电影管理室(1950 年 4 月,扩大为电影事业管理处)采取了一系列行政措施,上海档案馆的文件反映了当时行政规定命令的发布情况。

第一、实行登记制度。从 1949 年秋起,电影管理部门开始登记存沪的美、

英等国影片,到 1949 年 11 月为止,共登记了 800 多部,并宣布未经登记的影片不得在本市上映,这就断了美、英等国影片从香港走私进上海的后路。

《上海市文化局关于电影检查工作计划》①。1949 年 10 月,上海市文化局根据当时的情况,拟定了关于电影检查工作的计划:有关本市各中外片商之旧西片之清单,已由影院工会陆续汇交电影室者,计有各大小公司 14 家(哥伦比亚、华纳、二十世纪、派拉蒙、雷电华、米高梅、环球、联美、鹰狮、伟道、大陆、平治明、史廷盘、意泰),共计长片 697 部,短片 497 部……暂时拟定初步的鉴别办法,把这些影片分为急查、缓查、暂准放映等 3 类……今后检查计划意见:检查的标准为今天所反对者是反共、反苏、反人民,反对世界和平运动而宣扬帝国主义武力与侵略,思想挑动战争的影片。为此前所做的初步鉴定不能适用者,我们必须根据舒部长的指示为原则重新加以审核与鉴别。现经鉴别结果特为挑选 45 部,在一个月之内作为初步阶段的检查对象,先审阅其剧本内容,然后依次进行放映检查。凡每部影片经小组查看之后,即时提出个人意见,加以讨论,并做出结论性的意见以书面提交文艺处和宣传部批示,或再行复查。

电影检查工作计划反映了电影登记检查的工作状况,当时对电影的检查标准还是比较宽松的,清理工作也循序渐进。《上海市文化局关于改写英美电影说明书的计划草案》从另一个侧面反映了当时对英美电影旧片的清理状况。改写英美电影说明书的计划草案主要内容为于"电影旧片清理委员会"下,成立"英美电影说明书改写小组",说明书改写工作必须结合英美旧片整理工作。凡华东区已由本处"电影旧片清理委员会"审查通过之英美影片,"英美电影说明书改写小组"必须根据影片内容,以正确观点,将说明书采取夹叙夹议方式加以批判的改写。此项改写后之新说明书,转发给华东地区上演执照时,一并交给各该片原申请人印发之。所有准印之英美旧片,于放映时所获之说明书,一律采用"英美电影说明书改写小组"所改写之说明书;如有故意违反者,得予以适当处分。②

---

① 《上海市文化局关于电影检查工作计划》,1949 年 10 月,上海档案馆:全宗 B172—1—29—1,第 2—3 页。

② 《上海市文化局关于改写英美电影说明书的计划草案》,1950 年,上海档案馆:全宗,B172—1—29—44,第 116 页。

第二、抽查停映。登记完毕后,电影管理处又通知上海各电影院每半个月送排片表来.抽查排映的美、英等国影片,对其中"毒素严重"的,劝告停映。1950 年共抽查了 45 部,劝告停映了 18 部。

第三、排片限制。1950 年 4 月后,由于国产进步影片的供应量逐渐增加,电影管理处于 4 月 25 日召集影院劳资双方举行座谈会,通过了影院排片暂行 6 项办法。

《上海市文化局关于加强电影教育制定具体办法六项的呈》①6 项办法(相关内容):

一、根据目前条件,自五月份开始,本市各类影片每四周上映天数的比例如下:

国营片　15%—18%　　　　　苏联片　20%—25%

私营国片　32%—40%　　　　英美片　20%—30%

希各影院在上列比例的原则下,进片排片。

二、为了保证上项排片比例的施行,特作下列各项之规定:

(一)本市影院暂分为四类:

第一类:每四周内国营片、苏联片、私营国片、英美片各放映一周。

第二类:每四周内苏联片、私营国片各放映一周,英美片放映两周。

第三类:每四周内苏联片、国营片各放映一周,私营国片放映两周。

第四类:四周均放映苏联片。

上述分类由各影院与华东影片经理公司根据各院之历史、地域及性能协商决定之。

(二)每四周各影院放映苏联片不得少于 7 天,若某一苏联片上映因营业不佳,不能上映 7 天时,其不足天数内上映之影片,由华东

---

① 《上海市文化局关于加强电影教育制定具体办法六项的呈》,1950 年 5 月,上海档案馆:全宗,B172—1—29—19,第 24—26 页。

影片经理公司与该影院协商解决之，以保证苏联片每四周内放映天
数能取得20％—25％之比例。

1950年4月

6项办法规定从前专映美、英等国影片的影院，每四周中，放映美、英等国
影片的天数不得超过两周，从前不是专映美、英等国影片的影院，则压缩为每
四周中放映美、英等国影片的天数不得超过一周，并保证每四周中苏联影片
上映天数的比例不得少于一周。此规定执行后，美、英等国影片的观众数量
发生了急剧变化。在限制好莱坞电影的同时，6项办法对苏联电影的扶持也
是显而易见的。当时的苏联影片基本上是苏联演员用华语对白对口型译制，
也有不少是中文字幕，所有私营影院老板经常以观众很难听懂对话、看不懂、
很难卖票为理由，要求减少苏联影片的排映天数，排片工作非常困难。6项办
法对苏联翻译片和国产影片每四周上映天数的比例、排片比例都做了明确的
规定。

第四、提高税率。管理部门对国营片、苏联片和私营国片分别课以15％、
20％、25％的税率，而对美、英国影片一律课以30％的税率，以示区别对待。

第五、广告限制。1950年8月上海市文化局关于外国电影广告价目问题
致函上海市影院业商业同业工会，"关于外国电影广告价目问题，业经本处于
5日召开影院报馆联席会议上求得解决。会议决定为限制英美消极片之广告
篇幅，具体办法由影院公会拟就提出，再取得报馆之同意后实行之。在限制
篇幅办法未实施前，英美片广告费用仍照现行暂加13％标准收取"①。8月11
日，在电影事业管理处的指示下，上海市各报馆和各电影院订立了美、英等国
影片广告限制协议书，"兹根据1950年8月5日各影院各报馆联席会议决定
之原则，双方同意成立本协议：一、当天开映之英美消极影片广告，大公报不
得超过8行，解放日报、新闻日报、文汇报及其他各报均不得超过4行，英美消
极影片之预告，一律不得超过12行。二、英美消极影片之广告，各报一律不得
使用铜版或锌版"②。解放、新闻、大公、文汇依据军管会文艺处指示对于戏剧

---

① 《上海市文化局关于外国电影广告价目问题的函》，1950年8月12日，上海档案馆：全宗，
B172—1—29—39，第39—40页。

② 《限制英美消极影片广告篇幅协议书》，1950年，上海档案馆：全宗G20—1—23，第23页。

电影广告宣传方面做出决定："自本月 16 日起凡属外国电影广告照原刊例提高二成,国产影片(不论公私营厂出品),各种戏剧,以及外国电影之有进步教育意义(例如苏联及各新民主主义国家的影片)者,广告刊例一律照旧,各报具体规定如下:解放日报:外国片,每日每行人民币 18000 元;国产片及其他,每日每行人民币 15000 元。新闻日报:外国片,每日每行人民币 18360 元;国产片及其他,每日每行 15300 元。大公报:外国片,每日每行人民币 13200 元;国产片及其他,每日每行人民币 9000 元。文汇报:外国片,每日每行人民币 10800 元;国产片及其他,每日每行人民币 9000 元。"[①]同年 10 月间,各报停刊美、英等国影片的广告。

为了发展国产影片,抵制有毒素的美国片,保护与扶持私营电影业使之与国营电影业适当地配合,以贯彻电影事业上的爱国主义精神与公私兼顾的政策,争取进步电影在电影市场上的完全优势,1950 年 10 月,政务院颁布了《电影业登记暂行办法》《电影新片颁发上映执照暂行办法》《电影旧片清理暂行办法》《国产影片输出暂行办法》《国外影片输入暂行办法》等 5 项规定。5 项规定标志着新中国电影体制的进一步确立。5 项规定对国产新片、旧片上演、国产影片输出、国外影片输入的审查标准、程序都做了规定。其中,涉及对外电影贸易的政府规制主要是《电影业登记暂行办法》《国产影片输出暂行办法》《国外影片输入暂行办法》。

《电影业登记暂行办法》第二条对电影经营者做了严格的准入规定:凡经营电影业,包括公营、私营、公私合营、外侨经营或中外合营之电影制片业、电影院业及放映队、影片输出入及影片贸易业、电影器材制造业等,其有固定场所者,均应依本办法规定,向中央人民政府文化部电影局申请登记。登记核准后,发给登记证。《国产影片输出暂行办法》在准入政策上做了如下规定。第一条:凡已向中央人民政府文化部电影局登记核准之电影业,如申请输出新旧国产影片,依本办法处理之。第二条:影片输出应由申请人填具申请书附本及说明书各两份,连同完整之影片,送请中央电影局影片审查委员会审查;审查通过后,发给国外发行执照。凭照向对外贸易管理机关办理输出手

① 《解放、新闻、大公、文汇关于报纸对戏剧电影广告宣传的规定》,1950 年,上海档案馆:全宗,G20—1—23,第 23 页。

续。中央电影局认为该影片应予鼓励时,得代为申请减税或免税。第三条(略)。第四条:影片输出其发行办法如下:(一)委托发行。由申请人委托中央电影局国外代理发行机构发行之。(二)自行发行。由申请人自行发行。但必须向中央电影局国外代理发行机构登记,并随时将国外发行收入之外汇数目,向该机构报告。该机构有调查稽核之权。申报结汇如与事实不符且系有意逃汇,经查明属实者,得停止该申请人以后出品之输出申请权,其逃汇部分,按人民银行外汇管理办法有关逃汇处理办法之规定处理之。(三)出售版权。由影片持有人申请出售国外版权。但必须向中央电影局或其委托机关书面申报其放映地区、年限、价格及受主姓名,以便审核结汇数额。中央电影局或其委托机关认为,必要时得由国营影片经理公司以同等条件优先收购。《国外影片输入暂行办法》在准入政策上的规定是"第一条:凡已向中央人民政府文化部电影局登记核准之电影业,如申请输入外国影片或在香港及其他国外地方摄制之中国影片,均依本办法处理之。第二条:影片输入应由申请人填具入口申请书,经中央电影局或其委托机关许可后,转请对外贸易管理机关发给输入许可证,凭证入口。入口后,填具影片审查申请书连同完整之影片附中文本事说明书及原文对白台本等各两份及海关完纳进口关税等证件,送请中央电影局影片审查委员会或中央电影局委托机关审查,审查通过后,发给全国上演执照。……第六条:凡申请输入影片,以洗印之'拷贝'为限。其他如影片之底声片或复制性质之底声正片,非经中央电影局或其委托机关特许,不得申请输入"。中央电影局对国产影片输出及国外影片输入进行了严格的审查和管理。

涉及经济性规制价格政策的条款主要是《国产影片输出暂行办法》第三条:影片输出后,其发行收入之外汇,应按照人民银行外汇管理办法结汇,由中央电影局或其委托机关负责证明。中央电影局或其委托机关认为必要时,可商请国家银行予以押汇或出口贷款。影片输出人如系正在继续生产之电影制片业,因生产需要向国外订购补充器材,可编造预算经中央电影局证明后,向当地对外贸易管理机关与国家银行办理批汇与进口许可事项。《国外影片输入暂行办法》第七条:凡国外摄制之中国影片或其他外国影片,经中央电影局许可后,国家影片经理公司得以外汇购买其国内发行版权。上述影片,如由该制片厂或其代理厂商自行在中国境内发行者,其发行收入,不得结回外汇。

涉及社会性规制有关内容规定的主要是《电影业登记暂行办法》第七条：凡已登记之电影制片业，不得摄制有与中国人民政协共同纲领相抵触之影片，如有违反者，对其影片，得加以删剪或禁止映演，情节严重者得吊销其登记证。《国外影片输入暂行办法》第三条：凡入口影片，其内容如有反世界和平、反人民民主、违反中国民族利益或宣传淫猥色情迷信等，足以妨碍新社会秩序者，视其情节轻重，应加以删剪或不予通过。

1951年上海市文化局电影事业管理处几份公函反映了《电影业登记暂行办法》实施后有关电影业登记、电影片贸易业登记的情况。一份是上海市文化局电影事业管理处发给中国影片经理公司华东区公司关于未申请电影业登记之放映队请暂停供片的事由，"我局奉中央文化部委托办理上海地区电影业登记事宜，业于本年六月中于上海《解放日报》公告各经营电影业者，于七月十日前依法申请登记。其中放映队业部分，仅有十二个单位申请登记，核与你公司送来放映队一览表所列，相差甚多。兹为完成该项登记工作起见，特抄送已申请登记之放映队名单一份，除已申请登记之放映队，可以暂予供片外（正式供片关系，须经中央电影局审查合格后再行函告），其余在上海地区未经申请登记之放映队（部队系统除外），请即通知先向我市电影事业管理处办理登记手续后再行供片"①。其余两份是关于申请电影片贸易业登记。对于南国影业公司上海办事处申请电影片贸易业登记事由，"认为今后旧影片的发行，日渐减少，而你香港总公司每年可能进口影片亦不会多，可采取代理人方式与中国影片经理公司联系。在上海似无设一办事处之必要，为此函达。希望你处能撤销登记为荷。"②对于新世纪影业社、大华影片服务社、大成影业社、中企影艺社、青华影片公司上海办事处、永安影业社申请电影片贸易业登记事由，"认为你处、社所发行的旧影片，大都内容消极，不合目前国内人民需要，并以今后旧影片的发行，日渐减少，新出影片，将由中国影片经理公司统一代理发行，对于你处、社所申请经营之电影片贸易业务，已无前途，为

---

① 《上海市文化局电影事业管理处关于南国影业公司上海办事处申请电影片贸易业登记的函》，1952年1月11日，上海档案馆：全宗，B172—1—57—46，第46页。
② 《上海市文化局电影事业管理处关于南国影业公司上海办事处申请电影片贸易业登记的函》，1952年1月11日，上海档案馆：全宗，B172—1—57—44，第44页。

此希望你处、社能撤销登记,至于你处、社如存有上映执照的旧影片,可以清理处名义办理"①。对电影放映队的登记审查严格了准入队伍,取消南国影业公司上海办事处等对影片进出口业务的代理,使之归口于中国影片经理公司统一代理发行,新中国高度集权垄断的电影发行体制正在形成。

二、对于苏联电影的内容规制

苏联电影在中国的境遇是和中苏两国关系联系在一起的。在清除好莱坞电影的同时迫切需要苏联电影填补国内市场以占领社会主义意识形态高地,新中国政府以欢欣鼓舞的姿态采取各种行政措施和优惠政策动员人民群众接受苏联电影,对一部影片积极还是消极的判断标准似乎变得异常简单,凡是英美电影就是反动落后消极的,苏联电影无疑是先进正确积极的代表。1952 年,当苏联影片《无罪的人》上映时,华东军政委员会税务管理局将此片当成消极影片来看待,并做出了不予减税的决定。为此,中共中央华东局纪律检查委员会和华东军政委员会人民监察委员会给予华东军政委员会税务管理局副局长赵清心以处分处理。1952 年 4 月 2 日,《人民日报》以"严肃慎重地对待影片上演问题"为题,措辞严厉地报道了该事件。这次重大的"判断失误"说明当某税务管理局副局长希望根据自己的判断来突破某个规范性认识、自行决定一部影片的政治性质时,注定要担当许多政治风险。由此可见,一部影片到底应该归属于哪个范畴,更多时候是靠国家政治力量的干预来定夺的。

50 年代中后期中苏关系日趋紧张,对苏联电影的态度也出现微妙的变化。一方面是禁止放映某些苏联电影。对于违反民族政策、破坏民族团结的电影,官方能够断然采取禁映措施以缩小影响范围。1956 年长春电影制片厂配音译制了苏联电影《王朝末日》,1957 年中国电影发行放映总公司通知各省放映公司,因影片内容与我国的民族、宗教政策均有抵触,该片放映后已引起伊斯兰教人民的不满,为了避免造成不良的政治效果,应立即撤销发行,今后不再继续放映。就文化层面而言,"解冻"后的苏联,以卡拉托佐夫的《雁南

---

① 《上海市文化局电影事业管理处关于南国影业公司上海办事处申请电影片贸易业登记的函》,1952 年 1 月 11 日,上海档案馆:全宗,B172—1—57—45,第 45 页。

飞》、邦达尔丘克的《一个人的遭遇》、丘赫莱依的《士兵之歌》、塔尔柯夫斯基的《伊凡的童年》等为代表的新风格电影与"以阶级斗争为纲"的中国语境格格不入。1957 年由上海电影译制厂配音译制的苏联"解冻"电影《第四十一个》没有公开上映,由上海电影译制厂在 1958 年配音完成的苏联"解冻"影片《雁南飞》也遭遇了"未发行"的命运。另一部同为苏联"解冻"电影的《一个人的遭遇》,虽没有遭遇中国的禁映,但中方的策略性放映方式却也不失为一种"软禁映"。"根据观众心理,在广告内标明该影片的片色(此片为黑白片)"的广告手法说明,官方参透观众爱看彩色影片的心理,故用"黑白片"广告词来"软拒绝"观众对此片的热情;在时间安排上则刻意回避观众方便观片的时间,与解放初期"集中编映"、让尽量多的观众看到苏联影片的政策恰恰相反。此外,对《列宁论和平与战争》一书加强发行的策略,也显示了政府对此片的围剿立场。[①]

另一方面,中央则明令禁止在报刊上批评苏联电影。我国出版的一些杂志和报纸,发表了尖锐批评某些苏联影片的文章和群众意见。被批评的最尖锐的影片是《共产党员》。此外,对《劳动与爱情》《不同的命运》《友与爱》和《祖国在召唤》等影片也有所批评。当时的国际形势不容乐观,美国、南斯拉夫铁托集团想方设法挑拨中苏关系,而巩固与苏联及一切社会主义国家的团结是我们国家的基本方针和基本利益所在。因此,发表不利于中苏关系的言论理所当然被认为是违反原则的错误行为,必须予以制止。1959 年《中央关于不得在报刊上批评兄弟国家的理论著作和影片的通知》指出"我们对待苏联和其他兄弟国家的理论著作,以至影片和其他文艺创作的态度,如果在报刊上发表评论,也应该首先从政治上着眼,从加强社会主义阵营的利益着眼。对于这些作品中的缺点,我们的报纸刊物一般不应当进行公开的批评……我们在理论上和文艺上有一些观点与苏联的一部分文艺家和理论家有所不同,在表达这种不同意见时,应该极其郑重地考虑采取适当的表达方式,绝不可粗心大意。今后,如果确有必要进行此种批评,必须经过中央批准,然后有领导地来进行"[②]。对于犯了这种政治错误的报刊,中央责令做出检讨。

---

① 柳迪善:《十七年时期外国电影禁映问题》,《文艺研究》2012 年第 10 期,第 102 页。

② 《中央关于不得在报刊上批评兄弟国家的理论著作和影片的通知》,转引自中国出版科学研究所,中央档案馆:《中华人民共和国出版史料(10)》,中国书籍出版社 1999 年版,第 20 页。

三、周恩来批准对外售票和筹建专业演出机构

十七年时期,关于我国对外演出贸易的政府规制主要有两个内容:一是关于价格规制,周恩来批准对外售票;另一个是国务院批准第一个专业演出机构,是有关准入规制。

为了保证外国艺术团访华演出的安全、秩序和上座率,也为了照顾各文艺团体、文艺院校、机关团体,以往外国艺术团访华演出时,一律不售票,根据情况发送赠券或内部组织观众。随着外国艺术团来华演出的日益增多,内部矛盾和一些弊端也显露出来。如在发送赠券过程中,特别是在遇到好的演出时,因票少人多,得不到票的单位和个人纷纷提意见,给接待工作增加了很多困难;接待外国艺术团开支很大,国家财力有限,而票房无收入,造成很大浪费等。为了解决内部矛盾,厉行节约,并使接待外国来华艺术团的工作走向正规化,文化部于 1955 年 4 月在征求了各界意见的基础上,向国务院写了《关于捷克斯洛伐克国家歌舞团演出售票试行办法的请示报告》,报告中除陈述上述理由外,还建议票价定为 3 角至 1 元。同年 10 月 7 日,经周恩来总理批准,国务院颁发了《关于访华艺术团体演出一律售票》的通知,通知中称:"现规定自即日起,各国艺术团来华所举行的每次演出,均一律售票,不赠送招待券。国家机关、党派、团体的负责人和干部,部队的元帅、将军和军官,各国专家、外籍工作人员和外国记者,凡欲观看演出者,在公开演出时,可直接向剧院购票,在专门组织的晚会演出时(包括开幕演出),可由各单位在规定的人员、票数范围内,统一向主持单位购票,参加晚会的人员,由各单位人事部门负责,票款由个人支付。"①

笔者在上海档案馆看到一份材料:《上海市地方国营和平电影院关于代售各国文艺代表团演出券最近以来发生情况变化的报告》(1955),从中可以看出当时演出售票的情况。主要内容为和平电影院自 9 月份(1955)以来代售外宾招待会委托的各国文艺代表团的演出入场券已有十次之多,起初排队购买戏票的情况尚属正常,并不拥挤,但最近以来情况发生变化,流弊随之滋长。存在的问题是排队挤买严重影响交通秩序及购买者的工作学习与身体

---

① 宋天仪:《中外表演艺术交流史略》,文化艺术出版社 1994 年版,第 36 页。

健康;对象复杂,影院无法控制;买黑市黄牛票。改进的方法:其一,为避免隔日排队购票的严重情况,对报纸公布购票消息,希当日见报;其二,在售票前隔日通知院方不要当日见报,当日通知院方能有充分准备;其三,机关单位当日购票有困难,建议拨一部分票照顾机关(郊区也可保留部分作为照顾);其四,如代表团在剧场等小单位演出,戏票可在演出单位出售较为妥当(而在文化广场演出可在各影院代售)。①

国务院批准第一个专业演出机构是演出业的准入规制。为适应对外表演艺术交流工作的开展,特别是为了解决日益增加的外国来华艺术团接待工作中的矛盾和困难,对外文化联络局(简称文联局)于1956年9月提出筹组北京演出经理公司的计划及方案,经文化部同意后以文化部名义转呈国务院。总理办公室对其中的几个具体问题提出意见后退回文化部。文联局根据总理办公室的意见做了修改,于同年10月25日以对外文化联络局的名义,直接上报国务院。

这个组织方案中规定,演出公司的性质和组织关系,暂为企业经营的事业单位,逐步走向完全企业化,受对外文化联络局的领导,业务范围是:一、具体承办来华艺术团的访问演出接待工作,包括舞台、票务,宣传等;二、协助出国艺术团在京期间的筹备和预演工作,包括说明书、海报的设计、翻译和文字宣传工作,演出服装和舞台美术设计制作等;三、和对方商谈艺术团的邀请和派遣,或由政府文化部门或人民团体名义邀请和派遣,由该公司出面商办有关演出的具体事务。关于组织机构,方案中提出设经理、副经理、办公室、演出科、宣传票务科、业务科、翻译室、交际科、会计室、总务科,人事保卫科等,总计89人。另外,方案中提出需基本建设和开办费400万元,用于建筑办公室、宿舍、一座容1500观众的剧场和购买钢琴、车辆及办公用品。

国务院原则上批准这个报告。经过半年多酝酿,筹组后,经文化部夏衍副部长批准,文联局于1957年6月,正式宣布成立了北京演出经理公司,任命文联局三处处长朱明兼任经理,徐澄波、黄迥为副经理。从此,对外表演艺术交流的具体承办任务,由文联局三处转由该公司负责。北京演出经理公司成

---

① 《上海市地方国营和平电影院关于代售各国文艺代表团演出券最近以来发生情况变化的报告》,1955年11月30日,上海档案馆:全宗,B172—4—376—18,第1—2页。

立后,配合政府有关部门,在对外表演艺术交流中做了大量工作,成绩显著。后来,随着形势的发展和几次机构调整,该公司曾先后几次易名,几度改变隶属关系。现在隶属于文化部对外文化联络局的中国对外演出公司,就是这个公司的延续。

第四节　本章小节

疏理中国十七年时期对外文化贸易的商业机制与政府规制,自然引出了对一些问题的思考。

其一,对外文化贸易的商业机制确保社会主义性质的文化贸易顺利运行。

从《保障出版物著作权暂行规定》与稿酬制度到电影输入、输出的相关规定,这一系列规章制度构成了新中国成立之初驱动我国对外文化贸易的商业机制。在社会主义初级阶段,这些制度设计虽然还是比较粗浅和临时,却基本保障了文化贸易的顺利运行。应该看到这些制度的出台有一个不可忽视的国际背景,就是新中国成立后国际交流日益频繁,东欧若干社会主义国家向我国提出有关出版、电影等著作权问题,这成为我国出台有关国际著作权问题相关规定的一个外在重要因素。这也意味着在制度层面,我国的文化贸易生产开始融入国际文化生产的大环境之中。

其二,对外文化贸易的政府规制构建充满理想和激情的新中国文化世界性愿景。

新中国成立后,执政党一直致力于构建一个拥有主权并且卓越的社会主义文化的新世界。1942年,毛泽东在延安文艺座谈会上的讲话提出了"文艺为工农兵服务""文艺为政治服务",以及蕴含的第三"为"观念,即"为世界上最大多数人服务",表述了无产阶级革命世界化的话语。1957年,毛泽东在莫斯科社会主义联盟大会上强调了"国际主义和爱国主义相统一的原则",这种国际主义理所应当的构成了文艺的目标。1962年《人民日报》社论《为最广大的人民群众服务》提出了我国文艺工作者应当团结世界各国一切可以团结的文艺家,建立最广泛的统一战线。中国领导人认为中国文化不仅是国内政治规划的核心,同时必须并且有能力承担领导世界文化的重任,教育、鼓舞、动员,引领中国人民以及世界人民通往未来的辉煌之路。

作为文化多样性下的一支独立的文化传播力量,新中国的对外文化贸易承担了努力实现具有全球竞争力的文化强国实现无产阶级革命世界化的美好愿景的重任,并且在一定时期的世界范围内取得了相当大的传播效果。比如,为什么50年代毛泽东著作能够在海外广泛传播,"输出革命"的对外策略之说至少是不全面的,第三世界国家渴望摆脱西方列强侵略、获取民族独立的强烈愿望或许才是畅销的根本动因。在1958年之前外文出版社出版的毛泽东著作所占的比例大约15%—20%,直到1960年,中央外事小组在制定外宣工作规划才明确提出:为了适应世界人民革命斗争的需要,要大大加强毛泽东思想的宣传。1962年在《关于改进外文书刊对外发行工作的报告》中进一步把毛泽东著作的出版发行确定为基本政策。

其三,文化表达的制度性控制:文化产品的审查与文化产业的市场准入。

对文化产品进行内容和质量的审查与文化产业的市场准入不仅反映一个国家内部不同政治力量的此消彼长,也是国际文化产业战略博弈的竞技场。新中国成立伊始,原国民党及国民党政府的出版机关、电影机构被相继接管,国民党政府制定的相关出版电影的法规、法令同时被废除。随着文化建设大规模的展开,全国新成立了一大批国营文化机构,并基本完成了对私营企业的改造,国有经济居于绝对领导地位。在革命斗争中文化事业能够介入并有效干预国家政治力量的格局和国家命运的走向,意识形态的争夺与控制是根本手段。如此,对文化事业领域的严格进入限制与内容审查就关乎一个政权革命能否成功和夺取政权后新政府的巩固和建设,是一种文化政治关系变动与重构的标志,《对书籍国外发行的指示》《国外印刷品进口暂行办法》《新闻总署对我国报纸向外发行的意见》、电影业登记输出输入暂行办法等对外文化贸易政府规制不但是冷战框架下传播国家力量的保障,也是维护国家文化安全的生死演练场。

其四,对外文化贸易政府规制对国际政治形势与国家文化安全形势的调整。

国际政治环境与对外文化贸易活动构成了一个联动机制,国家关系的变动会导致对外出版贸易供求状况的改变,对外出版贸易政府规制通过文化贸易活动对国际形势、文化安全形势进行了调整。中苏两党两国关系对苏联书籍的翻译出版和进口产生了严重影响,对内容的严格审定是不变的原则,只是审核的标准发生了根本的变化。中苏蜜月时期,苏联方面希望中国翻译的苏联书籍都是最好的书,要求中国方面把各翻译出版单位翻译苏联书籍的计划和目录通知他们。为此,1953 年 2 月 13 日,出版总署发出通知:我国翻译苏联书籍应该征求苏联方面的意见……,2 月 21 日,出版总署又发了一个补充通知:不要因征求意见而影响翻译工作的进行,没有苏联专家或顾问的机关……不要因征求意见而停止翻译。从这两则通知可以看出中方对苏联意见的重视以及在操作上的灵活,翻译苏联书籍的速度是快速有效的,但内容则必须严格把关。60 年代,中苏关系急剧恶化,我国从苏联和东欧国家进口的书籍和期刊中发现夹杂大量攻击我党和我国领导人的文章,为此,中宣部于1964 年 5 月 9 日指示对外文委:凡指名攻击我党和领袖的书,不由国家订购,如国内研究单位需要,可请他们直接通过驻外使馆购买,不由中国外文书店统一负责 。11 月 6 日中宣部对国家科委请示关于进口苏联、东欧国家科技书刊的问题发文答复:对于苏联、东欧 6 国、蒙古等国出版的科技书刊,我们同意仍然按照国内科学技术工作的需要,安排进口;但是应该责成订阅机关指定专人,认真进行审查,包括个人订阅的在内,决不能让夹带的反华文章任意流传。中苏关系破裂后,我国出于国家文化安全的考虑对苏联进口书籍内容进行了严格把关,对苏联书籍的态度和热情也发生了根本变化。

其五,对外文化贸易政府规制的悖反效应。

十七年时期的文化贸易政府规制大致可以分为前后两个时期,以出版为例,以 1957 年为时间节点,之前国家主要执行和平共处的外交政策,对外出版贸易政府规制相对比较宽松,国际书店强调企业化经营。之后,由于中苏两党分歧逐步公开化直至最后国家决裂,对外输入输出的控制渐渐趋紧,国际书店逐步强化了它作为党的对外宣传机构的职能,配合外交斗争。在对国内外形势过热估计的影响下,国际书店提出"苦战三年,出口遍世界,进口成权威"的口号,但输出的图书在一些国家遭遇了扣留、查封、退货的命运。1962年《国际书店对资本主义世界书刊发行的基本任务和方针》强调了非贸易赠送在一定时期可以成为主要的发行方式。"细水长流"的对外发行方针变为"巨浪冲击"式的对外发行,造成了很大的损失。历史上政府规制的预期目标并不是总能实现的,文化控制如果不能得到被规制者内心真正的认同就会产生悖反效应,难以实现规制设计者的初衷,甚至适得其反。

　　总之,政治治理空间下新中国文化贸易政府规制的目标基本上是围绕着国家政权建设与巩固来进行的,在国家政治治理的初级阶段政府往往采取"堵"和"压服"的方式来追求一种静态的稳定与安全的文化空间,对外文化贸易政府规制无论社会性规制还是经济性规制均呈现严格把关的状态。值得注意的是一个良好的政府规制必须能够得到规制者、被规制者及关系第三方的内心认同才能发挥好的作用,这促使我们思考如何从文化管理走向文化治理,直至实现文化善制的理想目标。

第九章　新中国文化贸易的特殊形态 （派遣留苏学生）

　　教育服务贸易是文化贸易的一种特殊形态。20 世纪 80 年代中期以来，国际经济贸易机构或组织在统计国际服务贸易时，将教育服务贸易当作服务贸易的一个部分来对待，列入统计范围。80 年代末，英国、澳大利亚等发达国家相继取消了对海外留学生的学费优惠措施，采取了全成本收费政策。这一政策标志着教育服务国际交流的重点从单纯的援助和合作转向以营利为主要目的的贸易活动，极大地刺激了教育服务贸易的发展。[①]1994 年达成的《服务贸易总协定》(GATS)中涉及的教育服务贸易概念专指国际教育服务贸易，虽然教育服务贸易的概念是在近几年提出，但在实践中教育服务贸易的开展在早些年已经存在。新中国成立初期我国有两种教育服务贸易形式：一种是境外消费，即有计划地派遣新中国留学生去苏联及东欧社会主义国家学习；另一种是自然人流动，大量的苏联专家来华援助我国社会主义建设。

　　新中国建立面临的一个重要问题就是人才奇缺，调整后的高校短期内无法满足国家建设的需要，留学美国和欧洲的海外留学生受阻不能顺利回国，苏联专家不能长期滞留中国，种种因素促使政府做出了派遣留苏学生的重大战略抉择。本章拟从教育服务贸易视角展开十七年时期我国人力资本国际流动之境外消费问题研究，在查阅大量档案材料基础上思考以下几个问题：留苏运动在国际法和国家政策层面是如何规范的？其规模、种类、费用如何？中苏国家关系的变化对留学生专业的选择和学习产生了什么影响？在单向度的境外消费中苏联留学生在我国的留学情况怎样？在中苏关系的研究中，

---

　　① 靳希斌：《国际教育服务贸易研究规则解读与我国的承诺》，北京师范大学学报 2004 年第 1 期，第 14—19 页。

如此专门的讨论不多见,这为本文研究留下了一些空间。对以上问题的探讨也有助于启发人们思考在当今中国"一带一路"的世界文化布局中发展教育服务贸易的诸多历史因素。

美国经济学家西奥多·舒尔茨在《论人力资本投资》中认为人力资本是固化在劳动者身上的知识、技能、健康,以及表现出来的生产能力水平,其获得是人力资本投资的结果,对人力资本的投资可以分为卫生保健设施和服务、在职培训、正规教育、成人教育、迁徙以寻找就业机会。舒尔茨在宏观层面首次从理论角度完整地阐述了人力资本投资行为。国内外学者围绕人力资本的内容和功效对人力资本的定义展开各种表述,极大地丰富了人力资本的内涵。作为人力资本投资的一种形式,人力资本流动通过一定的支出实现人力资本在区域和产业间流动。人力资本的国际流动指的是那些受过一定的教育培训、具有专业技能的个体在不同国家之间迁移。所谓境外消费是指一成员国居民在另外一个成员国境内消费或享受服务,高等教育境外消费主要指一成员国公民到另一成员国留学和进修。可见,留学生的境外消费与高等教育服务贸易中的人力资本流动关系最为密切。苏联走上共产主义道路遥遥领先于其他国家近30年,是社会主义国家的盟主,是留学生的目的国,即人力资本流入国。中国及其他新兴的社会主义国家则是留学生的来源国,即人力资本的流出国。

第一节　派遣和管理留学生的政府规制和机构建制

根据《服务贸易总协定》(GATS)的规定,教育服务贸易有4种服务提供方式,其中境外消费指在一成员方境内向任何其他成员方的服务消费者提供的服务,其特点是服务消费者必须进入服务提供国,比如一国人员到他国的学校或科研机构留学、进修与学术访问等。新中国成立初期留学苏联和东欧国家的高潮和历史上我国曾经出现的任何一次留学潮有着很大的不同,同时,它与改革开放以后我们国家留学欧美的潮流也有着根本的区别。从留学生的选派、培训到政治业务审查,从留学生留学期间专业学习、政治思想教育到回国的工作安排,以及留学期间所有的学习和生活费用,均由中国政府承担。而苏联主要负责对中国留学生就读学校和专业进行安排。中苏两国均为共产党执政的国家,权利资源高度集中,整个留学活动由中苏双方共同安排,使得整个留学运动的全过程呈现"国家行为"的显著特点。显然,这种早期教育服务贸易交流带有援助的特点。

一、派遣和管理留学生的政府规制

新中国成立后,中国政府向苏联派遣留学生可以大致分为 4 个阶段,每个阶段派出留学生的方针政策有所不同。

中国政府向苏联派遣留学生第一阶段是 1950—1953 年,中央当时决定的方针是"严格选拔、宁少毋滥"。1950 年 9 月中国和东欧五国①达成了互换留学生的协议,向东欧 5 国派遣了 35 名留学生。1952 年 8 月 9 日,张闻天大使和苏联副外长普希金代表两国签署了《中苏两国政府关于中华人民共和国在苏联高等学校(军事学校除外)学习之协定》,条约明确规定了苏联应中国的要求,同意接受中国公民作为大学生和研究生赴苏各高校留学。1953 年 5 月 16 日,教育部、高教部和人事部联合发出《关于 1953 年选拔留苏预备生的指示》,选拔的办法是:国家将名额分配到各大行政区(1953 年选拔对象以高中毕业生和大学一年级学生为主,还将名额分配到大学和重点中学),各地当作重大政治任务加强领导,认真做好此项工作。在选拔中突出政治标准,内部控制不公开,各地选拔出后上报国家,国家举行统一考试,考试合格者入预备学校补习一年外语(留苏预备学校未成立时,外语在各行政区补习),外语合格者才能派往苏联。

第二阶段是 1954—1956 年,执行的方针是严格审查,争取多派。随着朝鲜战争的结束,新中国的重心逐渐从战争转向了大规模的经济建设,以工业化为主导的过渡时期总路线的出台,预示着大规模经济建设浪潮马上就要到来。从 1953 年开始,留苏工作逐渐走上了正轨。1953 年 5 月,教育部下发了选拔留苏预备生的指示,明确提出了全国统一执行的 1953 年留苏预备生的选拔办法,这也是国家教育部首次公布统一的国家选拔标准。从选拔条件来看,主要包括政治条件、学历条件、身体条件和年龄条件 4 方面,还在学历条件中新增加了关于高中毕业生留学的有关规定。1954 年 2 月,高教部、教育部发

---

① 这 5 国是波兰、捷克斯洛伐克、匈牙利、保加利亚和罗马尼亚。

布《关于从本年度高中毕业生中选拔留苏预备生的联合指示》,高教部、教育部发出了《关于 1954 年度由高等学校选拔赴苏及各人民民主国家留学生的联合指示》。1955 年选拔留苏预备生的办法基本上延续了上年的规定,但是也有一些不同:强调了在首先重视政治条件的同时,对于身体和学科成绩也要高度重视,不可偏废;第一次做出了选派进修教师的规定。这一阶段对留学生的管理更加严格化。1954 年,高教部、外交部联合颁发《派赴苏联及东欧各人民民主国家留学生管理办法》,规定了留学生管理工作的四项基本要求和七项基本职责。年底,高教部颁发《留学生注意事项》,对留学生提出了八项要求。

第三阶段是 1957—1960 年,留学生的工作开始缩小规模,注重质量。1956 年开始,中央严格明确了选拔留苏学生的方针,那就是"争取多派研究生,少派或不派高中生",为此,各部门在选拔留苏预备生的规定上进行了一些调整和修改。2 月,高教部和教育部联合下发了关于削减从高中毕业生中选拔留苏预备生的通知。8 月,国务院副总理李富春对于留苏学生的派遣提出了几点意见,根据这个指示精神,高教部总结了留学生派遣的经验,对 1957 年留苏学生的选拔派遣工作做出了较大的变动。1958 年 1 月 10 日,高教部、外交部颁发《关于管理派赴各国留学生的规定》,废止了以前执行的留学生管理的文件。这个阶段出现了一个问题,1957 年 5 月 29 日,高教部根据整风运动中有人批评"过去留学生的选拔工作表现出重政治、轻业务的偏向,留学生质量不高,不符合在国外学习的要求"。经国务院同意,决定从本年起将采取"公布专业,自由报考"的方式选派留苏学生。7 月 23 日,《人民日报》发表社论《用人可以不问政治吗》,对"自由报考"的办法提出了批评。社论质问道:"高等教育部的一些同志们在改进选派留学生的办法的时候,似乎也认为'重政治,轻业务'的批评是正确的,似乎也认为选派留学生可以不问政治。"这种"向党和人民政府要求所谓任人唯才、要求用人不问政治情况的议论,如果不是由于反对社会主义事业和无产阶级专政,就是由于在政治上无知"[①]。9 月 20 日,《人民日报》发表了高教部关于这一问题的检讨,此办法随之夭折。这个时期留苏学生的派遣工作受到了国际、国内政治运动的很大影响,中央高

---

① 《人民日报》社论:《用人可以不问政治吗》,人民日报 1957 年 7 月 23 日,第 2 版。

层对派遣留苏学生的方针进行了调整。因为当时国内具体的形势,为了更好地解决科学技术干部严重缺乏的问题,片面地强调了研究生派遣的重要性,忽视了派遣大学生的长远意义;同时提出了研究生培养方法应该是多快好省,造成了许多留学生终生的遗憾。

第四阶段是1961—1966年,留苏学生的派遣工作不可避免地受到了两党两国关系变化的影响,留苏运动日趋萎缩。1960年9月,中共国家科委党组、教育部党组、外交部党组联合召开第二次留学生工作会议,确定今后派遣方针是"减少数量,提高质量",主要派有两年以上实际工作经验的研究生、进修生、实习生,原则上不派高中生。根据上述精神,教育部确定了1961年派遣原则。教育部在《关于1963年选拔留学生工作的通知》中重申了"选拔留学生工作,必须保证和提高派出人员的质量"。关于留学生的管理,1964年中共中央批准试行《中华人民共和国派往国外留学生管理工作的规定(草案)》,1966年4月,教育部召开第三次留学生工作会议,提出进一步在出国留学生管理工作中突出政治。从1960年起,原定留学生每两年回国一次参加政治学习改为每年一次。

二、派遣和管理留学生的机构建制

早在新中国成立后不久,作为新中国科学教育发展十年规划的一部分内容,中央决定大规模向苏联和东欧社会主义国家派遣留学生,随即成立了由聂荣臻、李富春、陆定一主持的留学生派遣工作领导小组,制定方针、计划和组织实施,以便与经济建设计划相协调。当时对选派留学生问题相当重视,每年选派的人数、专业比例都要上报周恩来总理审批。

1953年留苏学生的选拔工作直接归中央政务院(后改国务院)领导,具体由国家教育行政部门(初为教育部,后为高教部)负责,外交部和人事部等部门协同参与和指导,国家、各大行政区、一些相关的省市、大学、重点高中都成立了选派工作领导机构。选拔过程严格要求,层层把关,政治审查和业务审查并重,最大限度地保证了当时最优秀的青年学生能够出国深造。1952年底,在北京成立了留苏预备学校(原北京俄专二部改成),供出国留学人员预备外语之用。1953年6月成立了"留学预备生学科考试委员会",8月1日至8月3日,在北京、上海、汉口、重庆、沈阳、西安6地同时进行留苏预备生选拔考试。

随着留苏学生越来越多,留学生的管理问题开始摆上日程。为了更好地管理留苏学生在国外的学习生活,1952 年 4 月,在我驻苏大使馆成立了留学生党委和留学生管理处,具体负责学生的政治、业务考核和学习、生活安排。在留学生党委和留学生管理处的领导下,在有中国留学生的学院、大学或城市里设留学生党支部。留学生中有留苏学生总会组织,负责各地学生间的联谊工作。留学生管理处即大使馆的组成部分,也是我国教育部或高教部的派出机构,接受大使馆和国内教育行政部门的双重领导,留学的业务工作主要由国内教育行政部门负责,和苏联联络沟通事宜则由使馆留学生管理处负责。

第二节　派遣留苏学生的发展状况

一、留苏学生的种类、规模

向苏联派遣的普通留学生主要是由教育部派出的大学生、研究生、进修教师,大学生学习的重点主要是基础理论,研究生学习的针对性很强,注重理论和实践的进一步研究。特殊留学生包括实习生、军事留学生和共青团留学生,其中"实习生分为两类:一是请苏联设计的厂矿所派的实习生;一是国内现有厂矿派的实习生"[①]。实习生强调实际技术的掌握和使用。新中国派遣的留学生主要属于工程技术领域,兼顾人文社科,注重眼前利益与长远利益相结合。

新中国成立初期留学苏联的确切人数到底有多少,不同口径的统计数据是不一致的。由教育部派遣的留学生,中国官方的统计认为 1950 年至 1958 年,我国共派遣留学生 16152 名(大学生 5805 名、研究生 1973 名、进修教师 311 名、实习生 8063 名),其中 14798 名(91.6%)派往苏联,1290 名(8%)派往东欧社会主义国家,其余 64 名(0.4%)去资本主义国家留学。在派往社会主义国家的 7778 名留学大学生和研究生中,他们所学的专业是:工科 5179 名,占总数的 66.6%;理科 692 名,占 8.9%;农科 524 名,占 6.8%;医科 323 名,占 4.2%;文科 450 名,占 5.7%;其他财经、政法、师范、艺术、体育等科类共 610 名,占总数的

---

① 宋邵文:《关于派赴苏留学生给李富春的信》,转引自中国社会科学院、中央档案馆:《中华人民共和国经济档案资料选编:工业卷(1949—1952)》,中国物资出版社 1996 年版,第 787 页。

7.8%。[①] 一些国外资料认为新中国成立初期留学苏联的人数超过 20000 人,比如,苏联学者鲍里索夫、克洛斯科夫在《苏中关系(1945—1980)》一书中披露苏联方面公布的数据高达 20000 人[②]。比较权威的说法是曾任国务院兼国家科委主任、中国工程院院长宋健提供的数据,即除教育部门派出的人员以外,50 年代由军事系统派出的留学生 800 人,共青团中央派出 138 人,"一五"期间由 29 个工业部门独立派出 7800 人去苏联、东欧工矿企业对口实习工艺技术和管理,其中管理人员 609 人,工程技术人员 4876 人,工人 2291 人,其他 44 人。[③] 如此算来,新中国留学苏联的人数应该在 16000—18000 人。这一数字与欧美同学会留苏分会统计的留苏人数大体一致。

派遣实习生是一个针对性强、见效快的学习方案,为此,苏联给我国培养了一批生产技术与管理、科学研究与工程设计的建设人才。据 1959 年 7 月 29 日《驻苏联大使馆商务参赞处十年工作总结》的统计,"自 1951 年 9 月至 1958 年底,共派出实习生 7154 名(不包括二机部)"[④]。据 1959 年 6 月 10 日《国家科委党组、教育部党组、外交部党委关于留学生工作会议的报告》统计,"1950—1958 年我国共派遣实习生 8063 名。截至 1958 年,先后学成归国的已经有 7685 名,尚在国外学习的实习生 378 名"[⑤]。实习生的统计是有一定难度的,派遣的部门和地区众多,人数多,实习时间一般比较短,除了计划内项目还有两国政府协议外工程设计科学研究人员的派遣,不一而足。

新中国的军队建设(空军和海军)除了请进来大批苏联军事顾问、专家,"走出去"成为必然的选择。根据《中苏友好同盟互助条约》精神,1950 年 12 月中国政府决定向苏联派遣军事留学生,除了我军的中、高级将领,地方院校还选拔了一批优秀的大、中学生。第一批新中国海军军官于 1951 年 6 月 11

---

① 《国家科委党组、教育部党组、外交部党委关于留学生工作会议的报告》,中共中央文献研究室:《建国以来重要文献选编:第 12 册》,中央文献出版社 1996 年版,第 449—450 页。

② [苏]鲍里索夫、克洛斯科夫:《苏中关系(1945—1980)》,生活·读书·新知三联出版社 1982 年版,第 152 页。

③ 宋健:《百年接力留学潮,希望寄托在你们身上——难忘的峥嵘岁月》,中国计量出版社 2003 年版,第 13 页。

④ 《驻苏联大使馆商务参赞处十年工作总结》,转引自中国社会科学院,中央档案馆:《1958—1965 中华人民共和国经济档案资料选编(对外贸易卷)》,中国财政经济出版社 2011 年版,第 349 页。

⑤ 《国家科委党组、教育部党组、外交部党委关于留学生工作会议的报告》,转引自中共中央文献研究室:《建国以来重要文献选编:第 12 册》,中央文献出版社 1996 年版,第 449—450 页。

日远赴苏联,陆续派出的海军主要进入苏联海军工程学院、伏罗希洛夫海军指挥学院深造。从 1951 年开始,空军也陆续派出优秀学员送往苏联茹科夫斯基空军工程学院、苏联红旗空军学院学习。50 年代到 60 年代中期,在苏联深造的中国军事留学生约有 800 名。此外,在中苏国家关系非常友好的 1950—1956 年,中国共派出由团中央机关、大区团委和省市团委选拔的 138 人去苏联中央团校留学。

二、留苏学生的费用

据教育部档案记载,1951 年留学生的费用"大学生每人每月供给标准 650 卢布;研究生每人每月供给标准 900 卢布;大行政区部长级干部再加 100 卢布"①。这个标准在 1952 年 8 月 9 日中苏两国签署的《中苏两国政府关于中华人民共和国在苏联高等学校(军事学校除外)学习之协定》之后有所降低,协定对留苏学生的生活学习条件等管理细则做了详细的规定,"第五条:苏维埃社会主义共和国联盟政府支付中华人民共和国公民在苏联高等学校学习时之生活费用与学习费。上述费用包括下列各项:甲、大学生津贴,每人每月 500 卢布。乙、研究生津贴,每人每月 700 卢布。丙、教授及教员工资、学费、经费、宿费,以及因派遣大学生与研究生赴学习地所学之旅差费。第六条:中华人民共和国中央人民政府应向苏维埃社会主义共和国联盟政府偿还本协定第五条所指各项费用的百分之五十"②。协定为新中国大规模的留学潮流奠定了物质基础。

中苏比价在 1951 年由中苏两国政府根据卢布的含金量和我国的黄金牌价制定的,那时的比价是 1 卢布等于 6754 元(旧币)。1953 年秋苏方主动向我国建议将卢布牌价降低为 1 卢布等于 5000 元旧币;后又在 1956 年和 1957 年主动建议对中苏间 7 项非贸易支付采用附加方法,并对 1951 年以来我方的损失给予补偿。③也就是说,关于人民币与卢布比价有过两次调整:1953 年 9

---

① 《函请电知我驻苏大使馆代垫赴苏 375 名留学生学习生活费》,1951 年,教育部长期档:1951—90 卷:第 1—2 页。

② 《中国苏联两国政府关于中国公民在苏联高等学校(军事学校除外)学习的协定的中文副本》,1952 年 5 月 8 日,外交部档案 109—00176—01,第 4—7 页。

③ 中国社会科学院,中央档案馆:《中华人民共和国经济档案资料选编:金融卷(1958—1965)》,中国财政经济出版社 2011 年版,第 522—523 页。

月 22 日,中苏两国"签订人民币与卢布比价问题议定书"规定"自 1953 年 9 月
1 日起,均按 50 元人民币等于 100 卢布的行市办理之"。[①] 1957 年 12 月 28 日
《国务院关于 1958 年 1 月 1 日实行中苏非贸易外汇比价的通知》规定:"经过
中苏两国政府协定,从 1958 年 1 月 1 日起,中国与苏联间的非贸易汇款将实
行按正式比价另加附加的方法,即中苏间实行 1 元人民币等于 2 卢布的比价
仍不变,称为两国货币的正式比价,仅对于 7 项非贸易款项的支付,改为 1 元
人民币附加 4 个卢布,等于 6 个卢布。[②]"留学生的费用属于非贸易款项。

有必要对留学生的津贴作一个感性的比较,同时期苏联学生的助学金仅
320 卢布/每月。与国内相比,1950 年国家主席和副主席每月工资为 3400 斤
小米,折算成卢布是 680—755 卢布(人民币 340—377.5 元);部长每月 2800
斤小米的待遇折算成卢布为 560—620 卢布(人民币 280—310 元)[③]。根据
1954 年、1955 年、1956 年中央政府关于苏联专家所需经费的预算标准及开支
掌管办法颁布的 3 个通知,苏联顾问和教师的在华工资每月平均人民币 350
元。如此看来,1951 年留苏大学生、研究生、大行政区部长级干部津贴由卢布
换算成人民币分别为 325 元、450 元、500 元,1952 年留苏大学生、研究生降为
250 元、350 元,加上出国时国家给每位留学生准备了比较齐全的生活用品,
当年的留苏学生待遇还是非常优厚的。60 年代后苏联物价飞涨,原来每个留
学生 50 卢布(旧币)的助学金明显紧张,1964 年国家给每人增加 10 卢布,所
增费用均由中方负担。

笔者在外交部档案馆看到一些当年留学生的费用材料,据记载,我国偿还
苏联政府留苏学生(军事学校除外)学费、生活费用由开始时起至 1952 年 7 月 1
日止计 2524587 卢布,1952 年下半年计 1521923 卢布,两项共计 4046510 卢布。
1953 年上半年是 1840748 卢布。[④] 1953 年下半年留苏学生经费支付应该有两

---

① 《签订人民币与卢布比价问题议定书》,1963 年 9 月 16 日,外交部档案 109—00270—01,第 1 页。

② 中国社会科学院、中央档案馆:《中华人民共和国经济档案资料选编·金融卷(1958—1965)》,中国财政经济出版社 2011 年版,第 522 页。

③ 《1950 年 2 月 12 日罗申与周恩来会谈纪要》,转引自沈志华:《苏联专家在中国》,中国国际广播出版社 2003 年版,第 83 页。

④ 《关于我国派遣留学生和偿付苏联专家、留苏学生费用和赴苏治病费用的有关文件》,1955 年 12 月 17 日,外交部档案 109—00344—01(1),第 39—45 页。

笔:3 月 29 日支付了 2491740 卢布,6 月 3 日汇出 2900594 卢布①。1954 年上半年我国在苏联留学生生活费用和学费共 3683745 卢布②,下半年留学生费用为 6513676 卢布③。据外交部不完全资料显示,中国留苏学生 1960 年下半年费用我国应负担部分 1014373.6 个卢布④,1961 年上半年我国付留学生费用为 842965 卢布⑤,1963 年下半年我国留学生费用为 141666 卢布⑥。

关于实习生、军事留学生、共青团留学生这些特殊留学生的费用规定与教育部口径派出的普通留学生是不同的。1950 年 1 月,中苏两国签订的《关于中国公民在苏联进行生产技术实习的条件的协定》规定:"中国政府将偿付苏联方面为领导中国公民生产技术实习的费用,其数额为实习领导人按照其基本职务所得薪金的 10%—20%,并视实习人之数额而定。中国政府保证在必要场合下对中国公民在苏联实习期间供给熟练的翻译人员,如按照中国方面之要求由苏联方面供给翻译人员时,中国政府将补偿苏联方面付给这些翻译人员的实际费用。"⑦1951 年 12 月,中苏两国也有一个同样的协定,规定在苏联厂矿企业实习的中国技术干部,只需要支付苏联专家和教师的讲课费,以及少量的实习费,数额仅为实习指导者工资的 10%—20%。1957 年 12 月 28 日中苏两国签订了《关于中国和苏联的专家和工人生产技术实习条件的协

① 《关于偿还苏联民用及军事专家费用、偿还我留学生和干部在苏治病费用的有关文件》,1954 年 3 月 18 日,外交部档案 109—00500—01(1),第 5—13 页。第 5 页记载:"关于 1953 年下半年留苏学生之经费,计 2491740 卢布,现已于 3 月 29 日发往苏所指定的莫斯科苏联对外贸易银行苏联财政部所开之第 3422 号账户上。"第 13 页记载:"关于苏联政府代垫之 1953 年下半年我留苏学生的生活、学习费用 2900594 卢布,我部已如数于 6 月 1 日经中国人民银行汇出。"

② 《关于偿还苏联民用及军事专家费用、偿还我留学生和干部在苏治病费用的有关文件》,1954 年 3 月 18 日,外交部档案 109—00500—01(1),第 26 页。

③ 《关于苏联专家休假问题、在华费用及苏联偿还我留苏学生在苏费用的有关文件》,1955 年 2 月 22 日,外交部档案 109—00594—01(1),第 34—35 页。"1954 年下半年,中国公民在苏联学校中(军事学校除外)学习和生活的实际费用为 13027353 卢布。根据 1953 年 8 月 9 日的协定,上述款项之半数即 6513676 卢布应由中国方面偿还。"

④ 《留苏学生的军事留学生留学费问题处理事》,1961 年 3 月 8 日,外交部档案 109—03010—02,第 4—9 页。

⑤ 《留苏学生的军事留学生留学费问题处理事》,1961 年 3 月 8 日,外交部档案 109—03010—02,第 13—17 页。

⑥ 《关于向苏联交付留苏学生的费用问题》,1964 年 4 月 30 日,外交部档案 109—03502—01,第 7 页。

⑦ 《关于中国公民在苏联实习条件的协定文本》,1950 年 1 月 1 日,外交部档案 109—00089—01,第 1 页。

定》,1960 年中苏两国签订《关于苏联接受中国进修、实习人员的议定书(草案)》,对实习生的费用做了规定。苏联设计的厂矿所派的实习生费用由基本建设投资中开支,国内现有厂矿所派的实习生由企业生产费用中开支。

军事留学生的补助金要高于普通留学生,每个学生每月津贴为 1000 卢布,此外,中国政府还需要承担培训费,包括生活、学习、训练的各项开支,比如住房费、水电费、教材费、实习所用的弹药费等。据外交部档案馆不完全资料显示,在苏联教学机构供应和培养我国军事人员在 1955 年上半年共支出了4765930 卢布[①],我国军事留学生 1960 年下半年所支费用共计 230918 卢布[②],1961 年上半年我军事留苏学生的费用为 267817 卢布[③],1963 年下半年我军事留学生费用 150616 卢布[④],1964 年上半年在苏联军事学院学习的我国军事学员的生活和学习费用共计 152209 卢布,总计折合人民币 19634951 元[⑤]。难怪彭德怀元帅曾说一个留苏的军事留学生国家要花费 40 两黄金。至于留学苏联中央团校的共青团留学生,其助学金标准与苏联共青团州委书记的标准一致,每人每月 1200 卢布。

三、留苏学生原子能专业的学习与机密专业的限制

1954—1955 年,出于政治上的需求,苏联决定在原子能的和平利用方面对中国展开帮助,1957 年,援助的范围又扩大到导弹和原子弹的研制方面,3 月 30 日,中苏双方签订了《关于在特种技术方面给予中华人民共和国援助的议定书》,规定苏联有关高等学校在 1957—1958 年教学年度,接收 50 名中国留学生学习机密专业(导弹、核专业等)[⑥]。与此相应,国内留学工作也做出了调整,中央规定现有专业相关的二、三年级学生插班学习。然而,好景不长,中苏国家政策的分歧导致苏联

---

① 《关于苏联专家休假问题、在华费用及苏联偿还我国留苏学生在苏费用的有关文件》,1955 年 2 月 22 日,外交部档案 109—00594—01(1),第 44 页。

② 《留苏学生的军事留学生留学费问题处理事》,1961 年 3 月 8 日,外交部档案 109—03010—02,第 4—9 页。

③ 《留苏学生的军事留学生留学费问题处理事》,1961 年 3 月 8 日,外交部档案 109—03010—02,第 13 页。

④ 《关于向苏联交付留苏学生的费用问题》,1964 年 4 月 30 日,外交部档案 109—03502—01,第 7 页。

⑤ 《关于向苏联交付留苏学生的费用问题》,1964 年 4 月 30 日,外交部档案 109—03502—01,第 14 页。

⑥ 沈志华:《冷战中的盟友》,九州出版社 2013 年版,第 165—167 页。

对我国的核援助于 1958 年的下半年趋严,1960 年赫鲁晓夫下令撤回苏联专家,苏联对中国的核援助就此终止。受两国政治关系的影响,这期间的留学人数、所学专业(特别是机密专业)受到了很大的影响与限制。

其一,在国家层面,苏方撕毁和破坏了已达成协议的留学生协议。

1958 年 11 月 12 日苏联部长会议对外经济联络委员会总工程局为我派遣学习机密专业的留学生问题,答复李强同志……附件二中明确规定接受中国 19 名进修教师,其中 4 名赴苏联高等学校进修原子核反应堆,1 名进修航空自动控制。1959 年 8 月 27 日苏联部长会议原子能利用总局副局长特·叶费利莫夫致函我第二机械工业部副部长刘杰同志,答应从 1960 年到 1962 年每年接受中华人民共和国 50 名大学生进入莫斯科工程物理学院学习,但是,当提交 1960 年、1961 年计划时,苏方撕毁协议,对我拟派往莫斯科工程物理学院学习工程物理专业的大学生(1960 年 50 名,1961 年 12 名),全部拒绝接受。[①] 1959 年 12 月 16 日,苏方答复我们只能接受 65 人,原子核反应堆、航空自动控制等专业不再接受。

其二,限制和缩小我国留学生学习专业的范围。

1960 年、1961 年苏方在关于接受留学生计划的备忘录中都曾强调提出派出的大学生要根据苏联高等学校现行的专业设置目录提出拟学专业,但是苏联高等学校专业设置目录中没有列出有关的尖端机密专业,实际上是苏方借此拒绝对我国开放机密专业。

1960 年我国拟派往苏联高教系统学习的留学生 522 名(包括研究生、进修教师、大学生),苏方同意接受 411 名,其中有 40 多名学习机密专业,我方后来实际派出 313 名。1961 年我国拟派往苏联高教系统学习的留学生 111 名(包括研究生、进修教师、大学生),苏方接受 83 名,其中有 13 名学习机密专业,我方后来实际派出 71 名。1961 年拟派往苏联科学院学习的研究生 29 名,苏方接受 11 名,其中 2 名学习重要理论专业,我方后来实际派出 6 名。1962 年拟派往苏联高教系统的留学生 77 名(研究生、进修教师),苏方接受 70 名,其中有 9 名学习机密专业,我方实际派出 36 名。1962 年拟派往苏联科学院学习的留学研究生 27 名,苏方接受 11 名,均为一般理论性专业,我方后来

---

① 《中国与苏联文化合作情况》,1963 年 12 月 24 日,外交部档案 109—02542—04,第 13—17 页。

实际派出 7 人。初步分析可以看出,工程物理专业,船舶原子能动力装置专业 1960 年、1961 年两年都不接受,而 1961 年不接受的专业又增加了放射医学、无线电等专业,1962 年未接受的专业主要是新科学技术或重要理论性专业,苏联对我方派遣留学生的专业控制更严了。从分配学校看,从 1960 年起莫斯科航空学院和莫斯科工程物理学院都不再接受我国的留学生,1961 年莫斯科鲍曼高工和列宁格勒精密光学仪器学院也不接受我国的留学生。1962 年除了以上学校仍未接受我国的留学生以外,1961 年还接受我国的留学生的列宁格勒加里工学院(有机密性)1962 年一个也没有接受。[①]

核武器在国家安全中的地位是毋庸置疑的,一般来说苏联机密专业也不接受国外留学生,平心而论,那时的苏联对中国十分友好,帮助巨大。不幸的是 60 年代中苏两党两国关系的恶化给留学生学习带来了极大的影响,学习机密专业的中国留学生在许多方面受到严格的限制,比如论文选题、工厂实习、学校机密实验室的开放、文献资料的查阅、学术会议的参加等等,苏联方面的限制措施给留苏学生的业务学习带来了许多困难,很多学习机密专业的留学生因此提前调回国内。

四、苏联在我国的留学生

苏联向我国派遣留学生的时间明显晚很多,数量也少。苏联外交部 1960 年 3 月 18 日照会我驻苏联大使馆,建议签订新的互派大学生和研究生的协定,以代替 1952 年中国公民在苏联高等学校(军事学院除外)学习的协定。苏方提出的新协议草案把 1952 年一方派遣留学生的协定改为互派留学生的协定,接受留学生的范围 1952 年只限于高等学校,新的协定草案增加了科学研究机关,留学生的学习方式也较为灵活,可以互派大学生、研究生,也可以互派专业学习人员或插班生到对方高等学校学习全部的或部分的课程或进行有专业的学习[②]。事实上苏联方面也已经派遣留学生来我国学习,只不过与中国大规模的留学大潮相比,数量明显少多了。笔者在外交部档案馆看到 3 则

① 《中国与苏联文化合作情况》,1963 年 12 月 24 日,外交部档案 109—02542—04,第 13—17 页。
② 《关于苏联建议签订新的互派留学生和研究生协定事》,1960 年 3 月 22 日,外交部档案 109—02409—01,第 16—17 页。

1957 年有关苏联留学生的材料①：

其一是中华人民共和国高等教育部复关于莫斯科国际关系学院 2 名科学工作者到北京大学学习事。

外交部：

(57)办苏字第 78/35 号文收悉。

关于莫斯科国际关系学院派遣该院东方各国历史教研室教员贝阿列克塞也娃、伊莉娜、马尔顶诺夫娜及该院研究生贝可夫、费多尔、斯捷潘诺维契青睬来我国进行学术研究工作事，我部已与北京大学联系，现在答复如下：

(一)北京大学同意接受此 2 人去该校学习，北大将对他们的学习给予最大可能的帮助。

……

其二是中国科学院同意苏联科学院 3 名研究生及科学工作人员来我院学习事。

外交部：

(57)办字第 78/44 号函悉，同意苏联科学院派研究"20 世纪初期中国揭露社会的文学"的研究生 1 名及修订研究生课程的科学研究人员 2 名来我院学习中国语言及阅读中国历史和经济资料，请转告苏联驻华大使馆，但请在确定我国之前半月将拟研究的中国语言专业和历史经济资料具体内容、要求和计划通知我院，以便做好接待工作。

其三是中华人民共和国高等教育部关于苏联高级外交学院和国际关系学院拟各派一行教员来北京外交学院进修事。

外交部：

11 月 19 日(57)部苏字第 01321 号函悉，关于苏联高级外交学

---

① 《苏联驻华使馆照会我外交部要求派研究生来华进修(照会、外交部致高教部含函及高教部复函)》,1957 年 2 月 5 日,外交部档案馆 109—01092—02,第 6—16 页。

院和国际关系学院拟各派一名中国语文教员前往我国北京外交学院进修中文事,我部同意你部意见,可以满足苏方要求,他们的食宿问题,请外交学院具体安排,其费用由苏方承担,他们将不列在我国接受苏联留学生计划,亦可不按留学生待遇。

此复。

与我国大量派遣留学生学习工程技术相比,苏联方面留学生的学习主要在文科方面。

第三节　留苏学生的社会贡献

归国留苏学生在新中国各个领域发挥了无可替代的作用,他们中的一些人后来成为党和国家的领导人,超过 200 人成为部级以上的领导干部,海外一些媒体甚至把党的第三代领导集体称作"留苏派"。还有更多的留苏学子奋斗在科学领域,成为新中国科技大军中的佼佼者,由于这批留学人员的大规模参与,当时中国在原子能和平利用、无线电电子学中的新技术、喷气技术等12 个具有关键意义的科研重点领域取得了重要进展。据统计,新中国成立初期留学苏联的两院院士有 200 多人。

新中国成立初期派往苏联留学的青年学生中,学习人文社会科学的人数较少。50 年代前期赴苏学习人文社会科学的留学生,主要分布在文学、历史、经济、法律、教育、艺术等专业。1957 年后,由于形势变化很快,我国决定除少数语言类留学生外,不再派遣留学生到苏联学习人文社会科学。

赴苏学习人文社会科学的留学生所学专业都以苏联官方的理论为指导,偏重学习苏俄文学、历史、教育、法律,以及计划经济体制下的政治经济学,学习的内容比较封闭和僵化。加上国内政治运动频繁,他们所学的非但用不上,反而陷入大批判中。但是,"文革"结束后,一些人文社会的学者为新时期人文社会科学的繁荣发展做出了重大贡献。比如赵云中,1955—1961 年在莫斯科大学语言文学系留学,并取得副博士学位。专著《乌克兰:沉重的历史脚步》于 2008 年获得乌克兰政府授予的"乌克兰三级功勋勋章"。1954—1960年就读于列宁格勒大学历史系的 20 多位留学生回国后大多数分配在中国社会科学院世界历史研究所、中央编译局工作,一部分人分配到高校担任教学研究工作。作为一个群体,所从事的学科专业相对比较集中,所以能在我国世界史、国际共运史等学科建设领域发挥较大的作用和影响,尤其是苏联史研究领域,这部分人做出了开拓性的贡献。

在教育战线活跃着一大批留苏归来的德高望重的学者、教授。他们在大学任教,在教学和科研领域成果斐然。比如,曾任北京大学计算机科技系主任的扬芙清院士,1957—1959 年学习程序设计技术,回国后成功主持研制中国第一台百万次集成电路计算机操作系统。教育界杰出女性于陆琳,列宁格勒师范学院学前教育系,归国后在北京师范大学任教,担任教育系主任;同时,作为《没有围墙的大学》主编,她又积极推动民办高等院校的建立和发展。

在艺术领域,留苏学子同样做出了卓越的贡献。他们从音乐、美术、电影、雕塑等各个层面不断演绎着俄罗斯文化和中国传统文化结合的种种传奇。为了尽快培养出新中国的音乐人才,中央音乐学院一方面聘请外国专家来院任教,一方面有计划地分批选派留学生赴苏联和东欧各国学习。1952 年7 月吴祖强(作曲)、郭淑珍(声乐)成为学院第一批派出的留学生。1953 年 2月派出杜鸣心(作曲)、黄晓和(小提琴、音乐学)赴苏联莫斯科柴可夫斯基音乐学院攻读。1954 年又有赵惟俭(小提琴)、王永新(长笛)分别赴罗马尼亚齐·波隆贝斯库音乐学院和捷克斯洛伐克布拉格高等音乐院留学。1956 年派赵宋光(音响学)赴民主德国,吴天球和包桂芳(声乐)赴保加利亚,于润洋(音乐学)赴波兰华沙大学。1960 年又派林耀基(小提琴)、盛中国(小提琴)、左因(竖琴及管风琴)、刘诗昆(钢琴)、郑小瑛(指挥)赴苏联莫斯科柴可夫斯基音乐学院留学,同时还派殷承宗、赵屏国(钢琴)以及白宇(双簧管)、米同德(长笛)、陈根明(圆号)、何复兴(单簧管)赴苏联列宁格勒音乐院留学。这些留学生在国外经过几年的刻苦攻读,大多取得了优异成绩,他们学成回国后,大都成为学院的教学骨干和活跃于乐坛的音乐家。

1953—1965 年,由文化部、教育部派往苏联的美术专业(包括绘画、雕刻、美术史论、戏剧与电影舞台美术等)留学生共计 30 余人。[①] 选派进修教师和留学生赴苏联列宁格勒列宾美术学院学习油画技法和理论,是引进俄苏油画的具体

---

① 李鹏:《新中国初期留苏教育研究》,上海交通大学出版社 2016 年版,第 191 页。

措施之一。1955 年,中央美术学院派出绘画系主任、副教授罗工柳到列宾美术学院油画系进修。他的任务一是深入研究苏联油画技法,二是了解苏联美术教学情况。1959 年,罗工柳进修完毕,回到北京举办了《罗工柳访苏作品汇报展览》,汇报展览获得了欢迎。在罗工柳赴苏进修之前,中国已于 1953 年派出李天详到列宾美术学院学油画。他和 50 年代中期到达该院学油画的林岗、全山石、肖峰、郭绍纲、邓澍、冯真、张华清、徐明华、李骏一起,与苏联学生同班上课,学制 6 年。50 年代中期派往苏联的这批青年油画学子学得的专业技能对中国油画艺术的发展无疑起到了促进作用。50 年代,我国城市建设飞跃发展,对雕塑人才需求迫切,1960 年列宾美术学院中国留学生党支部提出下一步选派美术留学生的建议,其中第 10 条提到"建议 1960—1961 年至少派 5 名学雕塑专业的留学生(大学生)"。[①] 这些留苏学生成为新中国美术教育的脊梁。

第四节　本章小节

　　根据留学生在结束学业后留在母国、留学目的国、第三国之间的情况可以看出留学生在结束学业后会立即回国对来源国来说基本上是有利的,留学生回国为母国的社会经济发展和技术进步注入强大的动力,从人力资本的角度来说是纯粹的"人才获得",而留学目的国的好处则非常有限。新中国成立初期我国派遣留学生大规模留学苏联正是属于这种情况,出国留学是国家公派,是为了新中国的政权巩固和国家文化经济建设服务,学成之后自然要报效祖国。虽然贫穷的新中国花费巨资,尽管国家关系的变迁影响了留苏学生原子能专业的学习,学习机密专业受到限制 ,但是留苏潮为新中国的建设提供和储备了大量的人力资本,一代留苏学子为新中国的各项建设做出了卓越的贡献。另外,苏联来华的留学生很少,我国派往苏联的专家也极其有限,与苏联技术大规模向中国转移相比,苏联人力资本获得极其有限。当然,作为苏联帮助中国的回馈,尤其在赫鲁晓夫时代,苏联在国际和国内获得了中国政治上的支持。

---

①　李鹏:《新中国初期留苏教育研究》,上海交通大学出版社 2016 年版,第 191 页。

第十章　新中国文化贸易的特殊形态
（聘请苏联专家）

冷战时期,为了在政治、经济、军事、外交和文化各个领域对社会主义国家和第三世界施加影响,苏联向这些国家大量派遣专家和顾问,其中来中国的苏联专家人数最多,时间最久。与别的国家有所不同的是苏联专家大规模来华是应中国政府的邀请而来,对于在中国建立斯大林模式的经济体制起到过非同寻常的作用,苏联技术大规模的转移给予了中国社会极大的帮助,形成了新中国文化贸易的特殊形态,也就是《服务贸易总协定》(GATS)中被定义为"自然人流动"的一种教育服务贸易形式。本章拟从教育服务贸易视角展开新中国成立初期我国人力资本国际流动之自然人流动问题研究,在查阅外交部档案资料与相关文献基础上考察聘请苏联专家的政策环境和机构建制,苏联专家的种类、规模和费用,并对这种人力资本流动现象进行客观评价与思考。需要指出的是在苏联专家流向中国的单向人力资本流动潮流中,似乎还没有学者注意到我国派遣的中国专家在苏联的待遇情况,而这个问题恰恰又是能够从一个侧面窥探出在共同的"世界革命"理论指导下社会主义国家之间内部结构关系的真实性。

《服务贸易总协定》(GATS)规定教育服务贸易有4种基本提供方式,自然人流动是其中一种,是指一成员(国)的服务提供者以自然人身份进入另一成员(国)境内提供服务,即一国成员以提供服务为基础进入他国的过程,就属于自然人流动的范畴。有学者认为人力资本国际流动规模最大的5类人群是公司管理者、企业家、工程师和技师、学者和科学家、留学生,其中,前三种是直接管理和生产性人才,后两类是学术人才。聘请苏联专家是新中国成立初期人力资本国际流动的一种重要方式,来我国的苏联专家主要属于工程师和技师、学者和科学家、项目管理者这些人才。

第一节　聘请苏联专家的政府规制和机构建制

一、聘请苏联专家的政府规制

为了真正把苏联的经验和技术学到手,更好地发挥苏联专家的作用,1953 年 2 月 7 日,毛泽东在全国政协一届四次会议闭幕会上专门讲了关于学习苏联的问题,9 月 9 日中共中央下发了文件《中共中央关于加强发挥苏联专家作用的几项规定》,在这样一种由上层推动的全面学习苏联和苏联专家的氛围中,中国迎来了苏联专家大规模来华工作的高潮……

1955 年底毛泽东提出"以苏为鉴",1956 年 4 月发表的"论十大关系"讲话明确提出对于苏联所犯的错误和走过的弯路要引以为戒。经历了波匈事件,中苏对专家政策开始调整,苏共中央和苏联外交部提出停止或减少向中国派遣顾问和专家的建议,1956 年 12 月 5 日国务院发出通知:"除过去按顾问名义聘请来的苏联专家在未期满回国前仍称顾问外,今后新来华的苏联专家(包括教师、顾问性的专家等)应当统称为苏联专家。至于并非按照顾问名义聘请来的苏联专家,而是本单位习惯上称为顾问的,今后应改称为专家。原国务院经济总顾问阿尔希波夫同志在未期满回国前,仍维持原称呼不变。原国务院文教总顾问马里采夫同志已期满回国,现在的代理文教总顾问苏达里柯夫同志,今后改称为在华苏联文教专家负责人。各聘有专家较多的单位,对专家方面的负责人,应称为某某单位苏联专家组长。如某某部苏联专家组长,某某厂苏联专家组长,某某学校苏联专家组长等。"[①] 1957 年对苏联专家政策的调整,表面看似乎只是改变和统一对来华工作人员的称呼,实质上对苏联派遣专家的人数进行了限制,对苏联专家在中国的地位、作用、影响的范围进行根本的控制。新中国成立伊始,百废待兴,新中国各个部门急需苏联指导,作为苏联高级干部的顾问来华后分配在各政府主管部门,担任副部长、

---

① 《国务院关于统一苏联专家称呼的通知》,1957 年 12 月 5 日,辽宁省档案馆,全宗 ZE1,目录 2,卷宗 239,第 45 页。1958 年 10 月 20 日中共中央、国务院又进一步通知:"今后凡在我国各部门工作的苏联专家,一律取消顾问名称,统称专家,总顾问改称专家负责人。"(《中共中央、国务院关于改进对苏联专家工作的通知》,1958 年 10 月 20 日,吉林省档案馆:全宗 1,目录 1～14,卷宗 94,第 46—47 页。)

总局局长或司局长等职务,主要负责设置政府管理机构,制定规章管理制度和体制模式,协助解决重大问题,不难看出苏联模式在中国植根源于此。顾问通常还包括文教专家和军事专家。根据援助项目的合同要求聘请的专业技术人员一般在企业或经济主管部门具体负责技术,称为专家。1957年对苏联专家政策的调整表明中国政府已经不需要苏联在政府体制机制、制度管理层面的帮助了,但是,具体的经济建设,国防科技尤其是原子能技术,中国还是非常需要的。

1958年中国政府开始全面实施"尽量减少聘请苏联专家"的方针。8月23日国务院通知:"各部门聘请苏联专家必须严格贯彻少而精的原则,只有工作上确属需要的新技术、新专业和薄弱环节才可聘请专家。同时,要注意凡能聘请短期专家解决的,就不要聘请长期的专家,凡能够几个单位合聘的就要合聘。"①苏联方面也表明了同样的意向。由于从1957年开始,中苏双方都在逐步调整专家政策,苏联向中国派遣专家的数量呈现出逐年减少的趋势。

1958年至1959年是我国"大跃进"时期,整个中国卷入了轰轰烈烈的革命运动中。中苏之间的政治矛盾开始日渐明朗,大量在华苏联专家的处境极为尴尬。随着中苏政治关系在1960年上半年进一步恶化,赫鲁晓夫终于决定撤回在中国的全部苏联专家,其借口就是中国政府没有为苏联专家提供正常的工作条件。

二、聘请苏联专家的机构建制

1950年1月,作为《中苏友好同盟互助条约》的组成部分,中苏双方就派遣苏联专家的问题初步达成协议,随着条约的正式签署,苏联专家的派遣和接收工作也开始制度化和规范化。

最初在华苏联专家负责人是莫斯科驻中共中央的代表科瓦廖夫,1950年联共(布)中央政治局做出决议,在苏联驻华大使馆设立经济参赞职务,并批准阿尔希波夫以二级特命全权公使衔担任这一职务。斯大林曾指示,苏联专家的任务就是把所有的知识和技能告诉中国人,直到他们学会为止。苏联专

① 《务院关于1959年度聘请苏联专家注意事项的通知》,1958年8月23日,吉林市档案馆:全宗77,目录4,卷宗20,第61—62页。

家到中国后由中方分配工作,受中方各级负责人的领导。①

最初,双方的派遣和管理工作都比较混乱,很快,双方意识到这种混乱并开始加强管理,中国方面采取一系列措施,扭转了被动局面。专家工作最初是由周恩来总理亲自抓的,在周恩来领导下成立了苏联专家工作指导小组,日常工作由外交部苏联东欧司司长伍修权和政务院财经委员会副秘书长杨放之主持。②据目前中国公布的档案文献,对专家的管理工作是从招待和生活方面开始加强的。1950 年 5 月 8 日,周恩来与罗申大使、阿尔希波夫总顾问讨论了对苏联专家的招待和管理问题,并制定出各项办法。③为了充分发挥专家的作用,一个很重要的方面就是加强与专家的沟通,让他们了解中国的情况。1950 年 12 月 7 日政务院规定的《关于加强专家工作的几项具体办法》,突出了这方面的内容。以上两个规定以及所采取的措施,充分体现了中国政府对苏联专家工作的重视程度。

为了克服在聘请苏联专家方面各自为政的现象,中国政府强调了权力集中的问题。1951 年 4 月,中央财经委发出通知:各大行政区有关聘请设计专家的事项,应由中央主管部核转中财委,并呈请政务院批准。政务院批准后,经中财委通知主管部及贸易部,由贸易部会同主管部与外国驻华商务代表接洽办理。必要时由贸易部授权驻外商务参赞处在国外洽商办理。④4 个月后,中央人民政府再次强调,财经、文教、政法等所有系统聘请外国专家的批准权限均在政务院。专家到职后的薪金、待遇等事项亦由政务院通知有关部门统一办理。⑤

1953 年 6 月 8 日,苏联大使库兹涅佐夫和军事总顾问科托夫、政府部门代总顾问布拉金(阿尔希波夫为洽谈"一五"计划援华问题回国)在与周恩来

---

① 中共中央文献研究室,中央档案馆:《建国以来刘少奇文稿:第 1 册》,中央文献出版社 2005 年版,第 69—74 页。

② 李越然:《我在周总理身边工作的片段回忆》,转引自外交部外交史编辑室编:《新中国外交风云》,世界知识出版社 1990 年版,第 89 页。

③ 《1950 年 5 月 10 日关于对苏联专家的招待管理问题的协商办法》,转引自中共中央党史研究室,中央档案馆:《中共党史资料:总第 82 辑》,中共党史出版社 2002 年版,第 1—4 页。

④ 《中央财经委关于"聘请国外设计组、设计专家及设计顾问暂行办法"的通知》,1951 年 4 月 30 日,辽宁省档案馆:全宗 ZA31,目录 2,卷宗 361,第 1—6 页。

⑤ 《中央人民政府关于聘请外国顾问及专家暂行办法》,1951 年 8 月 8 日,辽宁省档案馆:全宗 ZA31,目录 2,卷宗 361,第 29—31 页。

会见时提出,今后各系统增聘、延聘、辞聘苏联专家的手续,苏方统一由苏联大使馆办理。周恩来接受了苏方的意见,并表示今后凡带方针政策性和涉及各部门全面计划性的工作问题,都吸收首席顾问或专家组长参加党委会议,进行讨论。[①]

到 1953 年下半年,鉴于苏联和东欧各国专家来华人数增加,接待和管理工作量加大,8 月 6 日政务院秘书厅发出了《关于成立专家工作组、专家工作办公室和专家招待事务管理局的通知》。通知说:"今年中央各部门聘请的苏联和东欧人民民主国家专家增加很多,为了加强专家工作及对专家招待事务的领导,经中央批准成立政务院专家工作组,由伍修权、齐燕铭、萧向荣、杨放之、王光伟、钱俊瑞、朱其文、赖祖烈、马列等 9 位同志组成,以伍修权同志为组长。政务院专家工作组之经常办事机构为专家工作办公室和专家招待事务管理局,均归政务院直辖,由杨放之同志兼任专家工作办公室主任,赖祖烈同志任专家招待事务管理局局长。"作为附件,还提出了"关于加强专家联络工作与专家招待事务的领导工作的方案"。[②]1954 年 9 月第一届全国人民代表大会召开,国务院取代政务院。11 月 20 日,周恩来总理任命杨放之担任国务院直属外国专家工作局局长。[③]中国对苏联专家的聘请、接待和管理工作从此走上了正轨。

第二节 聘请苏联专家的发展状况

一、聘请苏联专家的规模

新中国成立,中国共产党面临政治、经济、科技文化事业恢复和发展等一系列艰巨任务,而各方面的专业人才、管理人才十分匮乏,"一边倒",倒向苏联成为当时我党的必然选择,在全国学习苏联的高潮中,大规模苏联专家来

---

① 力平、马芷荪:《周恩来年谱:上卷》,人民出版社 1997 年版,第 306 页。

② 《1953 年 8 月 6 日关于成立专家工作组、专家工作办公室和专家招待事务管理局的通知》,转引自中共中央党史研究室、中央档案馆:《中共党史资料:总第 82 辑》,中共党史出版社 2002 年版,第 13—17 页。

③ 洪承华、郭秀芝:《中华人民共和国政治体制沿革大事记(1949~1978)》,春秋出版社 1987 年版,第 119 页。

到中国。关于 1949—1960 年有多少苏联专家在中国，统计数字是有差异的。60 年代西方文献的统计是 11000 名①。1959 年 10 月 2 日，周恩来在《伟大的十年》中提到来华的经济、文教专家有 10 800 多名②，两者的数据基本吻合。驻苏联大使馆商务参赞处 10 年工作总结提到"根据经济、科技等方面的协定来华的技术专家占了很大比例。1950—1959 年这 10 年来，为了帮助我国建设企业，掌握生产，培养工程技术干部和勘查资源，苏联政府根据中苏两国的协定和我国政府的请求，曾派遣技术援助专家 7442 名来我国"。③ 派遣的技术专家 1953 年以前绝大部分是苏联援助项目内的专家，之后项目援助外的专家增多，1956 年专家人数达到最多，1957 年后中苏双方对派遣和聘请专家工作做了调整，在逐年减少专家人数的基础上提高了技术水平的要求。苏方统计了 1949—1960 年(1949 年 4 季度—1960 年 8 月)在中国工作的苏联文职专家人数有 13812 人：其中从 1949 年 4 季度到 1959 年经济援助 9777 人，科学、文化和卫生事业 2015 人，科学和科学技术合作(按科学和科学技术合作系统去中国短期工作的苏联专家全年人数)420 人，共 12212；1960 年 1—8 月还有 1600 人④。总的来看，来华的苏联专家人数在 1 万名以上。

通过下面 4 则外交部的档案材料可以了解一下当时的聘任情况。

其一：《关于我国政府聘请苏联专家的有关文件》⑤。

陈云副总理：

　　一、兹送上一九五五年度我国增聘、辞聘、换聘苏联顾问名单，请审核批准，以使由外交部向苏方提出。

　　二、这个名单本月十一日在国务院第三次常务会议讨论时……国家建设委员会薄一波主任与总顾问阿尔希波夫研究提出再增聘建设组织顾问，设计预算顾问和技术鉴定顾问共三人(已列入增聘

① Cheng chuyuan, *Scientific and Engineering Manpower in Communist China* 1949—1963，p. 194. 转引自张柏春等：《苏联技术向中国的转移 1949—1966》，山东教育出版社 2004 年版，第 319 页。
② 周恩来：《伟大的十年》，人民日报 1959 年 10 月 6 日，第 2 版。
③ 《驻苏联大使馆商务参赞处十年工作总结》，中国社会科学院、中央档案馆编：《1958—1965 中华人民共和国经济档案资料选编：对外贸易卷》，中国财政经济出版社 2011 年版，第 347 页。
④ 鲍里索夫、科罗斯科夫：《苏中关系(1945—1980)》，生活·读书·新知三联书店 1982 年版，第 151、209—210 页。
⑤ 《关于我国政府聘请苏联专家的有关文件》，1954 年 11 月 24 日，外交部档案 109—00427—01，第 2 页。

名单），亦请陈云、陈毅两位副总理核定，此外，轻工业部要求留聘法捷耶夫专家事，已征得总顾问同意，列入留聘名单。

三、国务院所属各部门（军事和公安系统除外）现在共有苏联顾问二百七十七人，苏方同意即可派遣来华四十四人，预计一九五四年底苏联顾问可达三百二十一人，一九五五年度各部门共增聘苏联顾问六十三人，辞聘四十七人，预计一九五五年苏联顾问总数将至三百三十七人，比一九五四年多十六人，特此报告。

其二：《留聘、增聘文教系统苏联专家事》①。
附件：

根据中华人民共和国政府的需求，苏方同意派遣三名苏联专家去中华人民共和国，以介绍饲养和治疗动物野兽的经验，和在向苏联和其他国家出口的野兽方面给予援助，留华期限为六个月。

上述的专家的派遣苏联文化部执行。

……

一九五四年三月十六日于莫斯科

其三：《关于聘请苏联专家来华工作事》②。
驻苏商务参赞处：

铁道部为进行宝凤段电气化技术的设计、兰新线勘测和铁路工厂设计等工作聘请了 23 名苏联援助项目以外的技术援助专家，这些专家的聘请名单经国务院批准交外交部于今年 4 月 4 日以部苏字第 0/163 号照会向苏驻华大使馆提出（你处有抄件，我局并于 4 月 14 日寄你处一份名单）现在该部考虑到 12 年长远规划中要求 1958 年新建铁路的轨枕要有 50% 使用钢筋混凝土轨枕代替木枕，拟于今年开始修建四个钢筋混凝土轨枕制造厂，为此，请求将上述 23 人名单中的原定明年一月来华的钢筋混凝土轨枕厂工艺设计专家一名提

---

① 《留聘、增聘文教系统苏联专家事》，1953 年 1 月 1 日，外交部档案 109—00562—01(1)，第 1 页。
② 《关于聘请苏联专家来华工作事》，1958 年，外交部档案 109—00980—30(1)，第 3 页。

前于今年 9 月—10 月来华,此事请你处向苏方提出。

抄致:铁道部、外贸部、外交部。

其四:《中共北京市委关于中苏友谊医院拟聘请八位苏联医学专家的报告》①。

总理:

中苏友谊医院(原苏联红十字医院)……需要聘请苏联医学专家来指导,中苏友谊医院党委和中央卫生部钱、崔副部长共同商定:拟聘请专家八人、计心脏血管科教授一人,消化系统科教授一人,神经内科教授一人,神经外科教授一人,放射性外科专家一人,病理生理科专家一人,病理解剖科专家一人,基础生化科专家一人,聘期两年,到期轮换。

如果总理同意上述意见,我们即与目前正在北京访问的莫斯科市苏维埃代表团进行商洽,请批示。

中共北京市委

1958 年 5 月 27 日

二、聘请苏联专家的费用

中苏友好期间关于苏联专家在华工作之条件双方签订了一系列协定,1950 年 3 月 27 日双方签订了主要针对顾问的《中苏关于苏联专家在中国工作的条件之协定》,10 月 25 日又签署了针对专家的关于对技术专家报酬条件的协定,两个协定的基本原则相同,对苏联专家在中国的待遇以及对母国单位的补偿做出了规定。由于大批设计专家来华工作,有关苏联设计专家来华收集设计资料的《00348 号合同》于 1951 年 4 月 18 日签订,对苏联设计专家的工薪标准做了相同的规定。1957 年 12 月 28 日双方签订了《中苏关于派遣中国专家前往苏联和苏联专家前往中国给予技术援助和其他服务条件的协定》,协定对于双方派遣专家规定了对等的条件,补偿金的标准也做了调整。

---

① 《中共北京市委关于中苏友谊医院拟聘请八位苏联医生专家的报告》,1958 年 5 月 27 日,外交部档案 109—01203—01 日,第 1—2 页。

根据以上协定,中国为聘请苏联专家的支出主要分为两部分:一是苏联专家的在华工资和各种补贴;二是苏联政府的补偿金。

第一,关于苏联专家的在华工资和补贴。

根据协定中国应向苏联专家支付相当于中国专家工资水平的工资,但实际支付是高于国内标准的。"1952年2月18日有一份呈给周恩来的关于临时来华苏联专家工薪标准问题的报告,报告人根据长期在华工作苏联专家的工资标准制定了临时性技术援助专家的工薪,工薪标准分为七级,一级设计总工程师2900分,折人民币348万元……五级工程师2000分,折人民币240万元……七级技术员1500分,折人民币180万元。①"而同时期"我国部长级平均的工资标准(包括补贴)为1852.5分,司局长级最高1470分;一级工程师最高1360分,一般技术员最高560分。②"可见,苏联五级工程师专家的待遇超过了我国部长水平,苏联七级技术员的薪酬超过了我国司局长级与一级工程师。据查,苏联在华医生和教师的平均工资也远远高于中国医生和教师。波匈事件后,本着尊重我国主权和国家间平等互利的原则,1956年12月底,苏共中央致函"建议今后只向我国派遣专家而不再派遣顾问。同时决定从1956年10月1日起降低全部在华专家工资19%"。③

关于苏联专家所需经费的预算标准及开支掌管办法,中央有关部门于1954年、1955年、1957年先后出台过3个通知,3个文件对专家在华工资规定:"按每位专家(仅限顾问和教师,技术援助除外)每月平均人民币350元编列预算。④"笔者还看到一份1958年有关苏联驻华使馆就中苏两国互换学者的物质待遇问题致我外交部照会的文献,"前往对方国家物质待遇的具体条件,有如下建议:根据下列月薪(以元为单位)数额,向科学工作者支付生活费

---

① 中国社会科学院中央档案馆编:《1949—1952年中华人民共和国经济档案资料选编:工业卷》,中国物资出版社1996年版,第779—780页。

② 中国社会科学院中央档案馆编:《1953—1957年中华人民共和国经济档案资料选编:劳动工资和职工保险福利卷》,中国物资出版社1996年版,第382—384页。

③ 《苏联在加强中苏友好关系中的一些新做法》,1956年12月,外交部档案109—01091—01,第2—7页。

④ 《国务院秘书厅关于修订苏联专家所需经费的预算标准及开支掌管办法的通知》,1955年12月15日,上海档案馆:全宗,B1—2—1700—18。

《关于1957年度苏联专家所需经费的预算标准及开支掌管办法的通知》,1956年12月,上海档案馆:全宗 B50—2—934—70,第72页。

用。科学院院士700元;科学院通讯院士、各部科学院和加盟共和国科学院的院士和通讯院士、科学博士和教授540元;其他等级的科学工作者470元①"。因为中国去苏联的专家人数极少,这份文件可以说是苏联学者在中国的待遇标准了。对大多数苏联专家而言当时的工资在300元到500元之间,加上中国政府提供的各种优惠条件,他们实际上的生活条件相当优越。

除了国家计划内的苏联援华专家外,其实还有一些具备专业特长的苏联专家家属,他们也为我国的社会发展经济建设做出了贡献。笔者在上海档案馆看到这样两份材料,一份是关于1956年11月华东音乐分院聘请苏联指挥专家夫人尼·尼· 婕利齐也娃为声乐系艺术指导,月薪260元②。另一份是1956年6月7日上海外国语学院关于聘请在沪工作的苏联专家家属问题致函上海市人民委员会专家工作处:"兹将我院对拟聘在沪工作的苏联专家家属的要求及工资待遇列表说明如下,请予大力协助。一年级聘请:师资条件为十年制毕业或以上,6人,聘请时间1年,工资180元;二年级聘请:师资条件为十年制毕业或以上,10人,聘请时间1年,工资180元;三年级聘请:师资条件为高等教育程度或高等师范学校毕业,14人,聘请时间1年,工资200元。此外,能担任研究生班文学课、现代俄语等理论课程教师也需要,程度研究院毕业在大学任教师或有副博士学位的需5—10人,工资220元。③"

除了苏联专家的在华工资,还有一部分日常生活费用也是由中方负担的。比如清洁费与卧具费、专家休假及费用、出差费、医疗费和镶牙费等日常费用,甚至苏联专家子女在我国上学有关费用都有详细的规定,可以说这些费用远远超过了苏联专家的在华工资,而且实际花费更难估算。

第二,关于中国政府给苏联政府的补偿金。

1950年中苏关于苏联专家在中国工作条件的协定规定中华人民共和国中央人民政府应根据苏联专家之程度,交付苏联政府每个专家每月1500—3000卢布,以补偿苏联机关或企业由于派遣自己的专家出国而受到之损失。

---

① 《苏联驻华使馆就中苏两国互换学者的物质待遇问题致我外交部照会》,外交部档案109—00829—01(1),第3—5页。

② 《关于聘请专家及夫人工作问题和国务院专家及各有关单位的来往文书》,1956年1月20日,上海档案馆:全宗B5—2—944,第6页。

③ 《关于聘请专家及夫人工作问题和国务院专家及各有关单位的来往文书》,1956年1月20日,上海档案馆:全宗B5—2—944,第4页。

1957 年 12 月 28 日双方政府签订了关于互派专家的新协定,降低了补偿金的标准,拉开了支付标准的档次,"咨询专家 2400 卢布,总工程师 2200 卢布,主任工程师 2000 卢布,工程师 1700 卢布,技师和工长 1300 卢布,熟练工人 900 卢布"。① 1950 年 3 月,苏联政府对军事顾问带到中国的大批军士和士兵的补偿金问题也做出了决议"将中国政府支付给苏联政府的在华苏联军士的补偿金减少到每人每月 1000 卢布"②。

中央政府于 1954 年与 1955 年分别发出"关于苏联专家所需经费的预算标准及开支掌管办法的通知",规定苏联专家(仅限顾问和教师)在中的补贴费按每位专家每月平均人民币 2000 元编列预算。因为预算标准过高,1956 年 12 月中央政府《关于 1957 年度苏联专家所需经费的预算标准及开支掌管办法的通知》对苏联专家(仅限顾问和教师)在中的补贴费做了调整,降为每位专家每月人民币 1800 元编列预算。③

关于苏联顾问和专家费用的支付途径和方式是不同的。外国专家局统一负责苏联顾问和专家的工作,中央军委统一办理由各兵种、总部提出申请的有关军队、安全和情报系统的来华苏联顾问的一切事项。一般来说外交部出面聘请顾问(包括文教系统的专家),根据两国政府之间的协议,中方以人民币支付苏联顾问工资,以外汇向苏联政府支付补偿金,该部分按非贸易卢布(固定汇率)结算。外贸部(通过驻苏商贸参赞处)出面聘请苏联技术援助的专家,按照苏联援华企业之间的合同办理,苏联专家的工资和补偿金一律按贸易卢布(浮动汇率)与苏联政府结算。"据 1951—1955 年对苏非贸易外汇收支计算表,仅行政顾问和专家费一项开支(不包括军事方面的顾问和专家):1951 年为 5604 万卢布,1952 年为 4069 万卢布,1953 年为 3260 万卢布,

① 《国务院外专局关于中苏政府签订的互派专家条件协定的通知》,1958 年 1 月 22 日,福建省档案馆:全宗 136,目录 10,卷宗 275,第 108—112 页。
② 《1950 年 3 月 22 日联共(布)中央政治局决议第 73 号记录摘录》,转引自沈志华:《苏联专家在中国》。中国国际广播出版社 2003 年版,第 89 页。
③ 《国务院秘书厅关于修订苏联专家所需经费的预算标准及开支掌管办法的通知》,1955 年 12 月 15 日,上海档案馆:全宗 B1—2—1700—18。
《关于 1957 年度苏联专家所需经费的预算标准及开支掌管办法的通知》,1956 年 12 月,上海档案馆:全宗 B50—2—934—70,第 72 页。

1954 年为 3295 万卢布,1955 年为 4912 万卢布,合计 21140 万卢布。"①笔者在外交部档案馆看到了几份有关军事专家的费用,1953 年上半年为 9547506 卢布。1954 年下半年苏联为中国派遣军事专家、培养和供应军事人员中方支付费用计 15524934 卢布,其币值按一比五折合,计新人民币 7762467 元。苏联在 1954 年下半年为派遣苏联军事专家前往中国共支出了 11006214 卢布。②总之,对于一穷二白的新中国而言,聘请苏联专家的费用还是很高的,新中国的大管家周恩来总理从一开始就主张聘请苏联专家要少而精。

三、苏联对待我国派遣专家的执行情况

相比苏联大规模的援华专家,中国派遣到苏联的专家就很少了。苏联对待我国派遣专家执行情况也有所不同。1957 年 12 月 28 日中苏双方就互相派遣专家的生活待遇和薪金问题签订协定,规定双方相互派遣专家的费用(主要是薪金)应以贸易卢布支付,聘请国应免费供应专家带有家具、取暖和照明设备的住宅和免费医疗,在必要时给予专家医院和办公用的交通工具,专家应缴纳的一切税金也由聘请国负担,专家在工作 11 个月以后应给予休假 1 个月,等等。

据中国技术进口公司反映,我国对于苏联派来我国工作的专家向来都是按照协定规定给予他们以应有的待遇的,但是苏方对于我国在苏联工作的文教专家却没有按照协定执行,如对我国文教专家的薪金是按照苏联雇佣人员的工资标准发给非贸易卢布,专家是自己负担房租、水费、电费、电话费和上下班用交通工具的费用,我国专家需按照苏联政府的法令缴纳所得税,不付给我国专家休假期间的费用等。有的专家,如教育部派去的汉语教员高尚仆等,苏方从 1958 年后根本没发给工资,他们的工资和旅费等等完全是由我方派遣单位发给的。苏联这种做法是很不平等的,也是违反两国政府的协定的。1960 年我国同苏方结算苏方在 1960 年单方面撤退在华全部专家费用的

---

① 中国社会科学院、中央档案馆编:《1949~1952 年中华人民共和国经济档案资料选编:金融卷》,中国物价出版社 2000 年版,第 917 页。

② 《关于我国派遣留学生和偿付苏联专家、留苏学生费用和赴苏治病费用的有关文件》,1955 年 12 月 17 日,外交部档案 109—00344—01(1),第 15 页。《关于苏联专家休假问题、在华费用及苏联偿还我国留苏学生在苏费用的有关文件》,1955 年 2 月 22 日,外交部档案 109—00594—01(1),第 26—30 页。

同时,正式向苏方提出我国自 1957 年 1 月 1 日至 1960 年 12 月 31 日派往苏联的 56 名文教专家的费用问题,要求重新按协定规定进行结算。经过双方的多次商谈,苏方最后被迫承认错误,愿意根据协定重新结算,双方于 1961 年 12 月 22 日签订了最后结算议定书,苏方共补给了我国 563758 个新贸易卢布(合 2 501 146 旧卢布)。①

根据 1954 年 10 月 12 日中苏两国签署的关于中国派遣工人赴苏联参加社会主义建设并受劳动训练的协定,规定,中国赴苏的工人的社会保障,养老保证和医疗条件与苏联相同,根据这一协定我国的工人与苏联劳动后备局代表签订的劳动合同第三条第一项规定,工人有权同苏联工人一样享受社会保障和抚恤待遇,但是中国赴苏工人 1955 年至 1962 年止,因工死亡的和非因工死亡共 21 人,苏方均未按照协定和合同给死亡工人的家属抚恤金,虽经我有关部门向苏方有关部门多次谈判交涉,但此问题一直没有解决。②

第三节　苏联专家的社会贡献

苏联专家对于新中国政权的建设,经济的恢复,工业化基础的建立,乃至在中国大地上一度出现的从政治体制到经济体制的苏联模式的形成,都起到过非同寻常的作用。新中国"一五"计划的制定和实施苏联帮了不少的忙,中国聘请了相当多的苏联顾问来华协助政府有关部门进行行政和经济管理。在经济建设的起步阶段,应中国政府要求,苏联派遣了大批设计专家来华,苏联专家帮助中国培训了大量技术人才。下面重点阐述苏联专家对我国文化教育艺术领域的贡献。

高等教育是在那时受苏联模式影响特别大的一个领域。1949 年 12 月 30 日,教育部副部长钱俊瑞在第一次全国教育工作会议上的总结报告中,首次向全国教育工作者明确提出借助苏联教育经验的意见,并把学习苏联教育经验作为建设新教育的方向。高教部的苏联专家对于 50 年代初期中国高等学府的苏化起了很重要的作用,而且他们一直在高教部工作到 1959 年。除了这

---

① 《苏联补给我国 1959—1960 年派往苏联的专家费用事》,1961 年 12 月 7 日,外交部档案 109−03231−09,第 1—2 页。

② 同上。

些高层的苏联顾问,中国在 50 年代还为高等学府聘请了数百位苏联教师。比如,作为以苏联模式为样板组建的中国人民大学和哈工大是当时聘请苏联教师最多的院校。1950 年到 1957 年间,人民大学共计聘请苏联专家 98 人,是当时聘请苏联专家人数最多的高校。从 1949 年到 1959 年一共有 861 位苏联专家在中国高等学府工作过[①],其中理工科方面的专家占多数。据统计在 10 年里苏联先后向中国派遣经济、文教专家超过 10000 名。

新中国成立后,在有关部门的督促下,一批音乐教育家立刻着手筹办新型的高等音乐院校。在文化部支持下,中央音乐学院从 1954 年开始,按不同专业,有计划地聘请了大量苏联及东欧社会主义国家的专家来院授课,在教学上采取了全面学习苏联的方针。同年 5 月,音乐家吕骥与张洪岛参加"中苏友好代表团"访苏,对苏联音乐教育进行了考察。1954 年 1 月,苏联声乐专家普·梅德维捷夫首次来学院任教,掀开了新中国成立以来中外音乐教育交流的第一页。此后,苏联指挥家巴拉晓夫,作曲家阿拉波夫·古洛夫,小提琴家米基强斯基和马卡连科,大提琴家契尔沃夫;民主德国钢琴家浪盖儿,长笛专家吕赛·迈耶尔,铜管乐专家巴姆布拉;捷克斯洛伐克大管演奏家鲁多尔夫·科莫斯罗斯,双簧管演奏家赫鲁斯·维捷西拉夫等先后来到学院,成为各个专业系科的教学中坚,同时也填补了许多专业的空白。苏联专家一般担任一至二年的教学工作,专门设置专家班,学院选派对应专业的优秀师生参加专家班学习。同时,为扩大专家教学的影响,中央音乐学院还接纳了国内各音乐院校、艺术团体选派来的大量教师、演奏人员进入专家班学习。连续多年聘请苏联等国专家来院教学,为中央音乐学院各专业的建立及质量的提高奠定了坚实基础,使学院的教学基本上形成了一套比较系统的苏联式教学体制。在专家班受过培训的年轻师生,后来在全国的音乐院校中及音乐的其他领域都发挥出了骨干作用。钢琴家周广仁、刘诗昆,歌唱家郭淑珍、杨彼得等都在当时国际音乐比赛中,获得了较高名次。在吸收外来音乐文化,培养高水平音乐人才方面,50 年代,上海音乐学院亦采取了同样步骤。他们也聘请了一批苏联和东欧的音乐专家来院授课。

1954 年起国家先后聘请苏联油画家康·麦·马克西莫夫、雕塑家尼·尼·克

---

① 毛礼锐,沈灌群:《中国教育通史:第 5 卷》,山东教育出版社 1988 年版,第 88 页。

林杜霍夫来中国教学,并分别于 1955 年、1956 年在中央美术学院重新面向全国招生油画训练班和雕塑训练班。1955 年春季,根据中苏文化协定,文化部委托中央美术学院等举办了"康·麦·马克西莫夫油画训练班"。这是当时苏联专家援助中国的一个组成部分。康·麦·马克西莫夫油画训练班为期两年,学员来自全国 7 所高等美术院校、部队和出版社等单位,共 18 人。油画训练班结业创作展览会是成绩的总结,也是汇报。1957 年 6 月 9 日《人民日报》以整版篇幅报道了这件事。詹建俊的《起家》、王德威的《英雄姐妹》、秦征的《家》、何孔德的《出击之前》(200cm×140cm)、冯法撰的《刘胡兰》(230cm×425cm)、王流秋的《转移》等画,使油画创作出现了焕然一新的局面。詹建俊的《起家》在莫斯科第六届世界学生青年联欢节上获得铜牌奖。这是中国油画在国际上获得的第一块奖牌。60 年代,由于中苏关系破裂,苏联停止派专家来华,油画训练班由中央美院油画家罗工柳主持,定名为油画研究班。

1954 年,北京舞蹈学校(1978 年改为北京舞蹈学院)成立,由戴爱莲任校长。建校伊始,就把芭蕾舞作为主要基本训练课程之一。1957 年,正式开设中等芭蕾表演专业,聘请苏联教师伊莉娜、吉谢夫等专家来校执教,分别教授古典芭蕾基本训练、舞剧编导、性格舞等课程。当时苏联专家传授的主要是俄罗斯学派的芭蕾舞,那时俄罗斯学派芭蕾舞在国际芭蕾舞坛具有重要地位,中国正以这个学派来奠定自己的芭蕾基础,并借鉴苏联舞蹈教育的全面经验,使中国芭蕾教育正规化。

1953 年以来,中央戏剧学院和上海戏剧学院先后聘请了苏联导演专家普·乌列斯里(莫斯科艺术剧院导演,斯坦尼斯拉夫斯基的学生),表演专家莫斯科史楚金戏剧学校校长鲍·格·库力涅夫,艺术教育家、戏剧理论家格·尼·古里耶夫,舞台美术专家阿·维·雷可夫和功勋艺术家、列宁格勒戏剧学院列普柯鞭斯卡娅副教授等来华执教,并分别开办了表、导演干部训练班和表导演师资进修班及舞台美大师资进修班,两所学院较全面系统地学习、借鉴了斯坦尼斯拉夫斯基现实主义演剧体系和苏联戏剧教学经验,培养了一批话剧表、导演和舞台美术方面的骨干。其中许多中青年教师都曾从斯氏体系中学习到教学与艺术创造的科学方法。两所学院在戏剧教学思想,乃至教学制度与教学组织各方面均借鉴了苏联戏剧教育经验。这些理论和经验后来成为中国话剧艺术和戏剧艺术教育学科建设的基础。

第四节　本章小节

一般情况,人力资本的国际流动方向是发展中国家流向发达国家,而在50 年代中苏关系中,苏联是人力资本的输出国,中国是人力资本流入国。对苏联而言,这种人力资本国际流动的最大益处是苏联领导人获得了中国在社会主义阵营以及苏联内部巨大而坚定的政治支持,但这种智力的流失对苏联经济收益的影响,人才外溢效应的流失所产生的各方面的负面社会问题却缺少必要的研究,从中国每年向苏联要求派出的苏联专家种类和人数的计划可以看出,中国的请求有时让斯大林和赫鲁晓夫感到为难。从这个角度来看,中国向苏联专家所在的单位支付一定数额的赔偿金是理所应当的,给予苏联专家的优厚待遇也使中国得到丰厚的回报,毕竟苏联专家的支援让新中国的建设得到最快的恢复和发展,尤其是工程技术领域、原子能机密专业的帮助更是巨大。

苏联专家对中国各个层面的帮助不言而喻,以核武器为例,1954—1957 年,中苏两国政府在核工业技术和核工业建设方面共签订了 6 个合作与援助协定,在苏联专家的参与指导下,一个比较完整的工业体系形成了,至此,中国的核科技工业建设全面展开。随着中苏关系恶化,1960 年 7 月 16 日,赫鲁晓夫下令撤退苏联全部的在华专家,到 8 月 23 日,在中国核工业系统工作的 233 名苏联专家全部撤离回国,并带走了所有重要的图纸资料。[①] 虽然苏联停止提供技术、设备和撤退苏联专家,但核武器研制的步伐已经无法阻止,1964 年 10 月 3 日,中国第一颗原子弹成功爆炸。

虽然苏联专家来中国是帮助中国人民开展政治、经济、文化、军事、教育等各方面建设的,出于国家安全的考虑,中国领导人还是非常警惕苏联向南斯拉夫与波兰派遣顾问与专家时出现的问题,极力避免出现类似的历史现象,毛泽东的"以苏为鉴""以苏为戒"表达了深刻的担忧。此外,大批苏联专家的到来促使苏联模式在中国全面开花,利弊功过影响至今。另外,从苏联对待我国派遣的专家执行情况可以看出实力强弱不对等的国家之间还是有

---

① 李觉:《当代中国的核工业》,中国社会科学出版社 1987 年版,第 33 页。

许多不平等的地方。

中国与社会主义阵营国家之间的关系是冷战时期中国外交关系最为重要，也最为复杂的关系，中国与苏联的国家关系无论对彼此之间，还是社会主义同盟，抑或冷战世界格局都产生了深刻的影响。社会主义国家之间始终存在国家利益诉求与"世界革命"利益要求的双重目标之间的矛盾，一旦国家利益发生交叉与冲突，这种结构性张力表现得特别明显。由于缺乏明确的国家定位以及保障国家利益的制度和机制，一个国家的外交政策往往随着国家领导人的意愿进行随机性调整。比如在 1960 年 6 月布加勒斯特会议上赫鲁晓夫精心组织的对中共的批判没有收效，他想到了以撤退专家的办法来要挟或惩罚中国人。苏联对待我国专家的问题则暴露了社会主义阵营内部结构的不平等。

对新中国教育服务贸易之自然人流动的历史考察可以发现，苏联专家短期内大量涌入中国，这种高端人力资本给中国各方面所带来的影响无疑是积极的、巨大的。但这种自然人流动是特定时期特定历史状况造成的，不可能是人类经济发展中可持续性的常态，一旦外力因素消除，撤退苏联专家就是一种必然趋势，只是赫鲁晓夫的做法武断和粗暴了些，对中苏国家关系造成了极大的伤害。

第十一章　新中国文化贸易的组织建设
（国际书店）

　　文化领域中的苏联模式对世界上社会主义国家产生了深刻的影响,就出版领域而言,我国确立了中央和省两级新闻出版管理体制。经过社会主义改造,报刊、出版社全部成了国家的文化事业机构,由官方意识形态部门直接控制,屈指可数的几家出版社和隶属行政系统的新华书店构成唯一的图书供应渠道,国际书店成为统一书刊进出口的贸易机构,贸易对象主要是社会主义阵营的苏联和东欧地区,它们是社会整合、舆论宣传和意识形态建构的强有力工具,支配整个社会文学、文化生产的主导力量。聚焦于微观的贸易组织层面,作为50年代我国唯一的书刊进出口贸易机构,国际书店的经营管理、运营方式、组织架构同样有着苏联模式的深刻烙印,显现着我国文化贸易机构的共性特征。中苏国家关系的变化,国内政治气候的起伏也深刻影响着国际书店的队伍建设。对国际书店的详细考察,有助于我们剖析新中国成立初期文化贸易机构的组织结构、经营管理及人才构建,这对我们今天出版体制的改革依然有着深刻的意义。

第一节　国际书店管理体制与运营方式

　　1949年以前,民族资产阶级办的图书出版发行机构(如商务印书馆、中华书局、文明书局、开明书局等),以及一些大城市的私营西书业,均进口一些外国书刊,但规模一般都不大,以古典文学著作,教学用参考书、工具书、语言教材为主。个别高等学校也直接从国外少量购进外文资料。上海的时代出版社、东北的秋林公司等,以销售俄文图书为主,具有传播进步文化的意义。国民党开设的一些书店,有的进口欧美国家图书,也有一些商人以进口销售西方黄色、淫秽书刊为营生。英、美等一些西方国家在中国开设的图书出版发行机构则不断地向中国输出图书、报刊,为其文化渗透服务。成立于1949年12月1日的国际书店则是新中国书刊进出口事业的奠基者。从此,书刊进出口作为一项崭新的事业成为国家文化、科技事业的一个重要组成部分。

1949年10月1日,北平改称北京,举行了开国大典。通过西伯利亚大动脉,苏联图书已源源运到满洲里,不久,苏联运来的大量中文版图书未及拆包就占据了出版总署大饭厅的大半边,堆积如同一座小山。在配备了少数骨干之后,国际书店于12月1日宣告成立,店址暂设在出版总署内。从1950年4月起,国际书店总店在一些大城市陆续建立分店。汉口分店首先成立,随后上海、沈阳、哈尔滨、大连、北京、天津、广州、重庆分店相继成立,加上其他大中城市新华书店的外文部初步形成了一个进口图书国内发行网。

一、国际书店的管理体制

苏联经济模式拘执于"由中央统一领导的经济""集中的经济"的原则,强调中央对国民经济发展的统一领导和集中管理。这种模式反映在出版贸易领域,表现为贸易机构的调整与分工,基本上没有脱离中央集权制的苏联对企事业单位的管理模式。国际书店成为统一书刊进出口的贸易机构在新中国成立初期的十七年中经历过两次管理体制的调整。

第一次对外发行体制调整,是在1955年底完成的,如图11-1。当时调整的目的主要是把进口书刊的国内发行业务划出去,以贯彻专业化分工原则。

国际书店是在国际主义的援助下办起来的,1949年12月1日成立,以发行我国出版的外文版书刊和外国出版的图书期刊为主要业务,基本干部来自新华书店;国内发行业务也主要通过各地的新华书店。初期国际书店主要承担了图书进口任务,到了1950年10月,出版总署发出《关于国营书刊出版、印刷、发行企业分工专业化与调整公私关系的决定》,根据这个决定的精神,国际书店不久就将苏联版中文图书的国内发行业务移交给新华书店。1952年4月,新华书店总店通知全国各分店,要求它们将原来经营的书刊进出口业务全部移交给国际书店,同时要担负起进口图书的国内发行任务。1952年8月,国际新闻局撤销并将原由该局自办对外发行业务全部移交给国际书店(包括国外代销关系和驻中国香港《人民中国》分销处)。1952年国际书店成为实际上垄断书刊进出口的贸易机构。

国际书店隶属关系、管理体制及经营方式

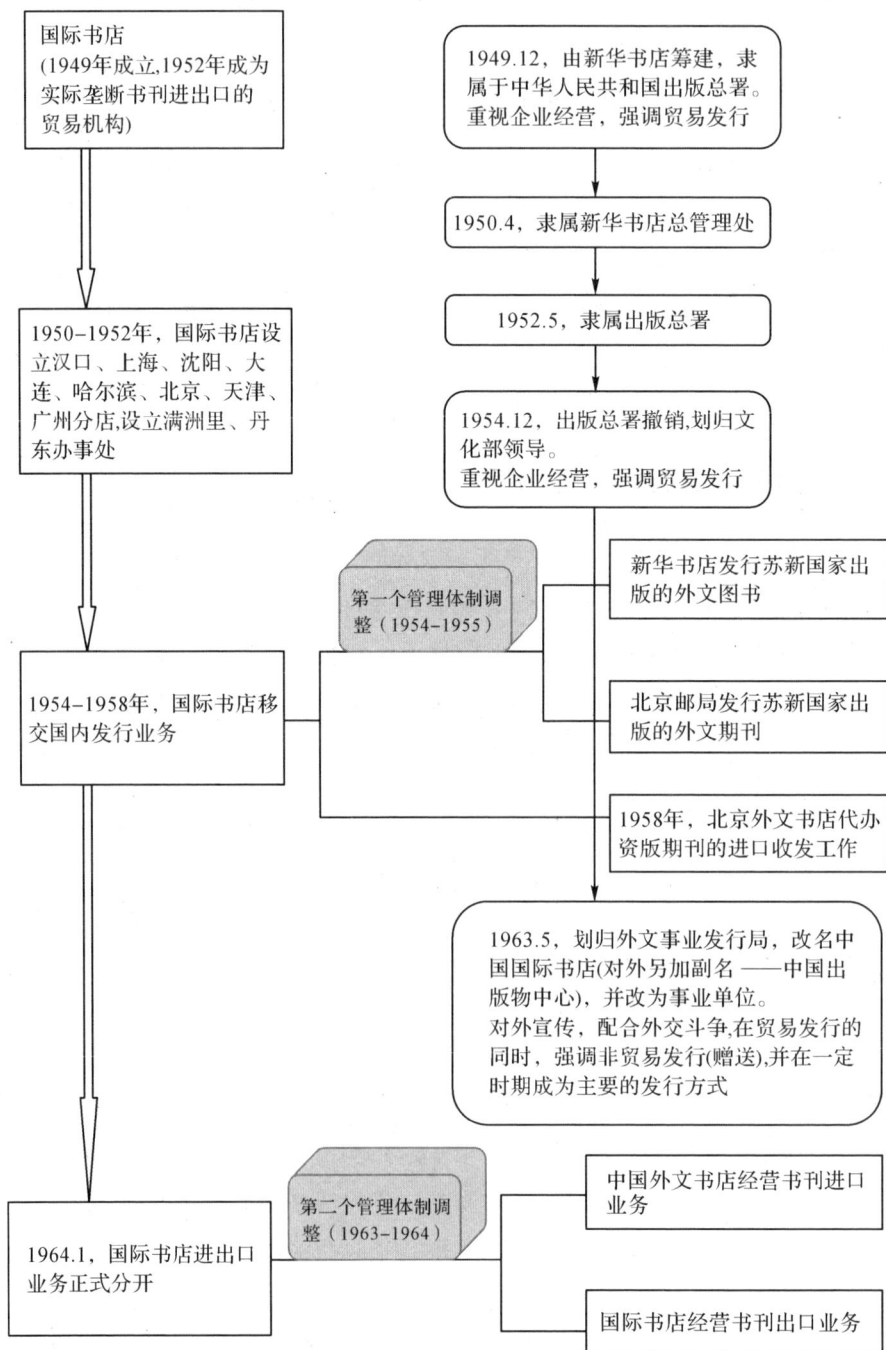

国际书店
(1949年成立,1952年成为
实际垄断书刊进出口的
贸易机构)

1949.12,由新华书店筹建,隶属于中华人民共和国出版总署。重视企业经营,强调贸易发行

1950.4,隶属新华书店总管理处

1952.5,隶属出版总署

1950-1952年,国际书店设立汉口、上海、沈阳、大连、哈尔滨、北京、天津、广州分店,设立满洲里、丹东办事处

1954.12,出版总署撤销,划归文化部领导。
重视企业经营,强调贸易发行

第一个管理体制调整（1954-1955）

新华书店发行苏新国家出版的外文图书

北京邮局发行苏新国家出版的外文期刊

1954-1958年,国际书店移交国内发行业务

1958年,北京外文书店代办资版期刊的进口收发工作

1963.5,划归外文事业发行局,改名中国国际书店(对外另加副名——中国出版物中心),并改为事业单位。
对外宣传,配合外交斗争,在贸易发行的同时,强调非贸易发行(赠送),并在一定时期成为主要的发行方式

第二个管理体制调整（1963-1964）

中国外文书店经营书刊进口业务

1964.1,国际书店进出口业务正式分开

国际书店经营书刊出口业务

图 11-1 国际书店隶属关系、管理体制及经营方式

1954 年 8 月,为了使国际书店集中力量办理书刊进出口业务,并使国内发行工作统一集中起来,出版总署决定自 1955 年起将该店兼办的国内发行业务完全交由国内发行机构办理,其中外文图书,一律交由新华书店发行,原由国际书店在国内公开发行的外文期刊自 1955 年起统一交由邮局发行。因此,1955 年进口的苏新国家的出版物以及一部分资本主义国家的进步出版物和文艺书、工具书等,由新华书店和邮局公开发行。进口的资本主义国家所有其他的出版物,改由各部各省办公厅主任或秘书长批准,然后由国际书店代为订购。1958 年 9 月,将资本主义国家出版的书刊其国内代办及寄发业务也交给北京外文书店管理。至此,进口书刊的国内发行业务全部转交给国内发行单位了,国际书店专门负责图书进口工作和中国书刊的出口业务,图书进出口业务基本上由国际书店统一经营。国际书店由此成为国家唯一的负责图书进出口业务的外贸机构。

随着进口、出口业务的不断扩大,特别是有鉴于书刊进口工作的性质、对象、渠道均不同于出口工作,所以在 1958 年对外文委主管国际书店后,就开始酝酿第二次体制变革,强调国际书店"以出口为主",如图 11-1。1963 年,经过对外文委和国家科委多次研究,并经中央批准,决定将国际书店书刊进口业务划出去,另成立中国外文书店,归国家科委领导。国际书店则专营书刊对外发行业务,同时从对外文委划归新成立的外文出版发行事业局领导。1964 年 1 月,国际书店进出口正式分开。国际书店第二次管理体制调整的内容包括:进出口业务分开,领导关系变更;国际书店由企业管理改成事业单位,每年从国家财政拨款中补贴亏损。1963 年 9 月,国际书店改名为"中国国际书店",并另加副名:"中国出版物中心"。这个名称一直沿用到 1983 年 12 月。直到 1964 年机构基本定了下来才算调整完毕。这一系列的调整,基本上没有脱离中央集权制的苏联对企事业单位的管理模式,即苏联模式。

二、国际书店的运营方式

新中国成立初期,国际书店作为我国唯一的书刊进出口机构,从一开始就承担起对外文化交流的任务。国际书店既搞进口,又搞出口,还直接经营进口书刊的国内发行业务,在全国各大城市建立了 9 个分店 2 个办事处,业务繁杂,人员众多。国际书店该如何经营,成为萦绕在领导者脑海里的一个问题。1952 年底,华应申经理(发行管理局副局长兼国际书店总店经理)第一次对国际书店的性质、任务和经营方针,做了初步探讨,他说:"国际书店作为企业单位,应该主要通过企业经营方式来达成政治任务。不能因为书刊出口是政治任务而任意把书刊当作宣传品散发,或者在债权、债务处理上,无原则、无节制地'大方'"。邵公文经理(1953 年在国际书店任经理,长达 24 年)于 1953 年 8 月起草了一份关于国际书店的性质、任务的报告,出版总署在给政务院文教委员会党组的报告上正式提出:"国际书店是统一书刊进出口的贸易机构。其任务是输入各国书刊,以满足国家建设和人民文化生活的需要;输出中国出版的可以出口的书刊,以增进国际宣传。国际书店必须通过贸易方式来达成上述政治任务。原则上不应该进行非贸易工作。"这一指示非常明确地规定了国际书店的贸易性质,强调其必须按贸易发行原则实行企业经营管理。1954 年底,出版总署撤销,国际书店划归文化部领导。文化部基本上保持了出版总署给国际书店制定的方针的连续性。

为贯彻企业经营和贸易发行方针,早在 1950 年底,国际书店第二次店务会议上就专门讨论了"贯彻企业经营"的措施。1953 年 2 月,华应申经理进一步动员全店"加强计划发行"的学习。对国外同业推行"书刊分类长期订单"供货办法,在店内认真实行企业计划管理和财务管理。各部门有年度、季度业务计划,财务有预算、决算制度。同时,无论进口或是出口,都比较注意经营之道。如出口书刊的定价办法,从全世界一个定价逐步改为多种外币和分区定价,使之更适合各地区市场情况,以利于我国书刊扩大发行。1952 年 8 月,国际书店接办国际新闻局的外文书刊对外发行业务后,首先遇到的是该局强调所谓"政治发行"的出口经验。这个经验就是书刊对外发行不计成本,发行费用由政府补贴。显然,这与贸易发行的方针是很不协调的。为了统一思想,统一方针,国际书店于 1953 年 8 月向上级正式提出另外成立一个专门机构,办理非贸易书刊发行事宜的建议。对这个意见,政务院文教委员会曾在批复外文出版社的一份报告中指出:"过去,无论贸易性发行和非贸易发行,均由国际书店担任,既影响该店身份,又使宣传效果减弱,因而必须将两者分开。"1953 年文化教育委员会同意出版总署的建议,决定外文出版社将非贸易发行的对象,属于苏联及东欧社会主义国家范围内的,改由我国驻外使馆接办;属于资本主义与殖民地附属国范围内的 1200 余户, 按对象性质分别交由有关的中央一级机关团体接办。此举对贸易和非贸易形式的发行做了合理的分工。

当时的上级机关和书店领导都比较重视国际书店按企业经营管理,强调贯彻贸易发行方针。但是,由于全国高度集中的经济体制,以及用行政手段管理企业的普遍化,使得企业经营和贸易发行方针始终难以完全得到推行。对外文委在 1958 年提出:"国际书店应以出口为主。对外发行要配合国家外交斗争。"在 1962 年又提出:"对外发行要配合国际革命运动"。"文革"期间,提出"对外发行要促进世界革命"。因此,在相当长的时期内,贸易发行方式基本上流于形式,非贸易发行占了很大的比重。1963 年国际书店划归新成立的外文局领导时,周总理曾批示,"国际书店和外文印刷厂可以属于外文出版发行局,但仍作为企业单位,注意经营管理,否则开支一大,不惜工本,徒耗资财,反少实效"。但周总理的这一重要指示并未得到认真贯彻执行,外文出版发行片面强调非贸易发行方式,强调对外宣传。

第二节 国际书店组织架构

1950 年 6 月,国际书店扩大机构,总店共设进货、栈务、发行、编译、总务、会计、人事等 8 个科,职工人数增至 157 人。8 月底,总店增设国际供应科、推广科两个部门,开始筹办进口西方资本主义国家书刊。1950—1951 年,国际书店业务以进口苏新国家书刊并在国内组织发行为主,但国内、国外发行业务出现逐步分工的趋势。1950 年 11—12 月,全苏国际图书公司(简称"苏图")在京设立办事处,并与国际书店谈判签订第一个贸易合同。此后,我方与"苏图"业务往来,一般均通过其驻京办事处进行。

随着我国国民经济的恢复和发展,高等院校、科研机构,工商企业界及社会读者纷纷要求扩大进口书刊和资料的来源,除进步书刊外,把眼光瞄向资本主义世界的先进生产技术。因此,国际供应科的业务迅速发展,工作人员急剧增加,到 1951 年 4 月,在国际供应科的基础上扩建为进口部,进口部下设进口科、代办科、编目组、稽运科。1952 年初,进口部有工作人员近 80 人。1954 年 1 月,曹健飞同志正式调到国际书店任副经理,兼进口部主任,王福时、魏龙泉任进口部副主任。工作重心转到突破美国封锁,千方百计购进美国尖端科学及国防科技情报资料,筹划从第三国进口美国书刊的途径,大力加强与欧洲出版商、代理商的业务关系。1954年进口部进行了调整改组,下设进口科、图书代办科、期刊代办科、过刊组、编目组等部门,业务人员扩充到近100人,资本主义国家代办进口业务有了进一步发展。1955年以后进口工作的中心逐渐转向资本主义世界的科技书刊。

1956年4月,中央发出"向科学进军"的号召,为适应这一新情况,书店又一次调整内部组织机构。新机构共设四部一处:行政处、进口部、苏新业务部、出口业务部、出口供应部。进口部下设期刊、过刊、图书3个进口科和推广科。

1957年3月,书店调整组织机构,共设五部十八科:人事、计划财务、翻译3科直属经理室;行政处下设文书、总务、邮运3科;苏、新业务部设进口和出口2科,进口业务部设图书进口、期刊进口、过刊进口、进口推广4科;出口业务部设亚、非、拉出口科,欧美出口科和出口推广科。出口供应部设进货、发货、期刊订户3科。

1959年,撤销处、室一级,改为两级制,设9科:人保科、秘书科、财务科、总务科、进口科、出口科、苏联东欧科、进货科、发货科。

1963年9月,国家科委、对外文委联名报国务院外办"关于改变书刊进出口分工体制问题"。报告规定将国际书店经营的外国书籍进口业务(80%以上是科技书刊)划给外文书店,由国家科委领导,国际书店集中力量做好对外发行工作,隶属于新成立的外文出版发行事业局。遵照上级决定,国际书店将进口业务划出,同时,原属进口部,后于1958年下放到北京市的进口书刊发行业务也一起归属国家科委领导(社会科学和兄弟党进步书刊的进口事项向对外文委请示)。于1964年1月成立中国外文书店,即今天的中国图书进出口总公司的前身。至此,在国际书店的具体领导下,整整14年的进口工作正式转出。

1965年5月,经过多次讨论,外文局批准了国际书店机构改革方案。新机构为8个处室:亚洲处、非洲处、拉美处、欧美处、图书业务处、期刊业务处、办公室和政治处。6月,国际书店对外通联,开始使用6个代名签章,即:亚洲处——赵振亚;非洲处——钱胜非;拉美处——孙建拉;欧美处——李志欧;艺术品科——周文艺;世界语科——吴光世。全店性通函,对外用国际书店

(中国出版物中心)名义。

表 11-2　中国国际书店组织架构①

时间	主要负责人	组织机构
1949.12.1 成立	筹备负责人:朱希、刘辽逸	
1950	第一副经理:朱希 副经理:刘辽逸	秘书科、人事科、会计科、总务科 编译科、发行科、进货科、栈务科
1952	经理:华应申 副经理:薛迪畅、陈原	办公室:文书科、人事科、统计科、财务科、总务科 业务部: 第一进货科、第二进货科、国内发行科、国外期刊订户科、国内进货科、进口代办科、国外储运科、推广科、进口储运科
1953	经理:邵公文 副经理:薛迪畅、陈原	行政处:人事科、文书科、财务科、总务科 计划处:计划科、统计科 进口业务部: 进口研究科、一进科、二进科、期刊订户科、国内发行科、进口储运科、进口代办科、服务科、门市部 出口业务部: 国内进货科、国外发行科、出口供应科
1956	经理:邵公文 副经理:薛迪畅、曹健飞、陈树穗	经理室:人事科、财务科 行政处:文书科、总务科、邮运组 苏联、东欧业务部:苏联,东欧进口科、苏联,东欧出口科 进口业务部:图书进口科、期刊进口科、过刊进口科、进口推广科 出口业务部:第二出口科、第三出口科、出口推广科 出口供应部:进货科、发货科、出口期刊订户科
1959	经理:邵公文 副经理:薛迪畅、曹健飞、陈树穗	人保科、秘书科、财务科、总务科、进口科、出口科、苏联东欧科、进货科、发货科 注:撤销处、室一级,改为两级制
1963	经理:邵公文 副经理:薛迪畅、曹健飞、陈树穗、涂洛克、钟虹、田家农、龙壁	秘书科、人事科、调研科、财务科、总务科 一处(苏联、东欧处) 二处(出口处):图书科、周报科、推广科、亚洲科、非洲科、拉美科、欧美科、艺术品科、代办科、期刊科 三处(进口处):一科、二科、三科 四处(发货处):图书发货科、期刊发货科

---

① 李觉:《当代中国的核工业》,中国社会科学出版社 1987 年版,第 33 页。

时间	主要负责人	组织机构
1965	经理:邵公文 副经理:周保昌、薛迪畅、曹健飞、涂洛克、钟虹	办公室:秘书科、调研科、翻译科、财务科、总务科 政治处: 亚洲处:一组、二组、管理组 非洲处:一科、二科、期刊组、代办科 拉美处:翻译秘书组、一组、二组、管理组 欧美处:一科、二科、世界语科 图书业务处:外文图书科、艺术品科、中文图书科、推广科、展览科、图书发货科、发货组 期刊业务处:第一期刊科、第二期刊科、第三期刊科、第四期刊科、第五期刊科

第三节　国际书店的队伍建设

十七年时期国际书店的干部队伍建设主要分为 3 个阶段,1949—1956 年是初创阶段,图书对外贸易及其发行人才得到大力发展。1957—1963 年是国家各项政治运动频繁时期,干部大批调出,国际书店人员开始紧缩。1963—1966 年国际共运大论战开始,为了加强对外宣传,干部队伍又一次迅速发展。国际书店人员的来源主要有几条途径:借调干部;向社会公开招考;接受国家分配的大学生;选送干部和工作人员去专业院校学习。这些举措提升了整个书店人员的专业素质和政治修养。干部的大批调出主要是由于政治运动的冲击以及下放劳动。

第一阶段:初创阶段(1949 — 1956)。

新中国诞生后不久,出版总署即委托新华书店着手筹建国家经营的图书进出口机构——国际书店(中国国际图书贸易总公司的前身)。筹建工作由朱希、刘辽逸同志具体负责。经过紧张的筹备,国际书店于 1949 年 12 月 1 日在北京正式成立。朱希、刘辽逸为负责人。国际书店成立前后,在新华书店的大力支持下,陆续从东北、华北解放区调入图书发行干部,同时在北京公开招考,吸收了一批城市知识分子和社会青年,到 1949 年底,干部职工增加到48 人。

为适应业务发展的需要,刘邦琛同志建议并经朱希副经理批准,1950 年,国际书店在北京、上海两地登报公开招考工作人员,一批具有较高外文水平的知识分子应试考入。在上海从事西书业的俞秋帆、肖又生(肖滋)自荐到国际书店工作,他们具有一定的图书进出口贸易知识和实践经验。国际书店从1950年下半年开始接收国家分配的第一批大学毕业生,陆续有图书发行战线上的老同志调入,加强了国际书店的中层领导力量。1950年底干部职工迅速发展到157人。

随着进口苏联图书业务的发展,为加强进口图书的国内发行,国际书店总店先后抽调和派出一批干部筹建各地分支机构。1950年4月1日,新华书店总管理处正式成立,国际书店改属新华书店总管理处。4—5月,国际书店上海分店(经理朱晓光、毕克理),汉口分店(经理张兴树),沈阳分店(经理孔岐,后派李力行任经理),哈尔滨分店(经理黄亚哲),大连分店(经理胡克强)陆续建立。7月1日,国际书店北京分店正式开业。出版总署署长胡愈之、副署长周建人及徐伯昕、黄洛峰等领导同志出席了开幕仪式。苏、波、捷、匈、罗、印(印度)、缅(缅甸)等国驻华使馆均派代表参加。北京分店经理为刘邦琛。10月1日,国际书店天津分店开业,负责人王德清。1951年11月7日,国际书店广州分店在"十月革命"节正式开业,主要负责人赵乐山。1952年7月,重庆分店开业,负责人为李光奇。国际书店总店派王春同志担任广州分店经理。9个分店及门市部共有干部职工约300人。这时的国际书店分店遍布全国主要大城市。为接收苏联图书,国际书店总店还在满洲里设立了办事处。在抗美援朝期间,总店于1952年在丹东(原安东)设立了办事处。

为了加强国际书店总店的工作,出版总署不断充实国际书店领导班子。1951年1月,派新华书店总管理处图书发行部副主任薛迪畅同志任国际书店经理。1952年5月,国际书店改为出版总署直辖单位。新任命出版总署发行管理局副局长华应申兼任国际书店经理,薛迪畅、陈原为副经理。主管国际书店业务的副署长为陈克寒。国际书店筹建时负责人朱希调离本店。1953年5月5日,邵公文调至国际书店,接替华应申经理职务。1954年1月曹健飞同志正式调进本店,任副经理。这些领导同志,均长期从事图书发行工作且有丰富的经验,在图书发行界有一定影响。他们先后担任国际书店总店经理或副经理,在图书进出口事业创建初期起了重要作用。

1951年国际书店又先后两次从上海招考吸收一批大专文化程度的青年知识分子。1952年9月,由国际新闻局(即外文书版社)调来以王福时为首的

15 位同志,外文书刊发行工作一并交给国际书店。1953 年,公私合营的中国图书发行公司对港澳地区的发行业务移交国际书店总店,该公司中层领导干部王仰晨、张炜、刘国宏、赵毅及其他业务干部共 30 余人随之调入。为了加强新中国的图书进出口事业,1954 年出版总署从新华书店中南总分店(武汉)抽调万棠波等 10 余人到国际书店工作。1953 年到 1956 年,国家陆续分配来高校外语系、科中业的大学生,以满足国际书店对外语干部的需要。国际书店总店的干部职工经过不断调整、充实,发展很快,逐步形成了一支政治素质、业务素质都达到相当水平的图书对外贸队伍。以 1954 年为例,总店经理下设 5 个部室和 19 个科,总共有干部职工 503 人,其中有经理、副经理 3 人,部(处)级干部 9 人,科级干部 51 人,科员 139 人,办事员 192 人,练习生 17 人,工友 65 人,其他人员 27 人。其中有党员 41 人,团员 83 人。大专和大学文化程度的 121 人,占总人数的 24%,高中文化程度的 137 人,占总人数的 27%。具有高中以上文化程度的干部占全体干部职工的 51%。[①]在 50 年代,这种文化结构在一个基层单位已经是不错的了。

1955 年 7 月,国际书店将苏、新国家出版的外文图书国内发行业务全部移交给新华书店北京发行所(后改为外文发行所),有关工作人员(包括第一、二国内发行科、栈务科共 230 多人)全部随之转移。沈阳、上海两地收发货办事处同时交给当地新华书店。12 月底,苏、新版外文报刊国内发行业务移交北京市。本年交出国内发行业务后书店职工减至 360 人。

1956 年党中央召开知识分子工作会议,并发出"向科学进军"的号召。在此形势下,图书进出口业务不断发展,但是国际书店的人才储备显然并不能满足发展的需求。1956 年《文化部党组关于国际书店进出口问题的报告》显示了当时的实际状况:"国际书店的干部较弱,缺乏进出口贸易的业务知识和工作经验。该店 43 个党员中只有 5 个懂外文;3 个经理和所有部室主任级的党员没有一个懂得外文。"[②]请示报告提出国际书店应大力培养现有干部,"5 年内应该做到所有科长以上干部都能出国(即都有相当的政治、业务水平,

---

① 刘希森:《国图公司干部队伍的成长》,转引自曹健飞:《中国国际图书贸易总公司 40 周年纪念文集·回忆录》(内部资料),中国国际图书贸易总公司 1989 年版,第 419 页。

② 《文化部党组关于国际书店书刊进出口问题的报告》,转引自中国出版科学研究所,中央档案馆:《中华人民共和国出版史料(8)》,中国书籍出版社 1999 年版,第 71 页。

并能掌握一种外文)。7 年内应该培养熟悉书刊进出口贸易业务的专家 30 人,办法是每年选送干部 3 至 5 人赴苏留学。每年送一部分在职干部去外贸学院、外专、俄专等学校轮流学习,12 年轮训干部 100 人……要求中宣部于 1956 年内调派懂外文的党员副经理 2 人(俄英文各一),进出口科长 8 人;要求外交部和中央调查部调派出国建立机构的干部 10 人;要求侨委调派去中国香港、新加坡的干部 5 人;要求高教干部于 1956 年调派懂外文的党团员干部 20 人,1957 年调派 20 人,1958 年至 1967 年培养 100 人"①。文化部党组向中宣部写了该请示报告后,经陆定一部长指示,由文化部修改后报国务院。这年秋,国际书店再次登报招考工作人员,这是最后一次向社会招考工作人员,几十名中、青年同志加入了图书进出口外贸战线。1956 年底国际书店总店干部职工达到 430 余人。1953—1957 年,国际书店为培养干部,先后选送全继强、秦呈祥、刘希森、杨风苔等十余人到工农速成中学学习文化。选送施汉卿、王海年、于华、张德浦等十余人到外贸学院、俄语专科学校学习外语。

第二阶段:干部大批调出,人员开始紧缩(1957—1963)。

1957 年中央发出开展整风运动的指示,全店掀起"大鸣大放"群众运动。从 1958 年开始,每年都有一批干部赴地方锻炼。1960 年 6—8 月,党内反右倾运动结束后,根据上级指示,国际书店又开展了反对官僚主义运动和"书刊检查"运动。1962 年 1 月,国际书店开始对近年来在政治运动中受到批判或处理的党员和干部进行甄别工作。在各种运动中国际书店先后调出大批干部和知识分子,到 1962 年只留下 240 人,国际书店人员的业务素质、外语水平、文化素养均大幅度下降,严重影响了图书的进出口贸易。

60 年代初,全国实行机关人员精简,控制人员增加,当时调进大学毕业生很少,从外单位调入干部也很困难。为了提高在职干部的素质,国家已在 1958 年选送一批干部到外交学院学习,其中有杨云逵、景连如、龚介福、靳钟琳、黄福生等 20 人,这些人学习比较刻苦,后来大多成为国际书店的中层领导干部和业务骨干。

第三阶段:干部队伍又一次迅速发展(1963—1966)。

---

① 《文化部党组关于国际书店书刊进出口问题的报告》,转引自中国出版科学研究所、中央档案馆:《中华人民共和国出版史料(8)》,中国书籍出版社 1999 年版,第 78 页。

60年代初,国际共运大论战开始。为了加强对外宣传,1964年1月国际书店进出口业务分别划归国家科委与外文出版发行事业局领导。进口业务单独划出成立中国外文书店,属国家科委领导(后改名为中国图书进口公司)。国际书店改名为中国国际书店,对外冠以副名"中国出版物中心",专门经营图书对外发行业务。在副经理龙璧及处级干部张兴树带领下,近40名干部职工随业务调出。工作人员250名。1964年,外文局决定将《中国建设》杂志社自办发行业务全部移交中国国际书店,10余名同志随之调入。

在新的形势下,中央外事小组、国务院外办为加强对外宣传工作,要求中国国际书店通过各种有效途径尽快把马列著作、毛泽东著作、关于国际共运文件、政治书刊等及时、准确地发出去。为此,在财力、物力、人力等方面给予很大支持,积极调配所需干部。1963、1964年两年内新分配到中国国际书店的大学毕业生20多人。同年,中央组织部向全国各地抽调干部支援外事单位,一大批中央和地方干部及军队转业干部陆续调来中国国际书店,此外还有许多外语专业干部和业务、行政领导骨干调入。1964年底达384人,比年初的250人增加53%。

第四节 本章小节

作为社会主义性质的对外出版贸易机构,国际书店具有国家垄断性,相当一段时间还具有唯一性。其经营管理、运营方式、组织架构深受苏联模式的影响,有着社会主义联盟的共同特征。新中国成立初期国际书店的人力资本建设获得了极大的发展,但是受政治气候的影响,队伍发展也是一波三折。

第十二章　总结与启示

第一节　总　结

在本书的最后部分对开篇所提问题进行回应,在回顾新中国文化贸易的本质、特征、发生背景、生产活动、具体形态、社会影响的同时也对全书脉络做一个梳理,下文便据此展开:

一、文化贸易的本质是什么? 国际文化贸易、国际服务贸易、教育服务贸易之间有何联系与区别?

20 世纪 80 年代,伴随着西方文化产业的初具规模,国际文化贸易也获得了蓬勃的生机。那么,文化贸易的本质是什么? 马克思主义认为文化是指意识形态上的文化(狭义),它是社会政治、经济的反映,是一种社会存在,受一定社会政治、经济的制约;但文化作为意识形态又具有相对的独立性,对经济、政治具有反作用。从理论界定的角度看,论述贸易问题较为系统和深刻的学者则当数英国早期资产阶级经济学家托马斯·孟、尼古拉·巴尔本和达德利·诺思,他们认为贸易是一种出售多余财物的活动;贸易是一种互通有无的交易活动;贸易是一种特殊的专门制造活动。马克思对于贸易概念的使用和理解没有超出这个范畴。

国际文化贸易、国际服务贸易、教育服务贸易之间有何联系与区别? 从国际文化贸易、国际服务贸易、教育服务贸易的概念界定和法律关系的分析可以得知国际文化贸易(国际文化产品贸易)包括了国际文化商品贸易和国际文化服务贸易两个大的方面。国际文化服务贸易是国际服务贸易的一部分,由此可见,国际文化产品贸易与国际服务贸易在国际文化服务贸易领域发生了重叠。教育服务贸易是国际服务贸易中的一个重要组成部分,同时,教育服务也是与文化产业直接相关的服务贸易。因此,文化与贸易概念的起源与发展、国际文化贸易与国际服务贸易及教育服务贸易概念界定和法律关系的探讨为分析文化贸易提供了两个重要启示:其一,为建构"文化贸易"的具体形态的分析框架奠定了基础;其二,在于国际文化贸易生成社会变革的意义,比如建构国家形象、提升文化软实力、增加社会财富、对城市内部空间布局和城市结构的调整、国家文化安全的影响等等,这是研究国际文化贸易的根本意义所在。

二、什么是社会主义新中国的文化贸易?有何独特性?即与传统的文化贸易有何区别?与当代社会主义国家与资本主义国家的文化贸易方式有哪些"同"与"不同"?

当代"社会主义""新中国"文化贸易既有社会生产力发展到一定阶段的必然性,也有一个特定时代一个崭新社会的偶发性,在社会转型的大背景下,它注定与传统的文化贸易是不同的,与此同时,它与"传统"的不同又推动了当代新中国社会转型的实现。国际文化贸易具有经济与文化的双重属性,新中国成立初期的文化贸易是国家文化合作计划中的一部分,由政府主导开展的新中国对外文化贸易无论是促进国家经济建设还是构建国民的社会认同都取得了巨大的成功,这是传统文化贸易无法比拟的。新中国文化贸易组织与近代文化贸易组织有着很大的不同。以出版业为例,近代,商务印书馆、中华书局等图书出版和发行机构往往采用公司制、股份制等现代企业制度,不少近代文化生产组织出现了分工明确的科层制模式。作为社会主义性质的对外出版贸易机构,国际书店具有国家垄断性,其组织性质、管理体制、运营方式、组织架构带有苏联模式的深刻烙印,其人力资本的建设深受国际国内政治气候的影响。新中国文化贸易的制度建构是在国家主权独立完整的情况下进行的,它积极保障着对外文化贸易的顺利进行,文化产品的审查与文化产业的市场准入是新中国捍卫国家主权强有力的文化表达和制度表达,在保障国家对外传播与维护国家文化安全上是近代中国对外文化贸易制度根本无法企及的。五六十年代,我国高等教育服务贸易有两种基本的提供方式:一种是境外消费,我国向苏联等社会主义国家派遣了大量的留学生;另一种是自然人流动,大批苏联专家来中国援助社会主义建设。新中国成立初期的教育服务贸易是在特定历史环境下兴起的,从国家宏观政策环境到微观政府规制,从机构建制到服务贸易主体的种类、规模、费用,无不深深打下国家主导参与的烙印,这种集全国之力为一举的"国家行为"是近代中国历史上所没有的。

与当代社会主义国家与资本主义国家的文化贸易方式有哪些"同"与"不同"?战后,世界被划分为社会主义和资本主义两大阵营,受苏联的影响或者控制,苏联模式成为社会主义国家在政治、经济、文化等领域普遍采用的模式,苏联模式影响下的社会主义文化贸易体制同样呈现高度集权性、计划性的共性特征。苏联模式影响下的文化体制在特定的历史时期对我国文化事业的发展起到了积极的推动作用,对外文化贸易在满足经济建设需要的同时也建构着新中国的社会主义国际形象。与战后出于控制和渗透的目的苏联向东欧国家派遣顾问专家不同,到中国来的苏联专家完全是为了满足中共巩固新政权和发展经济的需要,完全是中国政府请来的,这是人力资本国际流动方面新中国与东欧社会主义国家关于苏联专家问题的最大不同。

20世纪中期西方资本主义国家文化产业获得了比较快的发展。与之相比,与经济学意义上的"产业"生产方式相对应的工业化生产和市场经济的基础性经济技术条件在新中国成立初期并未建立,加上意识形态的影响,新中国成立初期的社会主义新中国文化贸易与西方资本主义国家相比有着根本性的不同。50年代新中国文化产业尚未建立,文化事业与文化产业起着同构互建的作用,呈现的文化关系与社会主义初级阶段的文化制度、与广大工人农民的基本收入相匹配。

简而言之,时空坐标中的当代社会主义新中国文化贸易的独特性恰恰在于从时间上来说它是"当代"文化贸易,在物质层面它呈现现代国际文化贸易的特征;从大众文化权利实现后对文化垄断的挑战上来看,当代社会主义新中国文化贸易所带来的社会文化特征具有现代意义。如此,社会主义新中国文化贸易与当代中国社会变革的同构作用初见端倪。

三、社会主义新中国文化贸易在什么背景下展开？为什么要有这样一种文化贸易的选择、选择的战略意义和实际效果如何？

社会主义新中国文化贸易除了生产力发展的内生要求外，更是一种受国际关系影响意识形态左右的文化选择。冷战时期新中国面临的国际形势如下：一是美国文化的扩张与渗透，苏联的反美宣传，资本主义与社会主义两大阵营意识形态处于激烈的对抗冲突时期；二是中苏结盟，中国实行"一边倒"的国家政策。这两大时代背景诠释了在国家文化安全视域下构建中苏文化关系是社会主义新中国文化贸易战略选择必须要考虑因素的可能性与必要性。

冷战时期美国实行了反苏反共的冷战外交政策，除了试图遏制苏联、成为世界领袖的现实考虑之外，更主要的原因是美国所具有的历史文化传统对当时国家外交政策的影响，美国对苏联东欧的宣传也经历了从进攻性心理战到渐进的文化渗透的演变历程。苏联的反美宣传是以整个苏联的政治动员与社会动员为前提的，发动了整个苏联的意识形态体制与文化体制，进行了一连串的、全面有序的宣传鼓动攻势，对于广大的苏联民众而言，这种宣传攻势在营造"苏维埃文化"和构建"敌人"形象上都是非常成功的。

冷战格局一旦形成，中国革命走向及其新政权的政治选择空间也就锁定了。一个国家的生存与发展离不开国家文化安全建设的重要命题，在美苏两大文化阵营进行意识形态激烈对抗的时候，中国成为社会主义阵营的一支重要的文化力量。1956年中苏文化合作协定形成了一种以中苏为首的两大社会主义国家紧密团结、巩固社会主义阵营的文化表征，而文化协定执行计划实行过程中的起起伏伏也成了中苏两党两国关系由"蜜月"走向"分裂"、社会主义阵营由"统一"走向"决裂"、中苏国家文化安全性质变迁的见证。

四、社会主义新中国文化贸易的生产活动是怎样的？它是如何与当代中国的现代化进程互动同构？

文化贸易具有经济属性与社会属性，本书主要分析了文化贸易的两个重要形态：出版和电影。就经济价值而言，国际文化贸易的一个根本性目的就是满足国家建设的需要，而国家关系对新中国对外贸易影响巨大。1949—1957年是中苏友好时期，对外出版贸易数量大，也比较顺利。1958—1965年是中苏关系由兄弟走向破裂的时期,动荡的国家关系对书刊进出口贸易产生了严重的影响。毋庸置疑,在中国经济状态处于无序向有序的转化过程中,苏联对我国的援助是巨大的,苏联在对我国建设企业提供技术援助的同时相互间交换技术资料大大地加速了工业企业和其他项目的建设时间,双方大量交换书刊、突破封锁禁运以引进资本主义国家书刊、影印苏联及西方发达国家的科技书刊,极大地促进了我国的文化经济建设,这些贸易和非贸易形式的文化交流是成立十七年时期我国对外出版贸易的重要补充。

以对外电影贸易为例,冷战背景下新中国文化贸易的文化特征从两个方面来分析,就电影输入而言,主要分析了中苏电影贸易对新中国公民社会认同的构建以及中苏电影贸易逆差对新中国文化安全的威胁。新中国对外电影贸易的市场格局划分两大意识形态文化交流的范畴,一方面,大量以苏联为首的社会主义国家译制片的引进与"电影周"的举办、国际电影节上的获奖对新中国公民社会认同的构建起到了积极有效的作用;另一方面,中苏电影贸易的巨大逆差构成了对国家文化安全的潜在威胁,文化合作协议中有关电影活动的合作交流和激烈斗争反映了我们对国家文化安全的忧患意识和捍卫决心。这些分析揭示了文化贸易如何与当代中国的现代化进程互动同构。

五、社会主义新中国文化贸易的具体形态如何?

由于苏联在特定历史时期的特定历史地位,文化领域中的苏联模式对世界上社会主义国家产生了深刻的影响,新中国成立初期我国"一边倒"的政治形势决定了我们思想文化领域中苏联模式影响的普遍性和深入性。我国的电影事业完全是按照苏联模式建立起来的,在文化领域具有典型性,具体表现为中央电影管理局对电影进出口的审查与管理、计划经济体制下的国营片场制、政企合一的垂直电影发行体制,这种以高度集权性和计划性为基本特征的苏联文化体制所构建的文化关系与新中国成立初期我国社会主义初级阶段的生产力相适应,在当时极大地推动了中国与苏联以及其他社会主义国家的文化贸易和文化交流,在打造国民社会认同和传播国家软实力方面起到了积极有效的作用。

聚焦于微观的贸易组织层面,作为50年代我国唯一的书刊进出口贸易机构,国际书店的经营管理、运营方式、组织架构同样有着苏联模式的深刻烙印,显现着我国文化贸易机构的共性特征。国际书店在新中国十七年时期经历过两次管理体制的分工与调整,基本上没有脱离中央集权制的苏联对企事业单位的管理模式,国际书店的运营无论是贸易发行还是非贸易发行都与国际国内形势密切相关,组织架构也是仿照苏联来设置的。

对外文化贸易的制度建构分为两个层面,一是确保社会主义性质的文化贸易顺利运行而进行的制度建构,二是为了控制对外文化贸易对新成立的社会制度的冲击而建立的规制手段。新中国成立初期我国对出版和电影对外贸易和交流的制度性建构相对比较充分,对外演出主要还是文化交流,政府规制内容很少。从拟定《保障出版物著作权暂行规定》、处理"国际著作权问题"到稿酬制度,各项规定成为驱动对外出版贸易的商业机制。大量的行政命令构成了对外出版贸易的政府规制,这些社会性规制和经济性规制构建了充满理想和激情的新中国文化世界性愿景,文化产品的审查与文化产业的市场准入是文化表达的制度性控制。1950 年 10 月,政务院颁布了《电影业登记暂行办法》《电影新片颁发上映执照暂行办法》《电影旧片清理暂行办法》《国产影片输出暂行办法》《国外影片输入暂行办法》5 项规定,5 项规定标志着新中国电影制度建构的基本确立 。

六、新中国文化贸易的特殊形态派遣留苏学生和聘请苏联专家的具体情况如何? 它是如何与新中国成立初期的国家政治、经济、文化等领域的社会生态环境发生互动同构的?

新中国建立面临的一个重要问题就是人才奇缺,有计划地派遣新中国留学生去苏联及东欧社会主义国家学习构成了新中国文化贸易的特殊形态——派遣留苏学生,也就是后来教育服务贸易当中的一个重要形式:境外消费。聘请苏联专家是新中国文化贸易的另一种特殊形态,也是教育服务贸易当中的一个重要形式:自然人流动。这部分内容主要从以下几个方面来阐述:政策环境、政府规制和机构建制;派遣留苏学生和聘请苏联专家的种类、规模和费用;中苏关系的变化对留学生专业的选择和学习产生的影响;我国派遣的中国专家在苏联的待遇情况;人力资本国际流动的收益分析。

新中国成立后,中国政府向苏联派遣留学生经历了严格选拔、宁少毋滥;严格审查,争取多派;缩小规模,注重质量;留苏运动日趋萎缩 4 个阶段。对于中国派遣留苏学生,中苏双方签订了一系列双边协定。1952 年 8 月两国签署了《中苏两国政府关于中华人民共和国在苏联高等学校(军事学校除外)学习之协定》条约明确规定了苏联应中国的要求,同意接受中国公民作为大学生和研究生赴苏各高校留学。关于实习生的规定与教育部口径派出的普通留学生是不同的。早在 1950 年 1 月,中苏两国就签订了《关于中国公民在苏联进行生产技术实习的条件的协定》。1957 年重新签订的协定是有关中苏两国的专家和工人生产技术实习互派条件的规定,名称的改动折射了中国在社会主义联盟中地位的提升。关于派遣留学生,中央教育部、外交部还专门颁布了一系列政策文件,《关于 1953 年选拔留苏预备生的指示》(1953)、《派赴苏联及东欧各人民民主国家留学生管理办法》(1954)、《关于管理派赴各国留学生的规定》(1958)、《中华人民共和国派往国外留学生管理工作的规定(草案)》(1964)。

1953 年留苏学生的选拔工作直接归中央政务院(后改国务院)领导,具体由国家教育行政部门(初为教育部,后为高教部)负责。外交部和人事部等部门协同参与和指导。国家、各大行政区、一些相关的省市、大学、重点高中都成立了选派工作领导机构。1952 年底,在北京成立了留苏预备学校(原北京俄专二部改成),供出国留学人员预备外语之用。1953 年 6 月成立了“留学预备生学科考试委员会”,并于 8 月首次举行了全国统一考试。苏联中国大使馆内设留学生管理处,具体负责学生的政治、业务考核和学习、生活安排。还设有留学生党委,留学生中有留苏学生总会组织,负责各地学生间的联谊工作。

向苏联派遣的普通留学生主要是由教育部派出的大学生、研究生、进修教师,特殊留学生包括实习生、军事留学生和共青团留学生。新中国成立初期留学苏联的确切人数到底有多少,不同口径的统计数据是不一致的,大约在 16000—18000 人。根据 1952 年中苏两国签署的《中苏两国政府关于中华人民共和国在苏联高等学校(军事学校除外)学习之协定》第五条规定大学生津贴每人每月 500 卢布,研究生津贴每人每月 700 卢布。1950 年中苏两国签订的《关于中国公民在苏联进行生产技术实习的条件的协定》规定中国政府将偿付苏联方面为领导中国公民生产技术实习的费用,其数额为实习领导人按照其基本职务所得薪金的 10%—20%,并视实习人之数额而定。1951 年、1957 年、1960 年也有类似的规定。军事留学生的补助金要高于普通留学生,每个学生每月津贴为 1000 卢布,此外,中国政府还需要承担培训费。至于留学苏联中央团校的共青团留学生,其助学金标准与苏联共青团州委书记的标准一致,每人每月 1200 卢布。

聘请苏联专家是中苏两国领导人顶层设计的结果,1950 年作为《中苏友好同盟互助条约》的组成部分,中苏双方就派遣苏联专家的问题初步达成协议。1953 年中央政府颁布了《中共中央关于加强发挥苏联专家作用的几项规定》,中国迎来了苏联专家大规模来华工作的高潮。1956 年国务院发出通知除过去按顾问名义聘请来的苏联专家在未期满回国前仍称顾问外,今后新来华的苏联专家(包括教师、顾问性的专家等)应当统称为苏联专家。由于中苏政治关系的进一步恶化,1960 年赫鲁晓夫撤回了在中国的全部苏联专家。

随着《中苏友好同盟互助条约》的正式签署,苏联专家的派遣和接收工作开始制度化和规范化。1950 年联共(布)中央政治局做出决议,在苏联驻华大使馆设立经济参赞职务。中国方面最初由周恩来总理亲自主持,成立了苏联专家工作指导小组。1950 年政务院规定《关于加强专家工作的几项具体办法》,1951 年所有系统聘请外国专家的批准权限均在政务院,1953 年政务院发出了关于成立专家工作组、专家工作办公室和专家招待事务管理局的通知。1954 年 9 月国务院取代政务院。

来华的苏联专家主要分为顾问和专家,为苏联高级干部的顾问来华后分配在各政府主管部门,担任副部长、总局局长或司局长等职务,主要负责设置政府管理机构,制定规章管理制度和体制模式,协助解决重大问题。根据援助项目的合同要求聘请的专业技术人员一般在企业或经济主管部门具体负责技术,称为专家。1957 年,中苏两国政府对苏联专家的政策做了调整。关于 1949—1960 年有多少苏联专家在中国,统计数字是有差异的,有 10000 名左右。

中苏友好期间关于苏联专家在华工作之条件双方签订了一系列协定,中国为聘请苏联专家的支出主要分为两部分:一是苏联专家的在华工资和各种补贴;二是苏联政府的补偿金。对大多数苏联专家而言当时的工资在 300 元到 500 元之间,加上中国政府提供的各种优惠条件,他们实际上的生活条件相当优越。1950 年中苏关于苏联专家在中国工作条件的协定规定中华人民共和国中央人民政府该根据苏联专家之程度,交付苏联政府每个专家每月

1500—3000卢布,以补偿苏联机关或企业由于派遣自己的专家出国而受到之损失。1957年双方政府签订了关于互派专家的新协定,降低了补偿金的标准,每个专家每月900—2400卢布。

留学生回国为母国的社会经济发展和技术进步注入强大的动力,从人力资本的角度来说是纯粹的"人才获得",而留学目的国的好处则非常有限,新中国成立初期我国派遣留学生大规模留学苏联正是属于这种情况。出国留学是国家公派,是为了新中国的政权巩固和国家文化经济建设服务,虽然贫穷的新中国花费巨资,尽管国家关系的变迁影响了留学生的学习,但留苏潮为新中国建设提供和储备了大量的人力资本确是不争的事实,一代留苏学子为新中国的各项建设做出了卓越的贡献。他们中的一些人后来成为党和国家的领导人,更多的留苏学子奋斗在科学领域,成为新中国科技大军中的佼佼者。当然,作为苏联帮助中国的回馈,尤其在赫鲁晓夫时代,苏联在国际和国内获得了中国政治上的支持。对新中国教育服务贸易之自然人流动的历史考察可以发现,苏联专家短期内大量涌入中国,这种高端人力资本给中国各方面所带来的影响无疑是积极的、巨大的。苏联专家的支援让新中国的建设得到最快的恢复和发展,尤其是工程技术领域、原子能机密专业的帮助更是巨大。

那么,新中国的教育服务贸易是如何与新中国成立初期的国家政治、经济、文化等领域的社会生态环境发生互动同构的?

50年代教育服务贸易发展给我们带来了诸多思考,国家之间的关系就是一个重要的思考命题。新中国成立代表着一个主权独立、民族完整国家的崛起,但在特定历史时期新中国对苏联的依赖还是十分严重的,"一边倒"国策正是特定国际国内环境下中国共产党人的明智之举。但是这种依附性的国家关系在给新中国带来巨大援助的同时,也会因为国家关系的变动而导致援助中断。比如留苏学生原子能专业的学习与机密专业的限制。出于政治上的需求,苏联决定在原子能的和平利用、导弹和原子弹的研制方面对中国展开帮助,1957年《关于在特种技术方面给予中华人民共和国援助的议定书》规定苏联有关高等学校在1957—1958年教学年度接收50名中国留学生学习机密专业(导弹、核专业等)。中苏国家政策的分歧导致苏联对我国的核援助于1958年的下半年趋严,1960年赫鲁晓夫下令撤回苏联专家,苏联对中国的核援助就此终止。受两国政治关系的影响,这期间的留学人数、所学专业(特别是机密专业)受到了很大的影响与限制,主要表现在国家层面苏方撕毁和破坏了已达成协议的留学生协议;限制和缩小我国留学生原子能专业的学习与机密专业的学习范围。同样的,依附性的结盟国家关系必然导致在平等、友好、互助的国家关系框架下社会主义联盟之间存在等级结构。相比苏联大规模的援华专家,中国派遣到苏联的专家就很少了,苏联对待我国派遣专家的待遇没有很好地按照协定来落实,中国赴苏工人的社会保障、养老保证和医疗条件也没有得到很好的执行。中国专家在苏联的待遇情况从一个侧面窥探出在共同的"世界革命"理论指导下社会主义国家之间内部结构关系的不平等性。中国与苏联的国家关系无论对彼此之间,还是社会主义同盟,抑或冷战世界格局都产生了深刻的影响,由于缺乏明确的国家定位以及保障国家利益的制度和机制,一旦国家利益发生冲突,两国就面临战争状态。这种历史上的国家关系给我们的警示是全球化背景下当代中国"一带一路"倡议实施中,中国应该与世界上其他国家建立一种什么样的国家关系?

50 年代教育服务贸易发展给我们带来的一个重要思考是有关苏联模式、文化体制改革、国家文化安全建设的问题。新中国成立伊始,百废待兴,新中国各个部门急需苏联指导,作为苏联高级干部的顾问来华后分配在各政府主管部门,担任副部长、总局局长或司局长等职务,主要负责设置政府管理机构,制定规章管理制度和体制模式,协助解决重大问题,不难看出苏联模式在中国植根源于此。顾问通常还包括文教专家和军事专家。根据援助项目的合同要求聘请的专业技术人员一般在企业或经济主管部门具体负责技术,称为专家。在我国文化领域,苏联模式的烙印是很深的,"一五"计划是在苏联顾问指导下建立,国家体制机制呈现高度集权性、计划性的特征。历史性地来看,苏联专家深深介入了我国政府体制机制、制度管理层面的建设中,社会主义新中国建立起了一套与新中国成立初期弱小的文化生产力相适应的新型文化生产关系,它与我国实行的计划经济体制相一致,当时尚属先进的文化生产关系解放并且极大地促进了新中国文化生产力的发展。但改革开放以来,文化体制的改革严重滞后于经济体制的改革,计划经济时代所形成的文化生产关系已经历史性地演变成先进文化生产力发展的体制性障碍和结构性矛盾,而文化生产力的改革就是要革新生产关系中落后的因素。在计划经济条件下形成的中国共产党单一的文化执政能力势必向多元综合性的文化执政能力转变,还"文权于民",全面落实和实现公民的文化权利是新时期文化体制改革的一项重要指标。但文化体制改革依然壁垒重重,比如,计划经济时代留下来的设置出版社的制度性障碍仍然严重阻碍着我国生产力的发展。

虽然苏联专家是中国人请来的,是来帮助中国开展国家建设的,但对国家安全的担忧依然引起了毛泽东等国家领导人的警惕。1955年底毛泽东提出"以苏为鉴",1956年4月发表的"论十大关系"讲话明确提出对于苏联所犯的错误和走过的弯路要引以为戒。1957年,中苏两国政府对苏联专家的政策做了调整,减少了苏联专家的来华人数,对苏联专家在中国的地位、作用、影响范围进行了根本控制。伴随着苏联专家和留学苏联的热潮,新中国引进了大量的文化产品,中国与苏联的文化贸易在构建新中国公民社会认同的同时,巨额的文化贸易逆差对我国国家文化安全也构成了潜在威胁,中苏文化协定签订与执行过程中发生的种种现象和争执反映了我们对国家文化安全的忧患意识。今天,"一带一路"倡议的实践过程中文化领域的体制机制改革、沿线国家文化安全的建设依然是我们面临的重要问题。

对以上问题的简单回答串联起了本文的主要脉络,研究新中国成立初期文化贸易希望表达的是当代新中国文化产业是如何与中国现代化进程进行同构的,文化在社会转型过程中如何与政治、经济因素进行复杂的社会互动。文化贸易在满足人们经济生活需求的同时,还具备另一个重要属性即文化属性,文化产品具有对人的精神产生影响力、吸引力和感召力的巨大作用,"四面楚歌""余音绕梁,三月不知肉味"道出了文化艺术作品给人们带来的深刻的生理体验。孔孟儒家的"天下大同""和而不同"的"仁"政思想最早表达了文化产品生产与国家文化治理之间的关系。《钢铁是怎样炼成的》"群体阅读"承载着新中国成立初期"社会—文化"的重建过程中国家文化治理的重任,苏联电影为中国人民展示了现代生活的美妙图景和对社会主义"美好生活"的承诺,国家通过文化贸易途径借助文化产品作用于人的灵与肉的特性对新中国公民社会认同进行了有效地塑造。文化贸易不但对社会发展产生了深刻的影响,而且深深介入了新中国政权巩固和建设的社会变革中。留苏学子的卓越贡献早已镌刻在当代中国历史发展的丰碑中,苏联专家在对中国社会发展做出积极贡献的同时也给我们带来了苏联模式,文化体制领域改革至今任重道远。如此,从文化贸易的角度来理解当代中国政治、经济系统的变革也就有了现实意义。

第二节 冷战背景下中苏文化贸易给我们的启示

新中国诞生致使整个社会发生了翻天覆地的变化,随着中国共产党掌握了国家政权、所有制领域私有制改造的完成以及社会主义公有制的建立,我国的文化生产方式也发生了根本的变化,而文化生产方式在转型的同时也对社会转型产生了深刻的影响。今天,在"一带一路"倡议布局下,我们同样面临着文化生产方式转型与社会转型的双重问题,冷战背景下中苏文化贸易的讨论也就有了现实意义。

一、历史上"中苏关系"对构建当今"中俄关系"等国际关系的影响

2013 年,国家主席习近平在哈萨克斯坦和印度尼西亚发表演讲,分别提出了打造"丝绸之路经济带"和"21 世纪海上丝绸之路"的构想,并且在国内外重大场合反复提及,"一带一路"畅想遂发展成为当今中国重要国策,它将充分依靠中国与有关国家既有的双多边机制,借助既有的、行之有效的区域合作平台,积极发展与沿线国家的经济合作伙伴关系,共同打造政治互信、经济融合、文化包容的利益共同体、命运共同体和责任共同体。

打开地图,丝绸之路经济带覆盖了冷战时期社会主义联盟绝大部分国家和地区,中国、苏联、东欧在世界版图中再一次统一在一个整体战略框架中,这一次,中国是倡议者和发起人,承担着地区大国的重要责任。从中国陆地出发打通丝绸之路经济带需要途经苏联的大部分地区,俄罗斯无疑处于非常重要的位置,俄罗斯对经济带的态度在一定程度上决定了北方丝绸之路的命运,中国与俄罗斯的互联互通决定了经济带的互联互通。2015 年,习近平主席出访哈萨克斯坦、俄罗斯和白俄罗斯 3 国,就是与欧亚经济联盟 3 国进行战略协调和沟通,推动欧亚经济联盟与丝绸之路经济带的对接。尤其是中俄两国签订《关于丝绸之路经济带建设与欧亚经济联盟建设对接合作的联合声明》,标志着由中俄两国推动的两大地区经济合作战略构想实现对接,"丝绸之路经济带"建设迈出了历史性的一步。

历史上,中国与苏联是结盟国家。"一边倒"倒向苏联,不平等的国家关系在获得巨大的国际支持和援助的同时,也埋下中苏两国决裂的种子。从 20 世纪 90 年代以来,中俄两国领导人致力于构建不结盟、不对抗、不针对第三国的"新型国家关系",逐渐在治国理政上持有相同旨趣,在双边关系上相向而行,在地区和全球多边事务上相互借力,不断提升和丰富中俄战略协作伙伴关系的内涵,从而确立起了一种类似于当年"英美特殊关系"一样的"中俄特殊关系",尽管两国并没有签订正式的同盟条约,但在政治、经济、文化、外交、军事和历史等领域形成了非常紧密的关系,是一种没有结盟的特殊关系,也是迄今为止中国与一切大国所建立起的外交关系中水平最高的一种大国关系。①

二、规范与社会认同、国家文化安全

中国的传统文化中存在着两种不同的文化基因。一种来源于孔孟范式,在文化选择中把非暴力、妥协的大战略优先于暴力的防御与进攻。孔孟儒家抱持"天下大同"的思想作为"仁"的最终归途,强调"求同存异""和而不同""和也者,天下之达道也",军事力量则被视为"不祥之物","不战而屈人之兵"是战争的最高境界。另一种来自所谓的"备战"范式,进攻性战略优先于静态防御和妥协战略。这一范式反映的是:外部环境是危险的;对手的威胁是与生俱来的;冲突是零和的,而暴力是对付威胁的最终手段。这两种文化基因并不是截然分开、地位平等的,孔孟的语言代表了一种圣王贤良的理想化的论述。

毛泽东时代的战略文化体现了历史上"备战"范式的延续性,这种延续性并被中国的民族主义和马克思列宁主义对战略偏好的影响所加强。1949—1966 年间中国冲突管理行为基本上与现实政治的战略思想是一致的,毛泽东时代的国家安全植根于加入社会主义联盟,"一边倒",倒向苏联成为十七年时期国家安全的重要保障。国家文化安全是指国家文化生存与发展免于威胁或危险的状态,对这一状态的任何破坏都构成国家文化安全问题。新中国

---

① 赵可金:《中俄特殊关系为"一带一路"奠基》,2015 年 5 月 10 日,http://opinion.china.com.cn/opinion_89_129389.html。

是如何控制构建文化认同过程的风险因素的？为了实现充满理想和激情的新中国文化世界性愿景的伟大目标，新中国对国际文化贸易进行了必要的制度建构以控制由此带来的对新成立的社会制度的冲击，对文化产品的严格审查与文化产业的严厉的市场准入是新中国文化表达的制度性控制。同样的，国际政治形势与国家文化安全形势变迁，文化贸易的政府规制相应地也会进行调整。

时光进入 21 世纪，中国的国家文化安全再也不是单一的非黑即白的意识形态两大阶级阵营的斗争，面对全球化的国际局势，文化治理下的中国要形成一个什么样的国家文化安全局面？"人类命运共同体"的理想与"一带一路"的实践路径是中国贡献给世界的伟大智慧。"人类命运共同体"的思想是对中国"和"文化的现代传承与激活，蕴含天人合一、协和万邦、和而不同、人心和善的传统文化基因。构建"人类命运共同体"的主张是中国为促进世界和平与发展提出的中国方案，也是中国为实现人类美好未来提出的努力方向和目标。2017 年联合国社会发展委员会、联合国安理会、联合国人权理事会以及联合国大会第一委员会等通过的 5 项决议中，先后纳入构建人类命运共同体理念，中国人首创的理念和主张正在变成国际共识。2016 年底，第 71 届联合国大会决议首次写入"一带一路"倡议，获得 193 个会员国一致赞同。2017 年 3 月，联合国安理会通过第 2344 号决议，呼吁通过"一带一路"建设等加强区域经济合作。由中国形成的国家认同正在变成国际规范，潜移默化地影响着"一带一路"沿线国家的社会认同，它必将对世界政治经济格局和秩序产生重大而深远的影响。

在进行国际文化贸易过程中，国际规范是如何与文化认同、国家文化安全发生互动关系的？彼得·卡赞斯坦和温特等人在早期的建构主义作品中归纳了有关规范和认同的主要观点，一方面，国内和国际的文化或则制度因素(也就是所谓的规范或规制)塑造国家认同，影响国家安全利益和国家行为。另一方面，国际规范建构国家认同，而国家认同也建构国际规范。① 在这里，规范(包括国际和国内)、国家认同、国家安全形成了有机联系。由中国提

---

① 彼得·卡赞斯坦:《国家安全的文化:世界政治中的规范与认同》，宋伟、刘铁娃，译，北京大学出版社 2009 年版，第 11 页。

出的人类命运共同体理念、"一带一路"方略被联合国接纳并传播本身就是国家认同塑造国际规范,进而又进一步建构"一带一路"沿线国家社会认同的典型案例。"一带一路"是中国提供给国际社会的公共产品,秉承"共商、共建、共享"原则,强调包容开放。一个"共"字将"一带一路"实践必须得到沿线国家广泛而深入的社会认同的心理基础表露无遗。就国际文化贸易而言,建构良好的国际规范尤其重要。比如法制建设,健全国际国内相关立法,加强国际条约谈判,推进 WTO 相关法制建设,促进"一带一路"沿线尚未加入 WTO 的国家成为其成员,重视自贸协定谈判,等等,法制建设是建构国际文化贸易规范的重要基石。

三、国际文化贸易与文化认同、国家文化安全

冷战时期,美苏两大文化阵营是以意识形态的两级对抗为标准的,中国成为社会主义阵营的一支重要的文化力量,与苏联为首的社会主义国家展开丰富多彩的文化贸易与文化交流成为彼时中国建构国家文化安全的重要选择。这就引出了一个重要问题,中国如何与社会主义联盟打造文化认同以维护国家文化安全? 社会主义世界内部的文化交流,是让各国人民分享共同的目标和价值观,进而产生一种凝聚力的最理想的方式,比如文艺精英的交流互访,但论及对广大民众的影响范围和效果,社会主义阵营的出版和电影贸易对定义新中国的公民身份与文化认同进而维护国家文化安全则是更好的选择途径。

国际文化贸易搭建文化认同的平台。俗话说"文化卖出去的效果要比送出去好得多",文化贸易是打造"一带一路"沿线国家文化认同的最佳选择,相比动态的传播方式,出版、电影等静态的传播手段对沿线国家的消费者影响力更持久,渗透力也更强,传播效果无疑也更好。在文化贸易过程中要警惕国家文化安全问题。"一带一路"强调互联互通,是一个双向交流、同时并进的战略,国际文化贸易包含了输入与输出两个文化流向。开展国际文化贸易的目的之一就是要中国文化"走出去",通过输出中国优秀文化来切实保障中国文化安全。另一方面,中华文化从来都是吸收、包容不同优秀文化而不断充实、丰富并获得蓬勃生命力的文明,国际文化贸易是让沿线国家优秀文化走进来。需要注意的是要警惕"一带一路"沿线异域不良文化思潮的趁机渗

透,比如西方国家的"和平演变"的图谋,沿线国家与地区的国际恐怖主义、宗教极端主义和政治分离主义渗透,防止沿线国家与地区多元异域文化对中华民族凝聚力和民族国家认同感产生不利的影响,国际文化贸易必须在引进过程中切实维护中国文化安全。

四、教育服务贸易之顶层设计与产业属性

新中国成立初期的教育服务贸易是政府主导下的国家行为,对派遣留学生与聘请苏联专家这两种服务贸易方式的考察有助于启发我们思考当今中国"一带一路"倡议背景下发展教育服务贸易的诸多历史因素,比如教育服务贸易的国家顶层设计问题、教育事业的公益性与产业性的关系问题。

首先,教育服务贸易国家战略之顶层设计与系统工程问题。新中国成立初期我国教育服务贸易之所以能够取得巨大的成就,一个根本性的原因在于派遣留学生和聘请苏联专家是"一边倒"国家战略下政府顶层设计,从上而下贯彻执行的结果。1950 年 1 月,作为《中苏友好同盟互助条约》的组成部分,对于中国派遣留苏学生和聘请苏联专家,中苏双方签订了一系列双边协定。比如《中苏两国政府关于中华人民共和国在苏联高等学校(军事学校除外)学习之协定》(1952)、《关于中国公民在苏联进行生产技术实习的条件的协定》(1950),条约明确规定了苏联应中国的要求,同意接受中国公民作为大学生和研究生赴苏各高校留学,接受中国公民在苏联进行生产技术实习。1950 年3 月双方签订了主要针对顾问的《中苏关于苏联专家在中国工作的条件之协定》,10 月又签署了针对专家的关于对技术专家报酬条件的协定,对苏联专家在中国的待遇以及对母国单位的补偿做出了规定。值得注意的是,由于国际形势的变化,1957 年中苏的双边协定在内容上改为双向输出。

派遣管理留学生和聘请苏联专家的机构建制从一开始就是高级别的,是一个系统性工程。为了与国家五年经济建设计划相协调,留学生派遣工作领导小组(聂荣臻、李富春、陆定一主持)制定方针、计划和组织实施,每年选派的人数、专业比例都要上报周恩来总理审批。1953 年留苏学生的选拔工作直接归中央政务院(后改国务院)领导,具体由国家教育行政部门负责。外交部和人事部等部门协同参与和指导。国家、各大行政区、一些相关的省市、大学、重点高中都成立了选派工作领导机构。关于苏联专家的接收工作,中国

方面指导小组最初由周恩来总理亲自主持,1950 年 12 月政务院规定了《关于加强专家工作的几项具体办法》。聘请苏联专家的权力是高度统一的,1951年财经、文教、政法等所有系统聘请外国专家的批准权限均在政务院,专家到职后的薪金、待遇等事项亦由政务院通知有关部门统一办理。1954 年 9 月国务院取代政务院。新中国派遣留苏学生的种类、规模、所学专业均由政府根据国家五年经济建设计划进行周密安排,所有费用由政府和企业承担。聘请苏联专家也是围绕苏联援建项目,按照五年计划有序进行,规模庞大,国家花费不菲。总之,50 年代我国的教育服务贸易具有高度集权性、计划性的特点,是国家顶层设计的战略成果,教育服务贸易的方式与我国社会主义初级阶段的生产力相适应,在新中国成立之初最大限度地支持了国家政治、经济、文化、教育、国家安全等建设的需求。

在"一带一路"倡议背景下加强顶层设计,从国家层面积极强化体制机制构建,完善相关服务贸易的立法工作是非常必要的。我国现有的教育服务贸易法律体系包括国际和国内两个层面的内容。在国际法层面,主要包括我国参加或签署的涉及教育服务贸易或单方面开放教育服务市场的双边、多边和区域性国际条约。在国内法层面,我国调整教育服务贸易的法律包括《对外贸易法》《教育法》《高等教育法》《职业教育法》《民办教育促进法》《中外合作办学条例》等。从服务贸易的角度看,这些法律主要是规范了以商业存在模式进行的教育服务进口,即在我国境内举办的中外合作办学机构和项目,对教育服务出口、其他的教育服务提供模式基本没有涉及,因而单就立法的框架和内容而言,我国的教育服务贸易立法存在体系不完整、内容不完善的基本特征。①反观欧洲区域教育服务的立法,在内容上涵盖了 GATS 所规定的 4种不同的服务贸易提供方式,这为我国与"一带一路"区域国家开展教育服务贸易的国际立法提供了立法的方向和实践的路径。

50 年代我国留学教育服务贸易取得很大成效的一个关键点在于顶层设计、政府主导围绕国家经济建设全面展开。为了解决大规模工业化建设所面临的技术人员不足和技术水平不高的问题,我国向苏新国家派遣大约 18000

---

① 金孝柏:《自由贸易试验区背景下我国加快发展教育服务贸易的新路径》,《国际贸易》2015 年第 7 期,第 27 页。

名留学生,中国向苏联派出的留学生大多属于工程技术领域。其中,通过派遣实习生的方法,苏联为我国培养了一批生产技术、生产管理、工程设计、科学研究人才,据宋健院士统计,为执行各项苏、东欧援助计划,"一五"期间由工业部门独立派出 7800 人去苏联、东欧工厂和矿山对口实习工艺技术和管理①。同样,面向"一带一路"沿线来华留学教育发展的美好前景国家必须统筹谋划,一个重要措施就是主动对接"一带一路"建设项目,施行留学教育转型升级。"一带一路"建设主要包括以下 3 个方面:一是工程建设和经济贸易;二是区域政治和秩序;三是人文交流与合作。这些战略所涵盖的建设内容,包括基础设施建设、技术、资本、货币、贸易、文化、政策、民族、宗教,无一不需要教育,特别是高等教育提供人才支撑②。目前我国的人才培养仍存在不能完全适应"五通"建设和发展需求的问题。高等教育,特别是来华留学教育还未能在服务"一带一路"建设方面提供有力的人才支撑。

其次,我国教育事业的"公益性"和"产业性"问题。新中国成立后相当长的时间内,我国的教育体制受苏联模式的影响具有浓烈的计划经济色彩,教育是社会公益性事业,禁止任何组织和个人以营利为目的举办教育,学校和教育机构是有一定级别的事业单位。50 年代无论派遣留苏学生还是聘请苏联专家都是国家行为,所有的经费都由政府承担。应该说这种文化贸易的特殊形态是与我国社会主义初级阶段的生产力水平相一致的,教育事业的公益性质为贫穷的新中国培养和引进了大批社会主义建设急需的人才。也正是由于特定的历史环境,一直以来在立法上我国的法律体系不承认教育服务的产业属性,这种情况一直到进入 21 世纪才有所改变。

教育服务是 GATS 中 12 个服务贸易部门之一,教育服务产品的"可贸易性"表明其"经济性"地位在国际法规中得以保障。WTO 把服务贸易作为国际贸易交易的重要产品也意味着国际上在意识领域内已经将作为公益性"事业"的教育当作了营利性的"产业",教育产业化成为教育服务贸易的发展趋势。我国在加入 WTO 时也对教育服务贸易做出了部分承诺,也就是说教育服务贸易的"经济性"地位在我国被予以承认。之后政府出台的一些政策文

---

① 宋健:《百年接力留学潮》,科技日报 2003 年 2 月 12 日。
② 瞿振元:《"一带一路"建设与国家教育新使命》,光明日报 2015 年 8 月 13 日,第 11 版。

件虽然在事实上承认了教育服务的产业性质,在表述上却犹抱琵琶半遮面,不明确的教育产业政策限制了我国教育服务贸易发展的空间。政府首次以国内立法的形式正式认可并允许中外合作举办经营性教育培训机构的是上海自贸区,自贸区对外开放经营性教育服务承认了教育服务的产业属性。2013 年《中国(上海)自由贸易试验区中外合作经营性培训机构管理暂行办法》明确规定,符合条件的外国企业或者其他经济组织与中国企业或者其他经济组织可以,在上海自贸区合作举办公司制企业性质的中外合作经营性培训机构,面向社会提供非公益性文化教育类或职业技能类培训服务,这是我国教育服务对外开放领域的又一次突破。《培训机构管理暂行办法》要求经营性的中外合作办学机构必须是以公司形式设立和运作,并且明确规定适用破产制度,这明确了办学机构的企业属性和营利性目标,突破了原有教育法律体系对教育服务的公益性属性的界定和限制,以地方立法的形式认可了教育服务的营利性目标和产业属性。

长期以来由于我国教育政策立法的"公益性原则",我国留学生教育收费标准、政府奖学金制定无不体现出我国将留学生教育作为公共产品的态度。"一带一路"倡议背景下沿线国家来华留学生人数急速扩大,成为支撑全球来华留学生规模不断增速的主体区域,要实现"到 2020 年,将我国建设成为亚洲最大的留学目的地国家"[①]的发展目标,将主要有赖于沿线国家来华留学生规模的扩充。因此,国家必须在法律政策上明确教育服务的商品属性,采取积极有效的措施,抓住"一带一路"倡议布局所带来的历史机遇,促进知识经济时代教育服务贸易这种低碳环保、可持续性发展的经济增长模式的有效发展。

---

① 《教育部关于印发〈留学中国计划〉的通知》,2010 年 9 月 21 日,http://www.moe.edu.cn/publicfiles/business/htmlfiles/moe/moe_850/201009/xxgk_108815html。

参考文献

[1] 李丹慧. 冷战国际史研究(1—23 册)[M]. 北京:世界知识出版社, 2004—2017.

[2] 奥·鲍·鲍里索夫,鲍·特·特洛斯科夫. 苏中关系 1945—1980[M]. 肖东川,谭实,译. 北京:生活·读书·新知三联书店,1982.

[3] 沈志华. 冷战五书[M]. 北京:九州出版社,2012.

[4] 沈志华. 冷战中的盟友[M]. 北京:九州出版社,2013.

[5] 沈志华. 冷战的转型[M]. 北京:九州出版社,2013.

[6] 沈志华,杨存堂. 苏联历史档案选编:第 27 卷[M]. 北京:社会科学文献出版社,2002.

[7] 沈志华. 中苏关系史纲(1917—1991)[M]. 北京:新华出版社,2007.

[8] 沈志华. 苏联专家在中国[M]. 北京:中国国际广播出版社,2003.

[9] 沈志华,李滨. 脆弱的联盟:冷战与中苏关系[M]. 北京:社会科学文献出版社,2010.

[10] 牛军. 冷战与中国外交决策[M]. 北京:九州出版社,2013.

[11] 杨奎松. 毛泽东与莫斯科的恩恩怨怨[M]. 南昌:江西人民出版社,2008.

[12] 李丹慧. 北京与莫斯科——从联盟走向对抗[M]. 桂林:广西师范大学出版社,2002.

[13] 刘金质. 冷战史(上)[M]. 北京:世界知识出版社,2003.

[14] 余伟民. 冷战是这样开始的[M]. 上海:学林出版社,2015.

[15] 黄立弗,王俊逸,李锐. 新史料新发现:中国与苏东关系[M]. 北京:社会科学出版社,2014.

[16] 徐蓝,姚百慧. 国际关系史工作坊(第一期):新中国建国初期的对外关系[M]. 北京:世界知识出版社,2016.

[17] 哈里.罗西兹克. 中央情报局的秘密活动[M]. 奋然,译. 北京:群众出版社,1979.

[18] 贝科茨,等.美国对外政策的政治背景[M].张禾,译.北京:商务印书馆,1979.

[19] 理查德·尼克松.1999年:不战而胜[M].朱佳穗,等,译.北京:世界知识出版社,1989.

[20] 迪特·海茵茨希.中苏走向联盟的艰难历程[M].张文武,李丹琳,等,译.北京:新华出版社,2001.

[21] Odd Arne···Westad (ed.),Brother in Arms:The Rise and Fall of the Sino — Soviet Alliance, 1943 ~ 1963, Stanford:Stanford University Press,1998.

[22] 薄一波.若干重大决策与事件的回顾[M].北京:中共中央党校出版社,1993.

[23] 宋健.百年接力留学潮·希望寄托在你们身上——难忘的峥嵘岁月[M]北京:中国计量出版社,2003.

[24] 赵峰.新中国六十年留学大事概览:1949—2009[M].北京:现代出版社,2010.

[25] 田涛,刘晓琴.中国留学通史·新中国卷[M].广州:广东教育出版社,2010.

[26] 李涛.借鉴与发展——中苏教育关系研究(1949—1976)[M].杭州:浙江教育出版社,2006.

[27] 张柏春,等.苏联技术向中国的转移 1949—1966[M].济南:山东教育出版社,2004.

[28] 李鹏.留学与建设——新中国初期留苏教育研究[M].上海:上海交通大学出版社,2016.

[29] 周尚文、李鹏、郝宇青.新中国初期"留苏潮"实录与思考[M].上海:华东师范大学出版社,2012.

[30] 毛礼锐,沈灌群.中国教育通史:第 5 卷[M].济南:山东教育出版社,1988.

[31] 谢光.当代中国的国防科技事业:下卷[M].北京:当代中国出版社,1992.

[32] 何明星.新中国书刊海外发行传播 60 年(1949—2009)[M].北京:中国

书籍出版社,2010.

[33] 沈芸.中国电影产业史[M].北京:中国电影出版社,2005.

[34] 于丽.中国电影专业史研究:电影制片、发行、放映卷[M].北京:中国电影出版社,2006.

[35] 柳迪善.新中国译制制片史[M].北京:中国电影出版社,2016.

[36] 洪宏.苏联影响与中国"十七年"电影[M].北京:中国电影出版社,2008.

[37] 长春市地方志编纂委员会.长春市志·电影志[M].长春:东北师范大学出版社,1992.

[38] 郦苏元,胡克,杨远婴.新中国电影 50 年[M].北京:北京广播学院出版社,2000.

[39] 竹潜民,沈瑞龙.人民电影的奠基者[M].宁波:宁波出版社,2004.

[40] 季洪.季洪电影经济文选[M].北京:中国文联出版,1999.

[41] 院志编辑委员会.北京电影学院志 1950—1995[M].北京:北京电影学院音像出版社,2000.

[42] 吴迪.中国电影研究资料 1949—1979(上卷)[M].北京:文化艺术出版社,2006.

[43] 入江昭.文化国际主义与世界秩序[M].巴尔的摩市:约翰·霍普金斯大学出版社,1997.

[44] 亚当·斯密.国民财富的性质和原因的研究:上⊕下卷[M].郭大力,王亚南,译.北京:商务印书馆,1972.

[45] 艾伦·M·鲁格曼,理查德·M·霍杰茨.国际商务[M],李克宁,译.北京:经济科学出版社,1999.

[46] 李嘉图.政治经济学及赋税原理[M].周洁,译.北京:华夏出版社,2005.

[47] 托马斯·孟.贸易论——论英国东印度贸易[M].北京:商务印书馆,1982.

[48] 尼古拉·巴尔本.贸易论[M].顾为群,刘漠云,陈国雄,等,译.北京:商务印书馆,1982.

[49] 托马斯·孟,尼古拉斯·巴尔本,达德利·诺思.贸易论(三种)[M].北京:商务印书馆,1982.

[50] 李怀亮,闫玉刚.国际文化贸易教程[M].北京:中国人民大学出版

社,2007.

[51] 国际货币基金组织.国际收支手册[M].北京:中国金融出版社,1995.

[52] 伯纳德·霍克曼,麦克尔·考斯泰基.世界贸易体制的政治经济学[M].刘平等,译.北京:法律出版社,1999.

[53] Wildman, S. & Siwek, S., International trade in films and television programs,Washington D. C: American Enterprise Institute for Public Policy Research, 1988.

[54] 覃光广,冯利,陈朴.文化学辞典[M].北京:中央民族学院出版社,1988.

[55] 秦在东.现代企业管理新方略[M].武汉:华中理工大学出版社,1995.

[56] 司马云杰.文化社会学[M].太原:山西教育出版社,2007.

[57] Van Grasstek, Treatment of Cultural Goods and Services In International Trade Agreements, London:Oxford University, 2005. UNESCO, culture, Trade and Globleization:Questions and Answers. Paris:UNESCO Publishing,2000.

[58] 吴贻弓.上海电影志[M].上海:上海社会科学院出版社,1999.

[59] 郦苏元,胡克,杨远婴.新中国电影 50 年[M].北京:中国传媒大学出版社,2000.

[60] 张静庐.中国现代出版史料(甲编)[M].上海:上海书店出版社,2003.

[61] 胡霁荣.上海早期电影史(1896—1937)[M].上海:上海人民出版社,2010.

[62] 中国出版科学研究所,中央档案馆.中华人民共和国出版史料(1—15 册).北京:中国书籍出版社,1995.

[63] 迈克尔·A·豪格,[英]多米尼克·阿布拉姆斯.社会认同过程[M].高明华,译.北京:中国人民大学出版社,2011.

[64] 共中央宣传部理论局.理论热点面对面:2008[M].北京:人民出版社,2008.

[65] 任晓伟.社会主义计划经济的历史和理论起源[M].北京:人民出版社,2009.

[66] [美]丹尼尔·F·史普博.管制与市场[M].余晖,等,译.上海:上海三联书店,上海人民出版社.1999.

[67] 王健,等.中国政府规制理论与政策[M].北京:经济科学出版社,2008.

[68] 王俊豪.管制经济学[M].北京:高等教育出版社,2007.

[69] 马健.文化规制论[M].上海:上海交通大学出版社,2016.

[70] 宋天仪.中外表演艺术交流史略[M].杭州:文化艺术出版社,1994.

[71] 西奥多·舒尔茨.论人力资本投资[M].北京:北京经济学院出版社,1990.

[72] 中国社会科学院,中央档案馆.中华人民共和国经济档案资料选编:工业卷(1949—1952)[M].北京:中国物资出版社,1996.

[73] 中国社会科学院,中央档案馆.1958—1965 中华人民共和国经济档案资料选编(对外贸易卷)[M].北京:中国财政经济出版社,2011.

[74] 中国社会科学院,中央档案馆.中华人民共和国经济档案资料选编:金融卷(1958—1965)[M].北京:中国财政经济出版社,2011.

[75] 中国社会科学院中央档案馆编.1953—1957 年中华人民共和国经济档案资料选编:劳动工资和职工保险福利卷[M].北京:中国物资出版社,1996.

[76] 中共中央文献研究室.建国以来重要文献选编(第 12 册)[M].北京:中央文献出版社,1996.

[77] 中共中央文献研究室,中央档案馆.建国以来刘少奇文稿:第 1 册[M].北京:中央文献出版社,2005.

[78] 外交部外交史编辑室.新中国外交风云[M].北京:世界知识出版社,1990.

[79] 力平,马芷荪.周恩来年谱:上卷[M],北京:人民出版社,1997.

[80] 洪承华,郭秀芝.中华人民共和国政治体制沿革大事记(1949～1978)[M].北京:春秋出版社,1987.

[81] 李觉.当代中国的核工业[M].北京:中国社会科学出版社,1987.

[82] 彼得·卡赞斯坦.国家安全的文化:世界政治中的规范与认同[M].宋伟,刘铁娃,译.北京:北京大学出版社,2009.

[83] 胡惠林,等.国家文化安全研究导论[M].上海:上海人民出版社,2013.

[84] 胡惠林.中国文化产业发展战略论[M].上海:上海人民出版社,2014.

[85] 李斯特.政治经济学的国民体系[M].邱伟立,译.北京:华夏出版

社,2009.

[86] 上海档案馆材料.

[87] 中国国际图书贸易总公司史料编写组.中国国际图书贸易总公司 40 周年纪念文集——大事记(1949—1987)、史论集、回忆录(内部资料),中国国际图书贸易总公司 1989 版.

[88] 中国电影发行放映公司编写《中国电影发行放映统计资料汇编(1949—1957)》(内部文件),1958 年版.

[89] 文化部电影事业管理局编印:《访问苏联电影事业资料汇编》第一辑(内部资料),1955 年版.

[90] 胡惠林.论中国文化产业发展的"走出去"战略[J].思想战线,2004(3).

[91] 柳迪善.十七年时期外国电影禁映问题[J].文艺研究,2012(10).

[92] 刘磊.《两个太阳:中苏争夺领导权的斗争,1962—1967》评论[J].冷战国际史研究,2011(2).

[93] 詹姆斯·赫什伯格,谢尔盖·拉琴科,王俊逸,王大卫.对华国际真相:揭开中苏关系最后阶段的史诗[J].冷战国际史研究,2011(12).

[94] 胡惠林.论文化冷战与大国文化战略博弈[J].毛泽东邓小平理论研究,2007(3).

[95] 罗智国.胡愈之与新中国出版体制的建立[J].现代出版,2013(5).

[96] 吉少甫.新中国出版事业的开拓者:建国初期胡愈之在出版署的活动纪要[J].编辑学刊,1996(4).

[97] 舒新.新中国派遣第一批学习出版业务的留学生[J].出版史料,2004(2).

[98] 左玲.新中国建立初期归国留学生群体政治认同的模式与特点[J].郑州大学学报,2016(4).

[99] 马薏莉,刘文楠.两个革命之间:在苏联的中国留学生[J].冷战国际史研究,2010(2).

[100] 冯建辉.新中国成立初期出版总署沿革的历史考察[J].出版发行研究,2014(7).

[101] 倪秀华.建国十七年外文出版社英译中国文学作品考察[J].中国翻译,2012(5).

[102] 倪秀华."传统"的发明:建国"十七年"中国古典文学英译研究[J].广州大学学报,2013(9).

[103] 滕梅,曹培会.意识形态与赞助人合力作用下的对外翻译:外文局与20世纪后半叶中国对外翻译活动[J].解放军外国语学院学报,2013(3).

[104] 滕梅,吴菲菲.翻译政策作用下的国家翻译机构:以中央编译局为例[J].外语教学,2015(4).

[105] 滕梅,吴菲菲.国家机构对翻译活动的规范——以中央编译局马列著作及"毛著"翻译为例[J].中译外研究,2014(1).

[106] 沈芸.国家电影事业管理局的筹建[N].中国电影报,2005-12-29(18).

[107] 李国顺.十七年中国电影译制片翻译创作探究[J].电影评介,2011(20).

[108] 柳迪善."十七年"时期(1949—1966)译制片海报一瞥[J].电影评介,2016(8).

[109] 柳迪善."十七年"时期苏联译制片对同期国产动画片的文化渗透[J].当代电影,2016(2).

[110] 柳迪善.封面中的政治.《大众电影》封面的苏联影像分析[J].当代电影,2009(3).

[111] 李国顺."十七年"中国电影译制片创作历史初探[J].电影文学,2011(22).

[112] 李国顺.十七年中国电影译制片创作历史研究再思考[J].艺术百家,2010(A1).

[113] 邢丹丹.中国版权制度变迁的历史考察[J].法制博览.2014(9).

[114] 武斌.新中国成立初期稿酬制度的制定与修改[J].出版发行研究,2014(4).

[115] 李海文.新中国60年的著作稿酬与币值[J].中国出版,2009(9).

[116] 周林.新中国稿酬制度演变与作者地位的变化[J].韶关学院学报,2002(8).

[117] 刘阳.政治至上:十七年电影政策解析[J].电影文学,2009(14).

[118] 张硕果.建国初期中国大陆电影审查考略[J].新闻大学,2011(2).

[119] 吴迪.审查与监督:十七年中国电影[J].电影艺术,2005(6).
郝富强.新中国文学出版制度研究(1949～1957)[J].社会科学战线,2007(5).

[120] 刘阳.十七年电影管理体制研究述略[J].电影文学,2009(13).

[121] 冯洁.苏联模式与"十七年"时期我国对外电影贸易机制的建构[J].当代电影,2013(11).

[122] 杨远婴,丁宁.访问影坛前辈,谈苏联对新中国电影创建的影响[J].北京电影学院学报,2008(3).

[123] 丁宁.苏联与北京电影制片厂的初建[J].电影新作,2013(6).

[124] 福勒.下一世纪的意识形态[J].[美]外交政策,1995,春季号.

[125] Nye,J. S. The challenge of soft power[J]. Time,1999.

[126] 李颀.基于新兴古典经济学的分工理论述评[J].兰州学刊,2010(3).

[127] Wildman. S. , Siwek. S. , International trade in films and television programs, Washington D. C:American Enterprise Institute for Public Policy Research,1988.

[128] 廖万红.服务贸易自由化趋势下中国教育服务贸易的开放与发展[D].南宁:广西大学,2006.

[129] Theodor Adorno,Max Horkheimer,"The Culture Industry：Enlightenment as Mass Deception",Dialektik der Aufklarung,No. 1,1946.

[130] Frey Bruno S. , Werner W. Pommerehne,"International Trade in Arts：Attitude and Behavior", Artists and Cultural Consumers,No. 3,1987.

[131] 高洁.从文化贸易看我国文化产业的发展[D].北京:首都经贸大学,2005.

[132] 李小牧,李嘉珊.国际文化贸易——关于概念的综述和辨析[J].国际贸易,2007(2).

[133] 刘江华.我国文化产品贸易现状及应对[J].对外经贸实务,2005(12).

[134] 靳希斌.国际教育服务贸易研究规则解读与我国的承诺[J].北京:北京师范大学学报,2004(1).

[135] 顾永才.论国际教育服务贸易[J].北京:对外经济贸易大学学报,1998(3).

[136] 中国教育服务贸易的发展研究报告[R/OL].[2005-11-3]. http://www.36o21.com.

[137] 熊庆年,王修娥.高等教育国际贸易市场的形成与分割[J].教育发展研究,2001(9).

[138] 庞守兴,李淑俊.现代国际教育贸易的形成与理论探源[J].教育发展研

究,2002(12).

[139] 周满生.国际教育服务贸易的新趋向及若干对策的思考[J].研究动态,2002(9).

[140] 袁牧之.关于电影事业报告(一)[R].宁波:宁波出版社,2004.

[141] 张晓霞.从进攻性的心理战到渐进的文化渗透——评冷战初期美国对苏东宣传政策的演变[J].南京大学学报,2004(5).

[142] 沈志华.共产党情报局的建立及其目标——兼论冷战格局形成的概念界定[J].中国社会科学,2002(3).

[143] 刘传利,潘正祥.关于〈剑桥中华人民共和国史〉中苏分裂问题正误[J].江淮论坛,2000(6).

[144] 牛军.1962年:中国对外政策"左"的前夜[J].历史研究,2003(3).

[145] 乌曼斯卡娅.在苏联国立列宁图书馆里[J].苏中友好,1958(40).

[146] 鲁宾、别洛泽罗夫.友谊的旗帜[J].苏中友好,1958(5).

[147] [苏]斯拉德科夫斯基.苏中两国的经济联系[J].苏中友好,1960(7).

[148] 周星.中国电影实现文化软实力的背景、动因与发展分析[J].艺术百家,2010(5).

[149] Nye J. S. ,"The challenge of soft power", Time, No. 2,1999.

[150] 毛泽东.在政协第四次会议上的讲话[J].新华月报.1955(3).

[151] 程剑光.斯大林模式下的苏联文化[J].黑龙江史志,2011(19).

[152] 钟敬之.有感于制定我国电影事业"一五"计划及向苏联学习》(下)[J].电影经济,1987(3).

[153] 钟敬之.有感于制定我国电影事业"一五"计划及向苏联学习》(上)[J].电影经济,1987(2).

[154] 中央人民政府政务院关于加强电影制片工作的决定[N].人民日报,1954-01-12(1).

[155] 今年各种影片产量将普遍增加[N].人民日报,1956-02-11(3).

[156] 方厚枢.新中国稿酬制度50年纪事[J].出版经济,2003(3)

[157] 周恩来.伟大的十年[N].人民日报,1959-10-06(2).

[158] 赵可金.中俄特殊关系为"一带一路"奠基[OL].http://opinion.china.com.cn/opinion_89_129389.html.

[159] 金孝柏.自由贸易试验区背景下我国加快发展教育服务贸易的新路径 [J].国际贸易,2015(07)

[160] 瞿振元."一带一路"建设与国家教育新使命[N].光明日报,2015-08-13 (11).

[161] 严肃慎重地对待影片上演问题[N].人民日报.1952-4-2(3).

后 记

对文化贸易的研究缘起于上海交通大学胡惠林老师的建议,文化产业在当代的蓬勃发展,以及文化贸易日益重要的社会意义使得文化贸易研究的重要性日益突显。在探索的过程中我渐渐为中华人民共和国成立初期的文化交往深深着迷,而这段历史时期对文化贸易的研究又是非常匮乏的,于是研究的中心便转入了这段历史时期。2014年,申报的浙江省哲学社会科学课题批准立项后,我开始了对1949—1966年这段历史时期的文化贸易进行系统研究。

有人问,中华人民共和国成立初期我们有文化贸易吗?一般而言,20世纪70年代末期是我国版权贸易的初生时期,90年代是兴起阶段,21世纪我国对外文化贸易获得了蓬勃发展。然而,新中国成立后,我们与以苏联为首的社会主义国家签订了一系列文化合作协定和执行计划,文化交流和文化贸易赫然在列。由于特定的历史原因,我们的对外文化贸易对象是苏联等社会主义国家,其中中苏文化贸易份额又占了半壁江山。因此,本书的视角又是以中苏文化贸易为例的。毫无疑问,这段时期的对外文化交流和文化贸易是与中华人民共和国波澜壮阔的历史性建设分不开的,它深深地嵌入在了中华人民共和国的社会变革之中,对社会主义新中国的公民社会认同、国家文化安全、计划经济模式,以及今天文化体制改革产生了深刻的影响。因此,我们对当代文化贸易展开研究不能割裂这段历史。本书的研究是在冷战文化背景的框架下开展的,对十七年时期的三种文化贸易形态(出版、电影、教育服务贸易)展开具体研究,文化贸易的生产方式及衍生出的传播路径勾勒出了中国现代化进程的一个重要方面。

本课题的研究要特别感谢胡惠林老师,没有他的指点和鼓励,我无法完成本书的创作。感谢刘素华,她的专著《新文化生产方式的现代化》给了我写作上的很大启示。感谢浙江工商大学出版社的任晓燕、王耀编辑,他们的专业智慧和辛勤付出使得本书得以顺利出版。感谢浙江省哲学社会科学规划课题和浙江省教育厅课题的项目支持。最后,我要感谢我的家人,是你们的帮助、体谅和支持使我最终得以完成学术创作。

冯 洁

2018年6月于杭州小和山